LE PARRAIN

Sarko après Sarko : l'enquête

ÉTIENNE GIRARD
LAURENT VALDIGUIÉ

LE PARRAIN

Sarko après Sarko : l'enquête

Éditions du Seuil
*57, rue Gaston-Tessier, Paris XIXe*

ISBN 978-2-02-152119-1

www.seuil.com

« En général, quand on fait un livre sur moi, c'est plutôt mauvais. »

Nicolas Sarkozy

« Le tribunal, en prononçant à son encontre une peine d'emprisonnement de trois ans, dont deux ans assortis d'un sursis simple, a fait une application de la loi pénale indispensable et proportionnée à la nature et à la gravité des faits ayant lourdement porté atteinte à la confiance publique, et adaptée à la personnalité, la situation sociale et professionnelle de leur auteur. Toute autre sanction serait manifestement inadéquate. Il convient de confirmer cette peine. »

Arrêt Bismuth, 17 mai 2023

« Le montant total des dépenses a été réévalué à 42,717 millions d'euros, soit un dépassement du plafond légal de 20,208 millions d'euros. Ainsi, alors même que le plafond des dépenses électorales tel que fixé par la loi était dépassé, Nicolas Sarkozy a poursuivi l'organisation des meetings, dans les mêmes conditions que précédemment, permis la réalisation de prestations nouvelles, engagé les dépenses correspondantes et volontairement omis, en sa qualité de candidat, d'exercer un quelconque contrôle sur les dépenses qu'il avait, par ailleurs, l'obligation, non seulement de déclarer dans le compte de campagne, mais de certifier comme étant exactes. »

Jugement Bygmalion,
30 septembre 2021

Il n'est plus qu'une ombre. Une force obscure en coulisses. Un personnage dont on ne devine l'influence que par ricochet, à la façon de la matière noire présente dans l'univers sans apparaître jamais. Un parrain. Un parrain de la politique comme du business. Un parrain qui tire les ficelles, mais cultive la discrétion. Un parrain avec les juges à ses trousses. D'autres que lui raseraient les murs, se seraient fait oublier, resteraient silencieux. Lui non. Il plaide la relaxe à chaque audience, dénonce des dossiers vides de preuves, montés contre lui, et promet de tout faire annuler à terme devant la Cour européenne des droits de l'homme (CEDH), où l'influence des juges français sera nulle et où le droit, il en est sûr, finira par l'emporter. Une défense de parrain, où chaque magistrat face à lui est une cible, où l'attaque se doit de ne jamais baisser d'intensité, dans les prétoires mais surtout devant l'opinion, inlassablement. Jusque-là aucun juge, ni aucune condamnation ne sont parvenus à entamer sa puissance de feu médiatique. Presse écrite, radio, télé, il peut s'inviter où il veut, quand il veut. Son réseau est intact. Il choie les journalistes, que ses collaborateurs régalent de formules féroces sur les demi-sel de la politique. Il voit les patrons de presse, d'autant plus qu'il est lui-même passé de l'autre côté du miroir, en tant qu'administrateur du groupe Lagardère. Un poste d'influence. Il est plus que jamais lié aux trois hommes forts de la presse française, tous actionnaires de l'entreprise : Bernard Arnault, Vincent Bolloré et Arnaud Lagardère. Il continue de rayonner.

Mais sa voix se veut discrète. Sa parole, désormais, est le plus souvent portée sous le manteau. Pour ce livre, qui raconte sa « vie d'après », il a d'abord décliné toute rencontre. La demande était de pouvoir évoquer les quatre parties de son actuel emploi du temps : la politique après la politique, ses procès, son business et l'affaire libyenne, la grande ombre qui le menace et qui va donner lieu à un procès hors norme. Il s'est finalement ravisé, sans explication, acceptant un, puis deux rendez-vous. « J'ai décidé de vous faire confiance », lance-t-il, matois.

Officiellement, il a renoncé à toute ambition politique depuis la nuit du 20 novembre 2016. Ce soir-là, battu sèchement à la primaire de la droite, il a tenu devant une poignée de militants en larmes un discours d'adieux définitifs. Devant une petite dizaine de ses fidèles, il a imposé un appel à voter Fillon, qu'il a pourtant toujours pris pour son majordome. Il a ensuite assisté, médusé, à la victoire de l'inconnu Macron. « Je ne comprends plus rien à la politique », a-t-il soufflé à Gérald Darmanin le jour de l'intronisation de son successeur. Pour tout dire, il a vu passer son heure. Avec la sérénité de celui qui a occupé les plus hautes fonctions, aimerait-il convaincre ses interlocuteurs.

C'est vrai et c'est faux à la fois. On décrit souvent Nicolas Sarkozy comme un être simple, franc, presque primitif, en regard d'un Emmanuel Macron beaucoup plus duplice. Il y a pourtant de la complexité chez cet homme. Une dualité intérieure. Le plus souvent, il semble saisir avec philosophie les avanies de son existence publique. « C'est le cercle de la vie », médite-t-il auprès de Jacques Séguéla, chez qui il dîne au lendemain de sa défaite à l'élection présidentielle de 2012.

C'est avec la même sagesse presque socratique qu'il s'est préparé à son élimination de 2016, se sachant dépassé par une époque gourmande d'instantanés, de petits ramdams quotidiens, qu'il ne comprenait plus. Le 23 mai 2023, il prend avec un même détachement sa récente condamnation dans l'affaire Bismuth. « Le bonheur est dans les difficultés surmontées, pas dans les difficultés évitées », disserte-t-il. Son ami Frédéric Péchenard dit souvent de lui qu'il est « exceptionnel dans les moments difficiles ». Tous ceux qui le connaissent savent sa délicatesse et son élégance lorsque surviennent des drames personnels. Devant la mort, il sait toujours trouver les mots vrais, le ton juste.

Ce Sarkozy-là ne nourrit aucune amertume. Il goûte sa retraite, ce temps libre pour sa fille Giulia, qu'il emmène à l'école le matin, son heure de footing journalière, ses cinquante pages de lecture, ses rendez-vous littéraires avec les auteurs qu'il a lus et qu'il admire, Giuliano da Empoli, Clara Dupont-Monod, Joël Dicker, Karine Tuil, ou Michel Houellebecq, avec lequel il déjeune fréquemment. Ce Sarkozy-là n'aime rien tant que regarder une série chez lui, il a dévoré *The Killing*, *Yellowstone* ou *La Reine Cléopâtre* sur Netflix, en mangeant les pâtes préparées par son épouse Carla Bruni. « Oui, mon amour ? » répond-il au téléphone, même s'il y a du monde, une habitude de son ancienne vie. Le couple est sorti renforcé des années de bagarre politique. Ils affichent un amour intact.

Et pourtant, sous l'apparente plénitude brûle un feu. Une angoisse, diagnostiquent certains de ses amis. Une peur de décliner. Un besoin d'agir, de faire, de le faire savoir, d'être remarqué, d'influer. Un autre Sarkozy, celui des foucades d'avant, toujours là. Hyperactif. En voyage à New York, fin avril 2023, pour assister à un défilé de Carla Bruni, le 1er mai au Met, il trouve le moyen de rencontrer des distributeurs d'alcool pour leur vendre le vin du Château d'Estoublon, qu'il produit au sein de la société qu'il a lancée avec Stéphane Courbit. Il déjeune également avec le marchand d'art Julien Paganetti, auprès duquel il s'informe des œuvres sur le marché. L'ancien président est devenu collectionneur.

À Paris, il est désormais l'homme aux mille missions. Consultant, juge de paix du capitalisme, avocat, surtout de lui-même, homme d'État en réserve de la République... Et riche. Depuis sa retraite, selon les calculs des policiers de l'affaire libyenne, entre 2013 et 2018, en année pleine, il a gagné en moyenne plus de 3 millions d'euros par an. Soit 250 000 euros par mois. Avant impôts bien sûr. Ses conférences, des exposés d'une heure grassement rémunérés, à la façon de Tony Blair ou de Barack Obama, ont assuré sa fortune. « Il livre sa vision du monde, pour ceux que ça intéresse. À Londres, devant des banquiers, je l'ai vu recycler un discours de campagne de 2007, on en a rigolé ensemble », sourit Rachida Dati, une de ses fidèles qui le connaît le mieux. Il arrive aussi à l'ancien chef d'État d'utiliser ses proximités d'avec plusieurs chefs d'État, en particulier l'Ivoirien Alassane Ouattara, le Rwandais Paul Kagame et l'émir du Qatar Tamim al-Thani, à des fins lucratives. Ou de se faire le conciliateur des querelles du CAC 40. Des prestations qu'il facture avec son cabinet d'avocats.

Ce Sarkozy-ci, friand de billets de 500 euros, qu'il continue d'utiliser malgré leur disparition progressive, se veut moins philosophe qu'impatient. Il s'agace d'un rien, qui généralement le concerne. « Impétueux », écrivait la journaliste Catherine Nay. « Anguleux », dit Nicolas Sarkozy de lui-même, tout en assurant, à rebours de toute évidence, que cette époque-là est révolue. Ce tempérament torrentueux d'hypersensible lui a toujours fait faire des erreurs. N'est-ce pas l'empressement de l'homme politique obsédé par sa campagne qui a entraîné l'affaire Bygmalion ? N'est-ce pas encore ce besoin dévorant de tout maîtriser qui l'a poussé dans les dérives de l'affaire Bismuth ? Comme les personnages de Zola qu'il affectionne, tel Roubaud, dans *La Bête humaine*, allant chercher sous le plancher le magot secret qu'il avait juré de ne jamais toucher, Nicolas Sarkozy paraît souvent tiraillé entre ce qu'il aimerait incarner et son impulsion.

Chaque matin, il arrive à 8 heures rue de Miromesnil, dans l'exact surplomb de l'Élysée, dans des locaux mis à disposition par la République française. Une enfilade de pièces sombres, au premier étage d'un immeuble de bureau haussmannien sans grand charme. Pendant une heure, il rappelle tous les interlocuteurs à qui il n'a pu répondre la veille. Il parcourt *Le Figaro*, *L'Équipe*, la revue de presse préparée par ses équipes. Puis il enchaîne avec quatre ou cinq rendez-vous. Des ministres, d'anciens ministres, des députés, des sénateurs, des entrepreneurs, des communicants, des éditeurs, d'anciens collaborateurs.

Ses fidèles se sont dispersés, son parti d'hier n'est plus que l'ombre de ce qu'il a été, mais tous continuent de défiler devant lui. Ils appellent cela « faire le chemin de Miromesnil ». Depuis son QG, encombré de photos de famille, et de lui en compagnie des leaders du monde, il attend le visiteur entouré de son chef de cabinet, le préfet Michel Gaudin, et de sa conseillère presse Véronique Waché. Le vieux préfet, condamné à dix mois de prison dans l'affaire des primes de cabinet en liquide, et la communicante sympathique… Ils profitent de sa gentillesse les jours de forme et savent essuyer sa mauvaise humeur, les jours d'engueulade. Les deux Sarkozy.

Alors, ses adieux à la politique, certains n'y croient pas. Il suffit d'observer le plaisir évident de Nicolas Sarkozy à la découverte de la foule venue à la dédicace de son nouveau livre, *Le Temps des combats*, le 22 août à La Baule (Loire-Atlantique), pour constater que son rapport au public fonctionne toujours comme une drogue dure. Ce jour-là, il ne peut s'empêcher d'aller saluer longuement les admirateurs qui attendent derrière les barrières. « C'est gentil d'être venu » ; « Merci », savoure-t-il en serrant chaque main. « La politique, il n'y a que ça qui l'intéresse, c'est sa vie », assure Dati. « Moi je pense que les gens m'ont laissé tomber, moi j'aurais bien continué », reconnaît d'ailleurs Nicolas Sarkozy. En coulisses, au gré des circonstances, il s'est inventé un job de consolation sur mesure : celui de conseiller personnel. Il coache Emmanuel Macron. Tout les séparait pourtant, sauf la détestation commune de celui qui a occupé le poste entre eux.

Il a d'abord incité tous ses proches, Gérald Darmanin en tête, à le rejoindre. Puis les deux présidents se sont réellement trouvés fin 2018, au moment de la crise des Gilets jaunes, quand l'Élysée a tremblé devant la rue. En retour de cette assistance, Macron l'a traité eu égard à son rang, sans jamais tenir compte de ses rendez-vous judiciaires difficiles et de ses condamnations infamantes. Des liens se sont tissés. À deux, puis à quatre, avec leurs deux épouses. Brigitte Macron, qui a parfois l'art d'en faire un peu trop, jure qu'elle a « toujours voté Sarkozy ». Il en a souri de plaisir. À ses côtés, Carla Bruni aborde le sujet que lui ne peut verbaliser. C'est elle, dès qu'elle peut, qui n'hésite pas à alerter Macron sur le sort judiciaire de son mari.

Emmanuel Macron a su s'y prendre en l'appelant les lendemains de garde à vue et de mises en examen. Ces choses-là ne s'oublient jamais. « Qu'est-ce que tu voulais que je fasse, ils ont été tellement gentils avec moi », a avoué, désarmant de sincérité, Nicolas Sarkozy à Olivier Marleix, l'actuel président du groupe Les Républicains (LR) à l'Assemblée nationale, la semaine du 11 avril 2022. L'ancien chef de l'État venait d'annoncer son ralliement à Emmanuel Macron, après avoir refusé de soutenir Valérie Pécresse. Ce jour-là, Sarkozy se débattait sur son fauteuil, il imaginait tout haut comment LR pourraient former une coalition avec les macronistes avant de « prendre En Marche, car il n'y a personne là-dedans », et remporter la présidentielle de 2027. Olivier Marleix se souvient avoir alors pensé au film *La Folie des grandeurs*, lorsque le personnage de Louis de Funès, réduit en esclavage et pris de folie, élucubre un complot pour reprendre le pouvoir : « Le roi répudie la reine, la vieille épouse le perroquet, César devient roi, je l'épouse et me voilà reine. »

Jamais Nicolas Sarkozy ne flanche, mais ses proches le sentent atteint par le tourbillon des affaires judiciaires. Comme une pyramide de Ponzi qui lentement s'écroulerait, Nicolas Sarkozy se retrouve peu à peu rattrapé par les excès de ses années politiques. Son procès en appel dans l'affaire Bygmalion l'attend à partir du 8 novembre 2023. Audience risquée tant la comptabilité de sa campagne présidentielle de 2012 est limpide : plus de 40 millions d'euros ont été réellement dépensés pour une élection plafonnée à 22 millions. Devant les tribunaux, le parrain de la droite a aussi devant lui la manche la plus incertaine, l'affaire libyenne. « Le procès de la décennie », dit-on au PNF. L'audience devrait durer du 6 janvier au 10 avril 2025. Pour lui, aux côtés de Claude Guéant, de Ziad Takieddine, d'Alexandre Djouhri, et d'une floppée d'intermédiaires, une perspective à très hauts risques. Il sera question de valises, d'argent sale, et de cadavres. De son côté, il promet une défense totale puisque le dossier qui l'accuse est selon lui « vide ». « Je me bats avec la force de celui qui est innocent, insiste-t-il. Dans n'importe quelle démocratie, on dirait au minimum qu'il y a un doute, ça profite à l'accusé. Il n'y a pas de preuve de l'argent tout court ! »

Le procès d'une vie. Avec à la clé la perspective d'une sortie définitive… ou pas. « Ne vous y trompez pas, prévient

Rachida Dati. Même quand il aura 120 ans, s'il lui reste une dent et un cheveu, s'il voit un espace pour revenir, il reviendra. » Son ami et avocat Thierry Herzog a une formule voisine quand il parle de lui, toujours avec affection : « Sarkozy, il n'est pas comme nous. » Une façon d'expliquer à la fois une forme de capacité de résistance, mais aussi, chez lui, une puissance dans le déni, forçant le réel. Et une volonté d'en découdre. Dans l'adversité. Toujours.

PREMIÈRE PARTIE

La politique

Véronique et Michel

Il a d'abord dit non. Deux heures durant, Véronique Waché, sa conseillère en communication, et Michel Gaudin, l'ancien directeur général de la police nationale et préfet de police de Paris, son directeur de cabinet, ont résumé en une phrase, avec courtoisie et tact, les raisons de ce refus. « Il ne voit personne. » Rien ne résonnait plus faux dans ces locaux de la rue de Miromesnil, où tout le monde défile, mais il y avait pourtant du vrai dans ce mensonge poli. S'il parle beaucoup, officiellement il ne dit rien. Nicolas Sarkozy, le « boss », comme l'appellent ses deux fidèles, ou « le parrain », comme le désigne Carla Bruni elle-même, est désormais un homme de l'ombre. Un invisible des coulisses. Une sorte d'oracle, ce personnage grec qui prédit l'avenir, et que tout guerrier qui prétend conduire ses troupes à la victoire se doit de venir consulter. Toute la droite défile dans ce bureau encombré de bibelots et tapissé de photos de lui… Des ministres. Des députés. Des maires. Des curieux. Des impatients. Des ambitieux. Pas seulement à droite. Sa porte sera « toujours ouverte », dit-il, à celui qui sollicite un conseil politique. Même Alexis Kohler, le bras droit du président en exercice, a sonné à l'interphone doré de la rue de Miromesnil, puis a gravi les marches jusqu'à l'unique étage de l'immeuble sans plaque dans le hall d'entrée. L'étage du fantôme.

En revanche, un seul n'est jamais venu jusqu'ici, mais le prie régulièrement de faire chemin jusqu'à lui. Emmanuel Macron. Dans une relation aussi complexe qu'inédite, les deux présidents, que vingt-deux années séparent sur l'état civil, se sont rendus mutuellement indispensables. Même si Sarkozy jure que Macron « ne l'écoute pas », notamment sur le choix des personnes, il n'empêche qu'il le sollicite à haute dose. Et a fait de lui, au passage, une sorte de coach semi-officiel et de consultant personnel… Un rôle à sa mesure. Tirant des ficelles. Poussant ses pions sans témoin. Pouvant mélanger affaires et influence sans craindre de devoir s'en expliquer. Libre enfin, après quarante ans dans le chaudron de la politique de haut niveau, de pouvoir agir et vivre sans penser au qu'en-dira-t-on. « Le président Sarkozy a aujourd'hui une vie qui le satisfait, confie Véronique Waché. Il y a quelque chose dont il ne voulait plus, c'était l'éclairage permanent sur ce qu'il faisait. Cette liberté qu'il a maintenant de pouvoir mener sa vie comme il l'entend, c'est un luxe pour lui. »

Et puis finalement, il s'est ravisé. « Le président Sarkozy », comme l'appelle Véronique Waché au téléphone, a accepté une rencontre, puis une autre, pour ce livre sur sa « vie d'après ». Probablement pour plaider sa cause sur ses ennuis judiciaires qui l'empoisonnent à plein temps. Mais aussi pour décrire ce personnage singulier qu'il entend être désormais au sein – et un peu aux frais – de la République[1]… Son accueil est affable. L'heure matinale mais pas trop. Chemise blanche à ses initiales, col cassé sans cravate, barbe de trois jours, soignée, le teint hâlé, il s'installe à sa place, sur le canapé beige

1. En 2019, en frais de location de son appartement de travail de la rue de Miromesnil et la prise en charge de trois collaborateurs, Nicolas Sarkozy a coûté à la collectivité un montant de 827 891 euros, hors les dépenses de sécurité.

deux places qui fait face à deux fauteuils imposants. Michel Gaudin et Véronique Waché s'assoient, un peu en retrait derrière les visiteurs, et ne perdent rien de ses propos, même si, à force, ces deux-là connaissent par cœur son récit. C'est depuis ce canapé, inlassablement, que l'ancien président répète et répète à longueur d'entrevue la même « geste » sarkozienne. Ses fidèles « Véronique et Michel », aussi dévoués que le général Bertrand pour Napoléon à Sainte-Hélène, assistent silencieux à ces nombreux rendez-vous, uniques témoins, depuis le départ de l'Élysée, des soubresauts de cette vie d'après, marquée par les perquisitions, les procès et les surveillances policières…

« On a même écouté le téléphone de mon épouse, pendant six mois », soupire Michel Gaudin, l'air las et triste d'un *droopy*. Pour ce fils de boulanger né en 1948 dans la Nièvre, et devenu grand commis de l'État grâce à l'école de la République, cette fin de parcours a quelque chose d'un chemin de croix. Avec Véronique Waché, une brune dynamique à la poignée de main franche, ils ne semblent plus dupes de rien. Eux aussi, un jour, auront des souvenirs à écrire, un mémorial de ces années-là, témoins aux premières loges des efforts de leur « boss », d'abord lancé sur des chemins de traverse dans l'espoir d'un retour, puis sur ses activités entre deux eaux, à naviguer à vue entre un destin judiciaire et son business de *consulting* sur plusieurs continents. Ces deux spectateurs muets des procès sont aux premières loges de ce grand écart permanent entre cet ancien président encore reçu avec les honneurs à l'Élysée et dans des palais du monde entier, mais condamné sèchement par la justice française à l'issue d'audiences dantesques où sa défense comme son charme font long feu… Un premier constat à écouter ses deux fidèles : le Sarkozy qui a quitté la scène, un soir de novembre 2016, vaincu par Juppé, dont il ne pensait faire qu'une bouchée, et Fillon qu'il n'a jamais pris au sérieux, a laissé la place à plusieurs Sarkozy dont les Français aujourd'hui ignorent à peu près tout.

« En général, quand on fait un livre sur moi, c'est plutôt mauvais », lance l'Ex d'entrée. Mis à part, corrige-t-il aussitôt, ceux de « Catherine[1] ». C'est-à-dire la journaliste Catherine Nay. Même si, nuance-t-il aussitôt, elle ne le voit que sous le prisme des sentiments et de ses relations aux femmes, sa mère d'abord, ses trois épouses ensuite… « Catherine est une grande écrivaine », admet-il, il peut donc bien lui pardonner ce prisme réducteur qu'il récuse et admet à la fois, tant son visage parle pour lui, à l'évocation de sa mère et de ses femmes… Il y a chez ce sentimental d'évidence un besoin d'aimer et donc de séduire et d'être aimé en retour. Donc de convaincre. C'est ce qui a fait de lui le sixième président de la Ve République après plusieurs décennies de politique à haute dose. Cette vie d'avant, romanesque, sur fond de divorces et de remariages, affleure à chacune de ses phrases. Il cite les dates de sa rencontre avec Carla Bruni et de leur mariage comme il découperait les épisodes d'une série Netflix sur sa propre vie. Mais il tient à le marteler d'entrée comme une ligne jaune : « Aujourd'hui, je suis sorti de la vie politique. » Il insiste du regard et des mains. Ses yeux ont un air de supplique. Son corps confirme : « Il n'y a aucune ambiguïté. La vie politique, c'est d'être élu et d'avoir des responsabilités partisanes. Ça a été quarante ans de ma vie. Pour prendre une image, il est évident qu'on continue de parler de mes tableaux. J'ai peint pendant quarante ans, mes tableaux sont dans des expos, des musées, et on parle de mes tableaux, mais ce n'est pas pour ça que le peintre continue à peindre ! Je suis sorti de la vie politique active. J'en suis sorti deux fois… »

1. Catherine Nay a écrit sur lui *Un pouvoir nommé désir* (Grasset 2007) et *L'Impétueux. Tourments, tourmentes, crises et tempêtes* (Grasset 2012).

Une première fois « de peu », insiste-t-il à chaque fois qu'il évoque l'élection de 2012, et cette défaite face à François Hollande. Une seconde fois en novembre 2016, éliminé au premier tour de la primaire à droite. De la première défaite, il en parle avec irritation tant il honnit son successeur. Il évoque la seconde avec la tristesse supplémentaire d'avoir été mis dehors par sa propre famille. « Un an après être revenu, et avoir fait de LR la principale force politique… », précise-t-il dans un souffle blessé, l'amertume intacte. Il ne cache pas ses cicatrices, assure que les plaies sont aujourd'hui refermées même si, par moments, les expressions de son visage semblent démentir ses propos tant ces deux défaites lui semblent encore douloureuses. « Je sais depuis longtemps, à mon âge, que la vie est un long cheminement de difficultés et que le bonheur est dans les difficultés surmontées, pas dans les difficultés évitées, dit-il, mi-philosophe, mi-guerrier revenu de campagnes. J'ai beaucoup de chance, j'ai eu de grandes responsabilités. Je suis assez tolstoïen… », avance-t-il, citant à sa manière la dernière phrase de Dostoïevski dans *Crime et Châtiment* : Ainsi commença la renaissance, lente mais certaine[1].

Il a découpé chaque mot de cette citation de Dostoïevski, réaménagée par lui comme s'il était habité par le rôle. Impossible de ne pas le voir comme on assisterait au spectacle d'un acteur sur scène jouant son propre personnage tant lui-même, affichant un recul sur son parcours et son itinéraire politique,

1. La citation exacte est : « Mais ici commence une nouvelle histoire, histoire de la rénovation progressive d'un homme, histoire de sa régénération graduelle, de son passage pas à pas d'un univers dans un autre, de son initiation à une réalité nouvelle, jusque-là absolument inconnue. Cela pourra être le sujet d'un nouveau récit : celui-ci est terminé. » (Fiodor Mikhaïlovitch Dostoïevski, *Crime et Châtiment*, traduction, introduction, notes, bibliographie par Pierre Pascal, Paris, Éditions Garnier frères, 1971, p. 761.)

semble évoquer le Sarkozy qu'il a été à la 3e personne et au passé. Et tant le calme de sa voix semble contredit parfois par cette houle qui affleure chez lui, comme un fleuve de colère souterrain qui coulerait encore dans ses veines… Dompté certes. Mais toujours là. Pas loin. Une colère prête à tonner encore.

« La vie est une succession de renaissances, poursuit-il dans son long monologue sur le thème de sa résurrection. Dans ma vie j'ai souvent été obligé de renaître. J'ai connu beaucoup de bas et quelques hauts. Un autre mot important, la cohérence. On ne peut pas avoir de grands succès sans prendre le risque de grands échecs. » Le Sarkozy nouveau se serait donc réincarné après sa mort politique dans autre chose : « Je me suis retiré », répète-t-il à nouveau. Il admet que les gens viennent le voir. Que « le président » lui « parle ». Mais ce qu'il fait aujourd'hui, ce n'est « plus de la politique ».

Impossible de ne pas sourire tant son personnage semble imprégné de politique. Reste à s'entendre sur la définition du mot : « La politique c'est épique, pour moi. C'est en grand. La politique aujourd'hui, elle est en miniature… » Pas très sympathique pour les acteurs d'aujourd'hui. Mais les adversaires de son temps étaient d'une autre trempe que le personnel actuel. Il complète : « Je vous donne ma martingale : la politique, on la fait à 100 % ou on ne la fait pas. Pour moi la politique n'est pas un hobby. Je suis un professionnel. J'ai toujours fait les choses à fond. »

Nuance. Il ne fait donc plus de politique « comme avant ». Pied au plancher, ou plutôt concernant cet amateur de vélo, tête dans le guidon, dans l'optique de gravir le col suivant en pole position. Il faut donc pondérer son « je ne fais plus de politique » initial en un « je ne fais plus de politique comme avant ». D'autant qu'il admet que jusqu'à son « dernier souffle », il comprendra « la politique même sans le vouloir ». « Quand je sors dans la rue il n'y a pas une fois où on ne me dit pas "revenez", "vous nous avez laissés tomber". Mais je n'ai jamais fait de politique en amateur. Si vous me dites : "Vous avez de l'influence" – oui, on peut avoir de l'influence sans faire de la politique. »

Donc le voilà, non plus en homme politique, mais en homme d'influence. La différence est importante mais pas si radicale. Qu'est-ce que faire de la politique si ce n'est influencer la vie de la cité ? Et puis même si le lecteur de Tolstoï/Dostoïevski, qui poursuit son récit avec des airs de vieux sage retiré des affaires, jure qu'il dit la vérité, son corps, une nouvelle fois, semble corriger ses propos. Bien sûr, la politique l'anime. Parler politique le fait vibrer. Peut-il jurer ici, dans ce bureau, à cet instant, qu'il ne reviendra jamais devant les suffrages des Français ? Après tout ce qu'il vient de dire, un simple non devrait s'imposer en réponse. Il marque une minuscule pause, les yeux plissés : « Manifester une certitude dans l'océan d'incertitudes qui est votre vie et la mienne a quelque chose de dramatiquement grotesque », dit-il, se refusant donc à toute réponse définitive. Rachida Dati, qui le connaît bien, le résume d'une formule qui fait écho à sa dernière réponse : « La politique, ne vous y trompez pas, il n'y a que ça qui l'amuse. Sarkozy il aura 120 ans, il ne lui restera qu'un cheveu, qu'une dent, s'il peut revenir, il tentera de revenir… »

La formule ne le fait pas sourire. Il se contente de hausser les épaules en disant tout le bien qu'il pense « de Rachida ». Mais le concernant, lui qui pourtant joue les oracles pour les autres, lui qui a prédit à Macron son absence de majorité aux dernières législatives, il ne peut parler que du présent… Tant d'ailleurs son avenir est illisible pour cause d'échéances judiciaires incertaines.

Pour l'heure, l'homme d'influence qu'il est devenu conseille, à sa demande, Emmanuel Macron. « Si on me demande d'aller représenter la France ou de donner un avis, je le donne », dit-il pour résumer ses relations avec le président. Pourrait-il, en échange, devenir Premier ministre, comme l'a suggéré un écho bienveillant de *L'Obs*, en ce printemps 2023 ? Il nie, cette fois-ci avec gourmandise : « Je serais un très mauvais Premier ministre ! Je n'ai jamais obéi aux consignes qu'on me donnait ! C'est une idée complètement folle, qui ne peut pas fonctionner. Ministre des Affaires étrangères encore moins. C'est ridicule. D'ailleurs l'une des clés de nos rapports, le président Macron et moi, c'est que je n'ai rien à demander et il n'a rien à me donner[1] ! » Un pieux mensonge. Macron peut tant pour lui. En lui confiant des missions diplomatiques, en lui faisant passer des messages, en l'invitant sans se cacher, son successeur le maintient en vie… Grâce à Macron il reste présent sur le bord de la scène. Monétisé. Même si ce rôle n'est pas toujours simple. « Il n'avait pas vu venir Macron », admet Véronique Waché. « Il ne le comprend pas toujours », ajoute Michel Gaudin, pour qui, « le fait que Macron ait parfois du mal à trancher le déstabilise. Comme le fait qu'il dise au dernier qui a parlé qu'il a raison ». Une relation équivoque, même en coulisses…

Pour l'heure, son influence consiste à pousser ses poulains ou à barrer ceux qui lui ont manqué. Avec constance, avant la présidentielle de 2022, il s'est employé à torpiller la candidature de Valérie Pécresse. Il l'a longtemps nié, mais personne à droite n'a été dupe de son absence au meeting du Zénith et il s'est attiré des sifflets dans un des derniers rassemblements LR. Du jamais vu pour lui depuis les pires heures de 1995 quand, contre Chirac, il avait choisi Balladur, le mauvais cheval. Aujourd'hui, au vu du score de la candidate de sa famille

1. Conversation avec les auteurs, 23 mai 2023.

en mai 2022, il assume son choix, persuadé que les Français lui ont finalement donné raison. Macron en tout cas, avec 27 % au premier tour, devant Marine Le Pen à 23 % et Mélenchon à 21 %, peut se féliciter du score de la candidate LR à 4,8 %. Six mois avant, l'Élysée redoutait un autre candidat LR, Xavier Bertrand, plus susceptible de mordre sur l'électorat centriste du président sortant. Avant de saboter Pécresse, le parrain de la droite et ses proches s'étaient employés, malgré les efforts de Xavier Bertrand auprès de la rue de Miromesnil, à torpiller la candidature de ce dernier. Magistral coup double en faveur de Macron… qui a légitimement pu se sentir en dette. Irait-il en retour jusqu'à user de sa grâce présidentielle en cas de condamnation judiciaire définitive envers son prédécesseur ? Même si l'idée semble un peu folle, nombreux sont ceux, dans l'entourage de Sarkozy, qui l'espèrent. Carla Bruni en tête…

Quoi qu'il en soit, la déconfiture de son ancienne famille politique, à laquelle il a contribué, lui a fait perdre des points chez ce qu'il reste de la droite. Les jeunes parlementaires ne le calculent plus guère. Lui qui se vantait de pouvoir apporter une trentaine de députés au lendemain de la réélection de Macron, dans le but de bâtir une majorité de gouvernement, avec lui à sa tête, ne s'est retrouvé qu'avec deux malheureux députés derrière lui. Une troisième défaite. Cachée celle-là. Au moment où il pouvait être en position de force auprès du président réélu mais sans majorité, Sarkozy s'est retrouvé sans troupe. Un roi sans vassaux et sans équipages. Nu. Son ancien trésorier Éric Woerth, mis en examen lui aussi dans l'affaire libyenne, a bien franchi le Rubicon, quittant LR pour rejoindre Macron, mais sans hériter de la moindre place dans l'équipe Borne. Une solitude de renégat. La maison Sarkozy est vide. Il ne reste que lui, uniquement pieds et poings liés au bon vouloir d'un autre président. Puissant encore, mais uniquement dans l'ombre. Celle du grand parrain…

Emmanuel

Une sorte de jeu de la vérité. La scène a lieu à l'Élysée, lors d'une de ces discussions décontractées que tiennent les deux présidents depuis 2017. Sauf déjeuner ou dîner avec leurs épouses, ils ne se voient qu'en tête à tête. Sans témoin. Une seule règle : c'est toujours Macron qui appelle et invite. Ce jour-là, la conversation roule sur l'après-politique. « Est-ce que je dois écrire un livre ? » questionne l'actuel président. Nicolas Sarkozy le chicane gentiment, fort des 200 000 exemplaires écoulés de son *Temps des tempêtes* : « On s'en fout, ce n'est pas la question de faire un livre, mais de faire un bon livre. » S'ensuit un court dialogue. « C'est quoi un bon livre ? » interroge le chef de l'État. « C'est un livre où on donne tout », avance Sarkozy. « C'est quoi donner tout ? » « C'est le chaud, pas le froid ou le tiède. » « C'est quoi le chaud ? » « Bon, écoutez. » Et le fondateur des Républicains de se lancer dans un incipit improvisé : « Moi je commencerais comme ça : quand Brigitte est entrée dans la classe, je n'ai pas vu qu'elle avait deux enfants, je n'ai pas vu qu'elle avait vingt-cinq ans de plus que moi. Je n'ai pas vu que c'était ma prof. Vous savez quoi ? J'ai vu l'amour. Et trente ans après, quand elle entre dans la pièce, je vois toujours l'amour. Ça, c'est un livre. » Sous couvert de conseil amical, Nicolas Sarkozy vient d'envoyer à son successeur un message très politique : il n'intéressera les gens que s'il consent à livrer une partie de ses secrets intimes. S'il ressemble un peu plus à Sarko et un peu moins à Macron, en somme. Le dialogue témoigne aussi de la grande complicité entre les deux présidents. Et de leur grande distance aussi. Pour Sarkozy, Macron, l'individu comme le politique, reste une énigme. Et, par conséquent, un sujet de perpétuelle interrogation…

Les deux hommes, dans le secret de leurs face-à-face, entretiennent une amitié ambivalente. Comme l'effet canard-lapin, du nom de ce dessin d'un auteur allemand inconnu, qui montre un canard le bec entrouvert, avant que l'œil entraîné ne réalise qu'il peut aussi s'agir d'un lapin aux oreilles dressées, l'interprétation dépend d'où on choisit de placer le regard.

À écouter l'un et l'autre, l'estime réciproque se situerait au plus haut. « Il est vraiment sympa, vraiment intelligent. On s'est vus assez souvent et petit à petit s'est nouée une sympathie. Je crois qu'il a de l'amitié pour moi, j'en ai pour lui », détaille Nicolas Sarkozy dans ses bureaux de la rue de Miromesnil[1]. « Ton ami a des fulgurances », glisse, épaté, Emmanuel Macron à Gérald Darmanin, après qu'une de ses nombreuses prophéties politiques s'est réalisée.

Tous les deux à trois mois, les deux présidents déjeunent ou dînent ensemble à l'Élysée, avec leurs épouses dans ce dernier cas. « Qu'en pensez-vous ? » commence par questionner l'actuel chef de l'État. L'Ex apprécie ce traitement de faveur qui le met en valeur. Dès novembre 2017, Carla Bruni avait trouvé une comparaison pour décrire le rôle de son mari. « Le nouveau gouvernement et le nouveau président sont proches de mon mari, ils lui demandent des conseils comme on le fait à des parrains », expliquait

1. Conversation avec les auteurs du 23 mai 2023.

la chanteuse au quotidien italien de centre droit *Corriere della Serra*. Durant ces rendez-vous, le titulaire du poste consulte son prédécesseur avec révérence, comme un jeune *Jedi* recevant la visite de maître Yoda. « Qu'est-ce qu'on fait ? » lui demande-t-il souvent, une tournure lui permettant d'inclure symboliquement Sarkozy dans son processus décisionnel. Les dialogues de chacune de leurs rencontres pourraient nourrir une pièce de théâtre sur le modèle du film *Les Deux Papes*... Et s'ils étaient enregistrés, ils constitueraient une sorte de boîte noire de ces années Macron. Un trésor pour les historiens politiques, qui y découvriraient l'envers des nominations. « Si vous saviez, les noms qui circulent... », chuchotera parfois Nicolas Sarkozy en levant un sourcil devant ses visiteurs de Miromesnil, sans aller plus loin. Ces discussions entre deux présidents s'étirent dans la soirée, dans les vapeurs du whisky que boit le plus jeune, au point que l'Ex est régulièrement obligé de prendre congé à minuit, lui qui déteste se coucher tard et ne boit pas une goutte d'alcool. « Non, non, restez. J'aime bien quand on est ensemble », tente alors de le retenir l'insomniaque Emmanuel Macron.

Entre ces deux bêtes politiques, l'amitié n'allait pas de soi tant leurs différences sautent aux yeux. Sarkozy a besogné des années afin de gravir une à une toutes les marches avant d'atteindre l'Élysée. Macron a été élu à sa première tentative. L'un est énarque, l'autre pas. Sans parler de leur bord politique... Entre eux, la défiance a précédé l'entente. Leur premier contact date du 7 juillet 2016. Emmanuel Macron croise l'ancien président lors de l'hommage rendu à Michel Rocard aux Invalides. Les deux hommes ne se sont jamais parlé, hormis quelques saluts lors de cérémonies officielles. Le ministre de l'Économie glisse ces quelques mots à celui qui est encore le président de LR : « Je sais qu'un de vos proches répand des rumeurs sur ma vie privée, dites-lui de se taire[1]. » À cette époque, un banquier d'affaires, un des leveurs de fonds de la Sarkozie, distille dans le Tout-Paris le ragot que le ministre de l'Économie serait homosexuel. Sarkozy ne bronche pas. Ce Macron a du culot, pense-t-il, tant cette phrase de menace glissée à son oreille ressemble à celle qu'il a lui-même su glisser à Chirac du temps de sa rivalité avec Villepin.

Sans reprendre directement à son compte le racontar, Nicolas Sarkozy décrit en mai 2016 à une journaliste du *Point* tout le mal qu'il pense du locataire de Bercy, en usant d'une étonnante métaphore. Celle de l'indétermination sexuelle : « Voilà un homme qui était dans le bureau de Hollande quand il a décidé 50 milliards d'impôts nouveaux, qui applique ces décisions en tant que ministre et qui, quatre ans après l'élection de Hollande, vient dire : "Je ne suis pas de gauche, pas de droite." Qu'est-ce que vous voulez que j'en pense ? Il est cynique. Un peu homme et un peu femme, c'est la mode du moment. Androgyne. » Une façon de jouer avec la rumeur, sans la colporter directement, comme on prononce le nom de la maîtresse d'un concurrent, pour montrer qu'on sait des choses. Sarkozy sait mordre avec le sourire. La marque de ce milieu…

De son côté, Emmanuel Macron n'a jamais été sarkozyste. En 2007, il refuse la proposition de l'ambassadeur Jean-Marc Simon, son ancien maître de stage à l'ÉNA, de le faire entrer au cabinet d'Éric Woerth, alors ministre du Budget du gouvernement Fillon. Même rejet poli lorsque Antoine Gosset-Grainville, le directeur adjoint du cabinet du Premier ministre, lui propose de lui succéder, en 2010. « Ce n'est pas ma crèmerie », fait-il

1. Éric Mandonnet, « Macron-Sarkozy, le lien qui intrigue », *L'Express*, 23 janvier 2019.

savoir à Jean-François Copé, qui le teste, à la même période, lors d'un dîner chez le banquier Grégoire Chertok, associé-gérant et membre du comité exécutif de Rothschild. Lors de son mariage avec Brigitte à Amiens, le 20 octobre 2007, le seul politique présent se nomme Michel Rocard. « Cela correspond à ses valeurs, celles d'un homme de gauche », résume le député Marc Ferracci, l'un de ses meilleurs amis.

Auprès de l'écrivain Philippe Besson, qui suit sa campagne de 2017 et en tirera le livre *Un personnage de roman*, le fondateur d'En Marche a plusieurs fois des mots narquois pour l'ancien maire de Neuilly. « Sarko, comme toujours, s'est montré habile. Comme toujours, il a manqué de hauteur », remarque-t-il au moment où Alain Juppé échoue à remplacer François Fillon comme candidat Les Républicains. Au fond, Macron prend alors Nicolas Sarkozy pour un manœuvrier prêt à tout mais *has been*. Lors de son meeting de Strasbourg, le 4 octobre 2016, le futur président atomise en quelques mots celui qui est alors candidat à la primaire de la droite malgré sa mise en examen dans l'affaire Bygmalion : « Peut-on imaginer sérieusement commander aux destinées du pays, se présenter au suffrage des Français alors qu'on a délibérément dépassé le plafond des dépenses autorisées pour sa campagne ? » Le genre de phrase qui s'imprime durablement dans le cerveau de l'ancien maire de Neuilly… et qui vaut à son auteur de rejoindre la liste des bannis. Sarkozy et Macron ont ce même défaut, ils sont rancuniers.

Entre eux, tout change à partir de l'élection de 2017. Le soir du second tour, Carla Bruni, d'autant plus séduite par la campagne d'Emmanuel Macron qu'elle déteste François Fillon, a envoyé un SMS chaleureux à Brigitte Macron. Nicolas Sarkozy sait que son intérêt est de bien s'entendre avec le nouveau président. C'est même indispensable. De bons contacts pourront profiter à son business, et puisque plusieurs de ses anciens soutiens sont annoncés dans le nouveau gouvernement, il peut escompter regagner une influence politique que son statut de troisième à la primaire de la droite ne lui garantit pas. Et puis les affaires judiciaires pointent… Et puis il a trop souffert du quinquennat qui s'achève.

Dans ces premières semaines, Sarkozy est aux aguets. Il passe ses journées au téléphone à la pêche aux informations sur cette nouvelle génération qui prend les commandes, cinq ans après son départ. Premier constat : il est impressionné par la manière dont le nouveau président reconfigure les codes de la Ve République. À commencer par son choix de Premier ministre. « É•dou•ard•Phi•lip•pe », répète l'Ex en décomposant chaque syllabe, lorsque Gérald Darmanin lui révèle au téléphone, sous couvert du secret, le nom du nouveau numéro deux de l'État. « Je ne comprends plus rien à la politique », réagit Sarkozy qui prend ce juppéiste pour un troisième couteau. Dans son esprit, le chef du gouvernement ne peut être que le plus gradé des lieutenants du président, pas un quasi-inconnu. Derrière l'incrédulité perce une grande curiosité. Et si ce jeune « cynique » qui vient d'être élu à la surprise générale se révélait un fauve politique de premier ordre ? Quelques jours avant les législatives, il jauge en expert le braconnage à droite et à gauche du nouveau chef de l'État : « Ça ne peut pas marcher… Mais si ça marche, c'est un génie[1] et il faudra s'incliner », admet Sarkozy, sans trop y croire mais avec une pointe d'admiration.

Ces éloges n'ont pas échappé au locataire de l'Élysée. Dans ces premiers mois de mandat, Emmanuel Macron cherche à la fois à affirmer sa stature présidentielle, à se démarquer au maximum de la gauche et à séduire les électeurs LR. Se rapprocher de Nicolas Sarkozy présente donc un triple

1. *Le Journal du dimanche*, 4 juin 2017.

intérêt. Leur première vraie conversation a lieu le 1er juillet 2017, dans l'avion qui escorte les deux présidents français jusqu'à Strasbourg, où se tient un hommage à Helmut Kohl, l'ancien chancelier allemand. Durant ce court trajet, Sarkozy évoque son intérêt pour le Rwanda, un pays qu'il rêve de réconcilier avec la France dont le rôle pendant le génocide est controversé. Intrigué par ce politique aux violons d'Ingres insoupçonnés, Macron l'invite à dîner à l'Élysée, quatre jours plus tard.

Ce 5 juillet 2017, Emmanuel et Brigitte reçoivent Nicolas et Carla pour un dîner à quatre. Dès les premières minutes, la « première dame » a les mots qu'il faut pour charmer son convive. « J'ai toujours eu de la sympathie pour vous et je ne le regrette pas, lui dit-elle. J'ai toujours voté pour vous », ajoute aussi Brigitte Macron, même si l'Élysée conteste aujourd'hui cette citation. Ce soir-là, elle jure même avoir « incité Emmanuel à en faire autant à l'époque ». L'Ex en sourit de plaisir. Les Macron ont trouvé la clé pour amadouer l'ancien locataire de l'Élysée : la flatterie. Ces petites phrases qui ne coûtent rien mais déverrouillent tout. Sarkozy, avec son éternel besoin de reconnaissance, y est sensible. Et puis les deux hommes se trouvent un point commun solide. Une même détestation. Un même ennemi. Il s'appelle François Hollande. Sarkozy le déteste intensément, aujourd'hui encore, onze ans après cette élection présidentielle de 2012 que le socialiste lui a soufflée. Il l'appelle, selon son humeur, « le normal », « l'autre gros », « l'autre connard » ou « Monsieur Hollande ». Président Hollande, jamais. D'ailleurs, lorsque le banquier Lionel Zinsou se risque, au cours d'un déjeuner d'amis, à évoquer le « président Hollande », Sarko se récrie : « Faites-moi plaisir, ne l'appelez pas "le président Hollande". Dites François Hollande, ça suffira bien. Par contre, vous pouvez dire le président Macron. » Macron aussi déteste Hollande qu'il juge indécis, mou, inconstant… « Il n'a jamais incarné la fonction », estiment de concert Sarkozy et Macron, persuadés que celui qui a occupé leur même chambre à coucher ne rentrera jamais dans l'Histoire. Eux en revanche…

Neuf jours après son premier déjeuner à l'Élysée, dans l'avion présidentiel qui transporte Emmanuel Macron, Nicolas Sarkozy et François Hollande à Nice, pour les commémorations de l'attentat du 14 juillet 2016, l'ancien patron de la droite parade auprès du socialiste. Hollande, qui n'a pas pu se représenter, estime avoir été trahi par Macron. Son ministre de l'Économie non seulement lui a tout pris mais, à peine élu, s'emploie à détruire la maison socialiste. Face à lui, Sarkozy appuie là où ça fait mal, capable d'une cruauté délicieuse : « Brigitte est formidable, et d'ailleurs elle a toujours voté pour moi », jubile-t-il. François Hollande découvre qu'en 2012 la professeure de français aurait voté pour son rival…, alors même que son mari figurait dans son équipe de campagne. Sarkozy ne se lasse pas de narguer François Hollande en lui rappelant la trahison d'Emmanuel Macron : « Voilà ton ministre », glisse-t-il à l'ancien président socialiste lors des obsèques de Johnny Hallyday à la Madeleine, le 9 décembre 2017, au moment où le fondateur d'En Marche entre dans l'église. François Hollande grimace encore, pris en étau de cette double détestation qui cimente son prédécesseur à son successeur. Le petit numéro a tellement lassé l'ancien chef d'État socialiste qu'il refuse désormais d'effectuer le moindre déplacement avec les deux autres présidents. Le 14 juillet 2017 reste à ce jour leur seul trajet commun en avion.

Sarkozy et Hollande s'évitent, comme le 25 février 2023, lorsque les deux Ex sont reçus par Macron pour évoquer l'Ukraine. Mais il arrive qu'ils soient obligés de se croiser. Le 20 mars 2022, lors de la commémoration des attentats de Mohamed Merah, à Toulouse, Hollande voit débarquer Macron et Sarkozy ensemble, comme un couple politique. Ils sortent de l'avion présidentiel, bras dessus, bras dessous. Dès le 15 septembre 2017, François Hollande a pu mesurer l'influence de l'un sur l'autre. Ce jour-là, lui et Nicolas Sarkozy sont invités à l'Élysée pour célébrer le choix de Paris comme ville hôte des Jeux olympiques de 2024. Vers 17 h 30, Emmanuel Macron retrouve ses deux prédécesseurs dans le salon Murat. Au bout de quelques phrases, Nicolas Sarkozy félicite le président d'avoir nommé Jean Castex, son « ancien collaborateur », comme délégué interministériel aux Jeux olympiques. Il insiste sur le fait que c'était son idée. Une nouvelle fois, Hollande, comme toutes les têtes de Turc, réalise le rôle qu'il a joué, bien malgré lui, pour rapprocher les deux autres présidents. Et le jeu dangereux que joue Macron avec le parrain de la droite… que lui aussi, en retour, honnit.

Nicolas Sarkozy savoure ce retour en grâce. « Macron nous reçoit bien », oppose-t-il à ses amis qui lui demandent ce qu'il fabrique avec ce président venu de la gauche. Devant eux, il résume son soulagement à sa façon, opposant Hollande, « qui s'est très mal comporté », à Macron, « un homme bien élevé ». Parmi ses griefs figure probablement l'humiliation de la défaite en 2012. Sarkozy a surtout relaté une multitude de fois la maladresse de François Hollande lors de la passation de pouvoirs, lorsqu'il ne les raccompagne pas, lui et Carla Bruni, à leur voiture. Mais en réalité, l'animosité de Sarkozy pour Hollande dépasse largement cette scène des adieux ratés. « Tous les drames de ma vie, je les dois à François Hollande », répète-t-il à ses plus proches amis. Il considère que ses ennuis judiciaires doivent tout au président socialiste et à un éventuel « cabinet noir » appliqué à éplucher ses archives, à influencer les magistrats. « Le Parquet national financier a été créé spécialement pour moi », a toujours grincé Sarkozy dans les prétoires, sur un ton plus affirmatif qu'ironique.

Dans les premiers mois de sa présidence, Emmanuel Macron multiplie ces petits gestes en faveur de Nicolas Sarkozy. Au moment des funérailles de sa mère, Dadu, le 18 décembre 2017, il envoie deux motards de la police escorter le cercueil. Un geste qui fait très plaisir à l'Ex. « Tu as vu, le président ? » murmure-t-il, ému, à son ami Frédéric Péchenard, sur le perron de l'église Saint-Jean-Baptiste de Neuilly. Macron propose aussi de nommer le même Frédéric Péchenard, ancien directeur général de la police nationale, préfet des Hauts-de-France – l'intéressé refusera pour raisons familiales. Le chauffeur de l'ancien président reçoit lui aussi une promotion, laquelle lui passait invariablement sous le nez du temps des socialistes. Il était brigadier, il passe brigadier-chef. Jusque-là, les relations se tissent dans cet échange de bons procédés. Les deux hommes se sont trouvé un terrain d'entente. Leur détestation commune leur permet de pilonner le PS, et Sarkozy offre les services de ses proches au nouveau régime. Son poulain, Gérald Darmanin, qui n'a aucun secret pour lui, a été nommé au Budget, la tour de contrôle de Bercy, ce qui lui permet de rester informé.

Au mois d'octobre 2018, Nicolas Sarkozy manque de placer un de ses proches au ministère de l'Intérieur. Lorsque Gérard Collomb démissionne, le premier nom avancé est celui de Jean Castex. Le parrain de la droite, lui, penche pour son fidèle Gérald Darmanin. Pas à l'ordre du jour pour Emmanuel Macron, qui imagine un autre plan : nommer Frédéric Péchenard secrétaire d'État. Sarkozy encourage vivement son ancien collaborateur à accepter. « C'est un honneur, servir la France, ça ne se refuse pas », le pousse-t-il au téléphone. Encore une fois, Péchenard refuse. Il ne s'imagine pas faire équipe avec

Christophe Castaner, nommé ministre de tutelle. Entre les deux subsiste une relation opposée avec Christophe Oraison, un bandit provençal abattu en 2008. « Pour Castaner, c'était son grand frère, et moi, la dernière fois que je l'ai vu, il était par terre et je lui passais les menottes », résume Frédéric Péchenard. Même s'il ne débouche sur rien, l'épisode satisfait Sarkozy. Il influence de nouveau la vie politique nationale.

Un premier tournant va rapprocher davantage encore les deux présidents. Le vendredi 7 décembre 2018, six jours après le saccage de l'Arc de triomphe par les Gilets jaunes, et à la veille d'une nouvelle journée qui s'annonce tendue, Macron demande à Sarkozy de passer à l'Élysée. Le 1er décembre, la République a tremblé. Ce 8 décembre, pour la première fois depuis la guerre d'Algérie, des blindés de la gendarmerie garderont Paris. Le ministère de l'Intérieur a même prévu d'exfiltrer le couple présidentiel à la Lanterne, la résidence versaillaise, si besoin. Sarkozy retrouve pour déjeuner le jeune président tendu et inquiet. Personne n'en a rien su à l'époque, mais les époux Macron envisagent de se chercher un appartement dans Paris, de peur de ne pas pouvoir terminer le mandat. Dans ces heures sombres, aux sons de l'émeute, Sarkozy trouve les mots qu'il faut. Mieux, il lui remonte le moral… Comme si un vieux pacte de sang, dans cette France régicide, liaient encore entre eux les lointains successeurs de Louis XVI face à la menace de la rue, il le remet en selle.

Comme convenu depuis plusieurs semaines, Giulia, la fille de Nicolas Sarkozy, alors âgée de 7 ans, est à ses côtés. Son père a promis de lui faire visiter l'Élysée, dont elle ne garde aucun souvenir. C'est dans cette ambiance bizarre que Sarko revigore un président fébrile, qui fait connaissance avec la peur. « Ce jour-là, Sarko a fait une transfusion d'énergie à Macron », commente aujourd'hui Alain Minc, proche des deux hommes. À la façon d'un ancien joueur, devenu entraîneur, et qui puise en lui-même le ton juste à la mi-temps. « C'est sûr qu'on s'est beaucoup parlé à ce moment-là », confirme Nicolas Sarkozy[1]. « Envoyez les assistantes sociales », conseille-t-il alors à Emmanuel Macron, une façon argotique de signifier qu'il faudra annoncer de nouvelles dépenses pour désamorcer la crise. Il lui propose également de défiscaliser les heures supplémentaires, une mesure que le président de la République annoncera effectivement le lundi suivant.

L'épreuve les soude. Une semaine plus tard, comme en remerciement, Emmanuel Macron demande à Nicolas Sarkozy de représenter la France à l'investiture de Salomé Zourabichvili, la présidente de la Géorgie. L'opération sera reconduite pour l'intronisation du nouvel empereur du Japon, en octobre 2019, ainsi que pour les funérailles de l'ancien Premier ministre nippon Shinzo Abe, en septembre 2022, et à l'hommage au sultan d'Oman, décédé en janvier 2020. Macron confie aussi au « conseiller spécial Sarkozy » des missions de bons offices plus discrètes. Des lettres présidentielles à remettre à des chefs d'État étrangers, au Japon encore, en Turquie, au Rwanda, dans les pays du Golfe ou en Égypte. Des déplacements que le parrain peut souvent coupler avec des voyages d'affaires. Ces attentions contentent Nicolas Sarkozy : comme lui, le président a donc le sens des renvois d'ascenseur.

« L'une des clés de notre relation, le président Macron et moi, c'est que je n'ai rien à demander et il n'a rien à me donner », avance prudemment Nicolas Sarkozy. À y regarder de près, la vérité semble un peu plus complexe. L'Ex attend certes que son téléphone sonne, mais il se tient à l'affût de chaque événement. Sur le tarmac de Villacoublay,

1. Conversation avec les auteurs.

de retour de la visite d'Emmanuel Macron pour le millénaire du Mont-Saint-Michel, le 5 juin 2023, le conseiller d'État Camille Pascal a la surprise de voir le numéro de son ancien patron s'afficher. « Alors, comment ça s'est passé ? » demande l'ancien président à celui qui fut son conseiller à l'Élysée.

Sans que jamais l'un ou l'autre ne verbalise cet accord, un contrat tacite s'est noué entre les deux présidents. Comme un joint-venture, ces alliances d'entreprises sur un projet précis, la Macron *company* s'associe à la Sarkozy *factory*. Parmi les clauses qui les lient implicitement, le serment macronien de bien traiter les réseaux de l'ancien patron de la droite. En retour, Nicolas Sarkozy s'engage à ne pas se laisser aller à ces petites phrases assassines qu'il aime distiller auprès de ses amis et qui finissent immanquablement dans la presse. Quand il évoquera le président de la République, le roi des reparties dans le genre des *Tontons flingueurs* restera dès lors sur la réserve. Un contre-emploi pour Sarkozy, mais en échange, l'ancien président obtient beaucoup. La garantie de tout savoir de l'intérieur et l'espoir de peser sur les décisions. La satisfaction aussi de voir ses amis de nouveau sollicités au sein de l'État. La garde sarkozienne reprend sa marche en avant. « Aujourd'hui, vous êtes redevenus à la mode. Le président Macron connaît même certains d'entre vous mieux que moi », triomphe Sarkozy, le 6 novembre 2019, au restaurant La Gare dans le 16e arrondissement de Paris, où une réunion exceptionnelle d'une cinquantaine de ses anciens collaborateurs à l'Élysée a été organisée[1]. Plus parrain que jamais.

Le remaniement du 6 juillet 2020 marque la consécration des réseaux Sarkozy. Jean Castex débarque à Matignon.

1. Ludovic Vigogne, « Les retrouvailles inédites de Nicolas Sarkozy et ses ex-conseillers de l'Elysée », L'Opinion, 7 novembre 2019.

Le Pyrénéen et l'ancien président ne sont pas si proches, mais il reste un ancien conseiller. « Tu t'entendras bien avec Castex », a promis Nicolas Sarkozy à Emmanuel Macron quelques jours auparavant. Surtout, Gérald Darmanin obtient enfin sa nomination au ministère de l'Intérieur. Même le choix d'Éric Dupond-Moretti est perçu comme un signe. Sarkozy n'a pas été consulté, mais le ténor du barreau est le meilleur ami de son avocat à lui, Thierry Herzog. Cela peut toujours servir. En ce même mois de juillet 2020, Macron a aussi nommé Salima Saa, son ancienne porte-parole de campagne en 2012, préfète de la Corrèze. Le département de Chirac, et, surtout, de ce satané Hollande. Le genre de pied de nez qu'adore Nicolas Sarkozy.

Depuis le tournant des Gilets jaunes, Sarkozy a su se rendre indispensable. À intervalle de deux ou trois mois, mais les choses peuvent se précipiter en cas de besoin, Macron l'appelle et le consulte. À la façon d'un coach. Nécessairement, entre ces deux hommes qui ont partagé la même solitude du pouvoir, qui mesurent les mêmes impuissances, qui traversent les mêmes difficultés, les sujets de conversation sont nombreux. Leurs échanges tournent autour de la mainmise de l'administration, de l'international et surtout… des nominations. Le sport principal de l'exécutif. Macron et Sarkozy n'ont pas leur pareil pour brosser le portrait en une phrase, voire en un mot, d'un politique ou d'un haut fonctionnaire. Macron teste ses ministres auprès de celui qui connaît tout le personnel politique mieux que lui. Hulot ? l'interroge-t-il dès leur premier dîner, le 5 juillet 2017. « Vous allez avoir de grands problèmes avec Hulot. Car il est narcissique, paresseux et dépressif. Donc la question n'est pas de savoir s'il va vous poser un problème, mais quand », prédit l'Ex. « Vous aviez raison », reconnaîtra-t-il devant Sarkozy après la démission de l'écologiste. Même constat de l'actuel président quand il découvre les propos à son endroit de Pierre Moscovici : « Les Français ne l'aiment pas, il ne les connaît pas, il ne leur ressemble pas[1]. » Sarkozy lui avait déconseillé de le nommer à la présidence de la Cour des comptes. « Il vous trahira », avait-il pronostiqué. De fait, Macron ne l'écoute pas toujours…

Sur le conflit ukrainien et la façon de gérer Poutine, le chef de l'État a longuement sondé l'Ex, au point que ses proches ont pu considérer Sarkozy, au début de la guerre, comme son conseiller le plus influent. « Maintenez le contact avec Poutine. Allez le voir à Moscou », a plaidé plusieurs fois Nicolas Sarkozy, y compris après l'invasion russe. Il demeure convaincu que le conflit ukrainien va « durer des années ». Mais là encore, Macron ne l'a pas suivi à la lettre. Nicolas Sarkozy, lui, est consterné de découvrir que le président a laissé le journaliste Guy Lagache assister à une de ses discussions avec Vladimir Poutine, diffusée le 30 juin 2022 sur France 2. Une « immense erreur » susceptible de menacer la place de la France dans l'issue du conflit ukrainien, juge-t-il. « Le jour où il a rendu publique sa conversation avec Poutine, c'était fini », cingle-t-il auprès de ses proches.

Entre le parrain et son filleul, des rivalités transparaissent discrètement. Après avoir rencontré Irakli Garibachvili, le Premier ministre de la Géorgie, au sommet de l'OTAN à Madrid, le 29 juin 2022, Emmanuel Macron s'amuse auprès de ses collaborateurs dans l'avion : « J'ai prononcé le nom de Sarko avec les Géorgiens, faut courir vite. » Une référence ironique à l'accord Géorgie-Russie de 2008, particulièrement parlante quand on sait que Nicolas Sarkozy en est extrêmement fier. Au mois d'août 2008, il a pesé de son poids de président de l'Union européenne pour faire signer aux provinces

1. Gérard Davet et Fabrice Lhomme, *Le Traître et le Néant*, Paris, Fayard, 2021.

séparatistes d'Abkhazie et d'Ossétie du Sud, soutenues par Moscou, un accord en six points. Ce cessez-le-feu a mis fin à la guerre mais aucun des six points n'a jamais été respecté par la Russie. Qu'importe, Sarkozy a maintes fois expliqué à Macron qu'il devait s'en inspirer.

Souvent, le parrain de la droite parle du président de la République comme d'un martien. « Je ne le comprends pas, il n'est pas facilement cernable », réfléchit-il tout haut. Et d'échafauder une théorie : « Il n'a pas assez souffert et il est assez seul. » Nicolas Sarkozy reste marqué par le long silence d'Emmanuel Macron lorsqu'il lui a demandé, un soir à l'Élysée : « À qui faites-vous confiance ? » Au bout de trois minutes, le chef de l'État a évoqué Gérald Darmanin. « Pour me faire plaisir », conclut Sarko, méfiant.

Une fois, une seule, Nicolas Sarkozy et Emmanuel Macron ont paru au bord de la rupture. C'était après le déplacement du natif d'Amiens au Rwanda, le 27 mai 2021. On le sait, l'Ex est proche de Paul Kagame, le président du « pays des mille collines », qu'il rencontre au moins une fois par an. L'ancien chef de l'État a beaucoup œuvré pour ce voyage présidentiel, il l'a réclamé plusieurs fois à Macron et en a encore discuté avec Kagame à Paris, neuf jours auparavant. Il n'a pourtant pas été convié. Ce jour-là, dans l'avion qui l'emmène vers Kigali, Macron réécrit le discours qu'il doit prononcer sur place. Il remanie la version de Franck Paris, son conseiller Afrique, acquis à la lecture sarkozienne, celle de la responsabilité de la France, à laquelle il préfère une mouture plus équilibrée, qui plaît davantage à son ministre des Affaires étrangères, Jean-Yves Le Drian. Surtout, une fois arrivé à Kigali, le chef de l'État s'abstient de citer Nicolas Sarkozy pendant trente-six heures, alors que Paul Kagame, lui, a rendu hommage à l'Ex.

Dès le lendemain, Sarkozy envoie un SMS furieux à Macron. Il lui fait savoir tout le mal qu'il a pensé de son silence. Ce qui devait constituer une consécration de son rôle de pacificateur s'est transformé en humiliation. L'explication entre les deux hommes, le 31 mai 2021 à l'Élysée, est virulente. Le coach propose de mettre fin à leur relation, de ne plus se voir. Le joint-venture vacille, avec toutes les conséquences que cela implique. Mais à quoi ça sert si l'on ne reconnaît pas ses mérites ? Embêté, Emmanuel Macron balbutie une explication sur un discours « hyperpersonnel ». Impossible donc de le citer, mais son apport majeur aux relations franco-rwandaises est reconnu. On s'en tient là, et chacun sait que le fil est passé près de se rompre. « S'il m'a écouté sur quelque chose, c'est le Rwanda », considère aujourd'hui Nicolas Sarkozy, beau joueur.

Depuis, Emmanuel Macron prend soin de soigner sa susceptibilité. Il le consulte encore plus avant chaque décision, souligne l'importance de son rôle, tout en poursuivant sa politique de nomination de ses proches. En juillet 2023, Lydia Guirous, l'ancienne présidente de l'association Jeunes sarkozystes du 92, est nommée préfète pour l'égalité des chances en Gironde. En décembre 2022, Macron a aussi nommé Boris Ravignon, un ancien conseiller de Nicolas Sarkozy, à la présidence de l'Agence de l'environnement et de la maîtrise de l'énergie (ADEME), mais le Parlement a censuré cette décision.

Sarkozy, lui, réoriente sa frustration sur l'entourage du président. Il a plusieurs fois ciblé Alexis Kohler, le puissant secrétaire général de l'Élysée, au point qu'à deux reprises, le plus proche collaborateur du président de la République s'est déplacé rue de Miromesnil. Comme on se rendrait dans la tente d'un chef indien rival pour déposer les armes. Lors de leur dernière entrevue, fin mai 2022, Sarkozy le lamine pour ne pas l'avoir associé à la possible nomination de Catherine Vautrin à Matignon. « Vous avez un *Who's Who* ? Vous savez qu'elle a été ma porte-parole, vous auriez pu me demander mon avis », cingle l'ancien président dont l'autre bête noire est… Élisabeth Borne, un de ses souffre-douleur préférés. Sarkozy ne supporte pas son habitude de désigner le président de la République d'un simple « Macron ». Il ne lui pardonne pas, surtout, d'avoir tardé à le saluer lors de l'investiture d'Emmanuel Macron, le 7 mai 2022. « Je ne le prends pas pour moi, cette dame ne dit bonjour à personne ! » ironise-t-il devant ses amis. La saillie finit rapidement dans la presse, ce qui n'est pas pour lui déplaire. La puissance d'un parrain, pour reprendre l'expression de Carla Bruni, se mesure aussi à son pouvoir de nuisance.

Avec Borne, la colère de Nicolas Sarkozy ne prendra fin qu'après un déjeuner au Pavillon de musique de Matignon, où la Première ministre l'a convié, le 28 novembre 2022. « Elle fait campagne. Elle sait que vous ne l'aimez pas et elle veut que vous disiez du bien d'elle », a expliqué Emmanuel Macron en apprenant l'invitation. Un commentaire révélateur de la façon dont le président perçoit le fonctionnement de l'Ex. Mais l'analyse se révèle juste. Lors du déjeuner, Sarkozy teste la cheffe du gouvernement sur ses fidélités socialistes. « Il faut que je vous dise quelque chose, Madame la Première ministre, on a un point de désaccord important. Vous avez travaillé pour la personne peut-être la plus bête de France », attaque-t-il. Comprenant qu'il s'agit de Ségolène Royal, Élisabeth Borne se redresse. « Et la plus méchante », ajoute-t-elle. De quoi adoucir – un peu – l'ennemi du clan Hollande…

Ce remaniement de l'après-présidentielle de 2022, l'Ex ne le digère pas. Il l'a dit au président sur le mode passif/agressif, le 16 mai 2022. Ce soir-là, un dîner est organisé à l'Élysée en l'honneur du président ivoirien Alassane Ouattara et son épouse, en présence des Sarkozy ainsi que de Martin

Bouygues et sa femme. Vers 18 heures, Élisabeth Borne a été nommée Première ministre, chargée de mener la campagne des élections législatives. « C'est sympa de nous inviter, président, je vous félicite parce que vous venez de perdre la majorité absolue », assène Sarkozy en saluant Emmanuel Macron. Brigitte Macron éclate de rire : « Il n'y a que vous pour lui parler comme ça ! »

Le coach de la droite avait proposé un autre plan, une coalition gouvernementale avec Les Républicains, dirigée par Christine Lagarde, une autre de ses anciennes ministres. Une hypothèse qui l'aurait placé, en coulisses, au centre de la politique française. À dire vrai, c'est Emmanuel Macron qui a longuement insisté pour le consulter à ce sujet, avant et surtout après sa réélection. Toujours ménager l'impétueux parrain de la droite. Le soir du premier tour, sitôt son discours de la porte de Versailles achevé, Emmanuel Macron s'engouffre dans une voiture et appelle son prédécesseur. Mais celui-ci, fatigué, s'est déjà couché. Le soir du second tour, Nicolas Sarkozy décroche mais décline l'invitation à passer à l'Élysée dès le mardi. Il se trouve au Maroc, en famille, et n'a pas prévu de rentrer tout de suite. « Appelez-moi dès que vous êtes à Paris », requiert le président réélu. Lundi 2 mai 2022, Sarko prévient Macron qu'il est de retour en France, lequel l'invite à l'Élysée pour le lendemain. Pendant deux heures, les deux présidents discutent du choix du Premier ministre, de la composition du gouvernement. « Je n'ai pas encore choisi, je veux qu'on en parle », lui explique Macron. Mais à entendre Sarkozy, il a finalement écarté toutes ses propositions.

« Je me demande pourquoi il m'appelle. Il ne m'écoute pas », se désole le parrain, bougon certains jours. Souvent, il conseille à Emmanuel Macron de prendre exemple sur lui, sur ses décisions pendant son mandat. Il lui a plusieurs fois suggéré de se lancer dans de « grands travaux » sur le modèle de son Grand Paris, en investissant par exemple 500 millions d'euros dans le musée du Louvre, de façon à en faire le premier musée du monde. Il l'a aussi fortement incité à effectuer un remaniement après le vote de la réforme des retraites, de façon à détourner l'attention médiatique. « C'est ce que j'avais fait en 2010. J'avais fait entrer Juppé. Les journalistes ne parlaient que du remaniement », a-t-il plaidé. À chaque fois, sans succès.

Car leur association en joint-venture n'est pas une réelle amitié, ni une relation de confiance profonde. Emmanuel Macron se demande fréquemment si son coach le conseille pour l'aider à réussir ou s'il tente de le manipuler pour élargir son influence. Devant Marc Ferracci, qu'il reçoit à Miromesnil, en 2018, Nicolas Sarkozy plaide pour que Gérald Darmanin soit nommé ministre de l'Intérieur. « Bercy puis Beauvau, c'est un parcours identifié », lui signale Ferracci, une façon de lui faire remarquer qu'il manœuvre là pour son protégé, selon le *cursus honorum* sarkozien, plutôt que pour le président Macron. Sarkozy a intégré les méfiances suscitées par sa relation avec Gérald Darmanin au point qu'il s'abstient désormais de vanter ses mérites trop ouvertement, et reporte parfois ses vœux de promotion à Matignon sur Sébastien Lecornu, avec lequel sa proximité est plus discrète.

Un autre épisode a semé le trouble sur le niveau de confiance qu'Emmanuel Macron porte à son prédécesseur. Au printemps 2020, l'essayiste Mathieu Laine, proche du chef de l'État, demande à voir Frédéric Péchenard. L'intermédiaire, qui ne dit pas s'il est missionné par l'Élysée, lui demande s'il accepterait de devenir ministre de l'Intérieur, dans l'hypothèse d'un remaniement post-confinement. Puis il pousse l'interrogation : dans un tel cas de figure, soutiendrait-il Emmanuel Macron à la présidentielle de

2022 ? Bien évidemment, répond Péchenard. « Et si Sarkozy est candidat ? » poursuit Laine. « Je démissionnerais de mon poste et je lui apporterais tout mon soutien », prévient l'ancien dirigeant de la police[1]. Aucun poste ministériel ne lui sera plus proposé.

À cette époque, le publicitaire Jacques Séguéla fait circuler dans Paris un de ces slogans politiques qui l'amusent. « Si c'est le chaos, c'est Sarko », répète-t-il. Une manière d'installer l'idée qu'un retour au pouvoir de Nicolas Sarkozy est possible, même s'il n'est envisageable que dans des conditions extrêmes. Emmanuel Macron semble prendre au sérieux la boutade, d'autant qu'au même moment, Vincent Bolloré, qui mène ouvertement campagne contre l'Élysée, « une croisade », disent les conseillers du président, investit dans le groupe Lagardère, propriétaire de *Paris Match*, d'Europe 1 et du *Journal du dimanche*. « Sarkozy est l'employé de Bolloré », grince le président auprès d'un journaliste licencié du groupe Lagardère, signe qu'il n'est pas dupe lui non plus du double jeu potentiel de son « coach » de droite. L'actuel président a-t-il des raisons de se méfier ?

« Ma vie est parfaite aujourd'hui, les gens m'aiment, il suffit que je dise que je reviens pour que les emmerdes arrivent, a-t-il confié à son ami marchand d'art Julien Paganetti. Sauf si un jour les Français ont besoin de moi », précisait-il. Si c'est le chaos… Au-delà de son destin personnel, Nicolas Sarkozy n'a jamais juré fidélité éternelle au macronisme. D'ailleurs, lorsqu'il incite les députés Les Républicains à rejoindre Emmanuel Macron, dans l'entre-deux tours de la présidentielle 2022, Sarkozy imagine un contrat de gouvernement avec des contreparties. « Il faut faire comme moi avec Chirac,

1. Carole Barjon, « Macron et Sarkozy, le temps du désamour », *L'Obs*, le 27 juillet 2020.

ou comme Giscard avec Pompidou », répète-t-il aux députés Robin Reda, Damien Abad, Nicolas Forissier ou Philippe Juvin. Autrement dit, comprendre la nécessité de s'allier tout en jouant son jeu personnel, sans hésiter à s'opposer ponctuellement si besoin. Auprès de certains d'entre eux, il ajoute : « Ou comme Chirac avec Giscard. » Deux ans après avoir été nommé Premier ministre, en 1974, Jacques Chirac démissionnait de Matignon. Il s'opposera dès lors au président, jusqu'à se présenter contre lui à la présidentielle de 1981. La comparaison suppose la possibilité d'une trahison.

Son calendrier principal reste celui de la justice. Avant de nommer Éric Dupond-Moretti garde des Sceaux, Macron l'avait secrètement consulté à l'Élysée, sous couvert d'un rendez-vous avec Alexis Kohler. Dans le bureau de ce dernier, l'avocat avait longuement été interrogé par le président sur l'affaire Bismuth et s'était employé à torpiller l'accusation. Au lendemain de sa condamnation à trois ans de prison dont un an ferme pour cette histoire d'écoutes téléphoniques, Emmanuel Macron lui a adressé un SMS amical… Tous ceux qui connaissent Sarkozy, Gérald Darmanin en tête, savent que ces messages-là comptent triple auprès de l'ex-président.

Rien n'a jamais filtré sur les éventuelles conversations entre les deux présidents sur ce terrain-là. Dans l'entourage des deux hommes, personne n'en sait rien, même si nombreux sont ceux qui veulent croire qu'en cas de condamnation lourde, une grâce présidentielle, autorisée par la Constitution, pourrait alléger une peine infligée à Nicolas Sarkozy. Une grâce partielle, lui permettant d'échapper à une incarcération ou une interdiction de quitter le territoire ? Difficile à imaginer mais leur relation fonctionne sur le non-dit de ce sujet qui fâche. Le sujet qui fâche. Et sur lequel, en cas de pépin, un président en exercice peut tout…

Valérie

C'est un de ces rendez-vous où Nicolas Sarkozy a le visage renfrogné dès les premières secondes. Le mode numéro deux, disent ses amis, qui savent que l'ancien président fonctionne en binaire. Soit il se montre séducteur, attentif, fin et délicieusement drôle, soit il vous foudroie. Et la tendance apparaît instantanément, selon que son regard se montre alerte ou buté, le ton de sa voix onctueux ou tranchant, son corps tendu comme un cordage de raquette de tennis ou plus relâché. « C'est un livre ouvert, le président », a l'habitude de dire Véronique Waché, sa conseillère médias. Et ce jour de mai 2022, Othman Nasrou, vice-président du conseil régional d'Île-de-France et porte-parole de la campagne présidentielle de Valérie Pécresse, est tombé sur le mode furie.

Invité dans ses bureaux de la rue de Miromesnil pour converser politique, Nasrou fait face à un Sarko furibond. Sitôt les deux hommes assis, et la traditionnelle boîte de chocolats tendue, le parrain attaque. « C'est une méchante », hoquette-t-il contre Valérie Pécresse. Quelques jours auparavant, l'ex-candidate à l'élection présidentielle de 2022 lui a retourné son virement de 2 000 euros, censé l'aider à rembourser ses frais de campagne. En raison de son score catastrophique de 4,8 %, la présidente de la région Île-de-France doit réunir 5,1 millions d'euros en quelques semaines. La femme politique a des raisons d'en vouloir à l'ex-président, qui ne l'a pas soutenue. Raison pour laquelle elle lui a renvoyé son argent. Et l'a fait savoir. Pourtant, c'est Nicolas Sarkozy qui se considère comme humilié. Face à Nasrou, les mots injurieux se bousculent, les qualificatifs désobligeants affleurent. « Elle n'a aucun charisme, aucune qualité affective… », écume Sarko. Au bout de quelques minutes de diatribe, il prévient : « Je lui mettrai une balle entre les deux yeux[1]. » La menace est transparente ; il fera tout pour anéantir sa carrière politique. On ne tient pas tête au parrain de la droite impunément. Surtout pas quand on a été sa ministre.

Même officiellement retiré de la politique, Nicolas Sarkozy n'a jamais cessé de recevoir les cadres LR dans ses bureaux. « Je ne fermerai jamais ma porte à quelqu'un qui fait de la politique et qui veut me voir pour un conseil, un avis, un échange. Jamais. Ça s'appelle de l'amertume de faire ça[2] », affirme-t-il. À l'entendre, son rôle se limiterait à un exercice de super-consultant très lointain. Officiellement, sa carrière partisane a pris fin le 20 novembre 2016, lorsqu'il termine seulement troisième de la primaire de la droite, avec 20,7 % des suffrages. Ce soir-là, il décide immédiatement de soutenir François Fillon, arrivé en tête, malgré les réticences de ses proches réunis à son QG de campagne – dont Carla Bruni, qui rappelle les manœuvres de délation ourdies par le Sarthois. « Bien sûr, humainement, je préfère Juppé. Mais Fillon a été mon Premier ministre pendant cinq ans, je ne peux pas ne pas le soutenir », avance-t-il. Impérial, comme il sait l'être dans les moments solennels, ce qu'a toujours remarqué Frédéric Péchenard, alors directeur général de LR. « Il a un côté Churchill. Il est exceptionnel dans les moments difficiles.

1. Entretien d'Othman Nasrou avec l'un des auteurs, le 4 novembre 2022.
2. Conversation avec les auteurs, le 23 mai 2023.

C'est dans les moments faciles qu'il se relâche, qu'il est moins bon », estime l'ancien directeur général de la police nationale. À cet instant, l'ère Sarko semble bel et bien terminée à droite. Un nouveau chef a pris la place.

La déflagration Penelope en décide autrement. Dans les premiers jours de l'affaire sortie par *Le Canard enchaîné*, Nicolas Sarkozy reste sur son quant-à-soi. « Quelle histoire », répète-t-il à ses visiteurs avec une pointe de gourmandise. Certains jurent qu'un léger sourire parcourt parfois son visage quand il prononce ces deux mots. Bien sûr, il ne semble pas ébranlé outre mesure par la tempête qui s'abat sur son si peu loyal ancien Premier ministre. Mais il ne veut pas qu'on dise qu'il a été celui qui a porté le coup fatal. Toujours ce souci de ne pas apparaître… L'animal politique réapparaît au moment de la mise en examen de François Fillon, le 14 mars 2017. Comme des brebis se tournant instinctivement vers le berger, tous ses anciens ministres téléphonent alors à Sarkozy. Dati, Baroin, Bertrand, Wauquiez… Il faut trouver un plan B. Le parrain propose Alain Juppé. Il appelle l'ancien chef de gouvernement de Jacques Chirac : « On te soutiendra, mais tu prends Baroin comme Premier ministre. » Comprendre : tu dois faire leur place aux sarkozystes… Le fauve s'est réveillé. Son retrait n'a véritablement duré que quatre mois. Mais au jeu du « c'est à lui d'appeler le premier pas moi », Juppé et lui tergiversent.

Finalement, on le sait, Juppé décline, Fillon décide de rester candidat après le meeting du Trocadéro, puis doit traverser une nouvelle épreuve, celle des costumes offerts par le sulfureux sarkozyste Robert Bourgi. L'homme de la Sarthe est éliminé, malgré 20 % des voix, au soir du premier tour de la présidentielle. Nicolas Sarkozy commence alors à récrire l'histoire de la primaire. « Les électeurs ont voulu Sarko sans les affaires, ils ont eu les affaires sans Sarko », ressasse-t-il dans sa tanière de Miromesnil. Il suit ensuite d'un œil caustique la victoire de Laurent Wauquiez au congrès LR de décembre 2017. « Tu as battu Maël Portelli et Florence de Calan », lui glisse-t-il, intervertissant volontairement les noms de ses concurrents à la notoriété modeste, Maël de Calan et Florence Portelli. Devant cette dernière, qu'il reçoit à Miromesnil fin août 2018, il commence la conversation en lui faisant remarquer qu'elle ne lui a pas rendu hommage : « J'ai vu que tu disais avoir admiré deux personnes : Philippe Séguin et François Fillon. Je te remercie ! » Le parrain ne peut s'empêcher de suggérer à ses interlocuteurs des marques d'allégeance. Ses amis appellent ça demander de « baiser la babouche ».

Et justement, Sarko a un plan pour Laurent Wauquiez. Il veut qu'il soit tête de liste LR aux élections européennes de 2019. Exactement comme lui en 1999, lorsqu'il avait été nommé président par intérim du RPR, après la démission de Philippe Séguin. L'expérience s'était mal terminée – la liste souverainiste de Charles Pasqua a dépassé le RPR. L'hypothèse mettrait de surcroît Wauquiez en délicatesse avec ses électeurs d'Auvergne-Rhône-Alpes. Il préside la région et ce poste n'est pas cumulatif avec un siège au Parlement européen. Mais qu'importe. Un vrai chef mène la bataille lui-même. Surtout, le conseil sert de test pour évaluer son influence auprès de Wauquiez. Elle est perfectible. En janvier 2019, le patron officiel des Républicains choisit François-Xavier Bellamy comme tête de liste. Un catholique conservateur, constate Sarkozy, affligé. Il ne lui apportera jamais son soutien. « Avec tout ce que j'ai fait, je ne voulais pas me retrouver derrière une droite contre l'avortement », se justifie-t-il alors. Lors d'un déjeuner à la questure de l'Assemblée nationale avec une dizaine de députés Les Républicains, dont Virginie Duby-Muller, Aurélien Pradié ou Robin Reda, le 3 avril 2019, le parrain de la droite exprime son dépit. « Laurent, je lui ai tout donné. Il aurait dû prendre la tête de liste », soupire-t-il encore. En mai 2019, Bellamy réunit seulement 8,5 % des suffrages. Wauquiez doit démissionner.

« Je vous aime », déclare également l'ancien président aux députés, ce 3 avril 2019. Autour de la table, chacun comprend qu'il faut aussi entendre : aimez-moi. À tous ceux qu'il reçoit, Nicolas Sarkozy donne invariablement le même type de conseil, sur quelque sujet que ce soit : faites comme moi. Et ses jugements s'articulent généralement autour des mêmes ressorts, ont remarqué plusieurs visiteurs. Haro sur tous ceux qui prétendent s'affranchir de sa tutelle. Hourra aux vrais amis qui suivent les conseils du « boss », comme l'appellent encore ses anciens collaborateurs Frédéric Péchenard ou Pierre Charon. « Je l'aime bien », répond spontanément Sarkozy interrogé sur le parcours politique d'un fidèle. Comme si l'état de ses relations personnelles prévalait, dans son esprit, sur les qualités des intéressés. D'où Emmanuel Macron plutôt que Valérie Pécresse.

Avec Pécresse, l'entente a toujours été très compliquée. Aux yeux de Nicolas Sarkozy, il vaut mieux ne pas avoir été chiraquien, juppéiste, ou pire filloniste. Pécresse a été alternativement les trois. Il vaut mieux aussi ne pas avoir été énarque. Pécresse s'est classée deuxième de sa promotion. Ses manières bourgeoises l'exaspèrent. Elle représente tout ce qu'il déteste. « L'autre conne », la nomme-t-il devant le député Aurélien Pradié. « Si elle voulait faire des réformes par elle-même, ça se serait su », ironise-t-il, avant la présidentielle, devant Othman Nasrou. Depuis qu'elle a été élue présidente du conseil régional d'Île-de-France, une des méchancetés préférées de Sarko consiste à rappeler la modestie, à ses yeux, de ses prérogatives. « Elle a pris le melon. Dites-lui de se calmer, elle s'occupe des bus », assène-t-il. Ou « des trains », selon l'interlocuteur. À chaque fois, le propos finit dans la presse.

À se demander si ce n'est pas fait exprès, comme quand il la qualifie de « nulle qui a 70 ans[1] ».

Entre eux, le contentieux a véritablement commencé dans l'entre-deux tours des élections régionales, le 9 décembre 2015. Aucun désaccord politique à cette date, simplement une vive blessure d'orgueil. Valérie Pécresse doit tenir son unique meeting avant le second tour à Issy-les-Moulineaux, dans ces Hauts-de-Seine chers à Nicolas Sarkozy. L'ancien président, alors patron de LR, veut participer à la réunion. Il envoie ses officiers de sécurité repérer les lieux. *In extremis*, Pécresse l'appelle pour lui signifier que sa présence n'est pas souhaitée. Elle risquerait de remobiliser la gauche. Répudié, le parrain doit obtempérer. Vexé. Il poursuit, depuis, l'Yvelinoise de sa vindicte. Elle est d'autant plus fautive à ses yeux qu'elle a préféré soutenir Alain Juppé à la primaire de 2016.

Un jour, un seul, Valérie Pécresse a cru que Nicolas Sarkozy lui avait pardonné. C'était à sa remise de Légion d'honneur, le 11 octobre 2019, en rez-de-jardin du conseil régional d'Île-de-France, à Saint-Ouen. L'ex-président a accepté de lui remettre lui-même les insignes et de prononcer un discours. Il aurait pu se contenter de quelques banalités, son allocution est affectueuse. « Tu as déjà une carrière formidable, mais je te souhaite, et je nous le souhaite, que tu ailles plus loin. Après, il y a tellement d'éléments qui jouent et d'où je viens et où je suis arrivé, je peux te dire que le prix à payer est lourd mais je sais que tu es prête à le payer, déclare Sarko, qui esquisse l'hypothèse d'un soutien présidentiel : Je te souhaite le plus fort, le plus haut. Quitte à rêver, autant rêver grand, je sais que tu peux y arriver. Tu t'es construit une carapace, je sais

1. Nathalie Schuck, « Les Républicains : Valérie Pécresse, la guérilla de l'intérieur », *Le Parisien*, 13 décembre 2017.

que c'est pour te protéger, mais montre-toi telle que tu es et les Français t'aimeront. »

Les soutiens de Pécresse se prennent à rêver d'un adoubement. En réalité, le parrain a simplement respecté une règle de son code d'honneur. Elle consiste à dire oui à toutes les demandes de remise de décoration venues de ses anciens ministres – célébrer leur carrière, c'est aussi honorer son quinquennat. Puis, le jour venu, à se montrer élégant avec l'intéressé. Sarkozy sait qu'il s'agit d'un moment fort dans la vie des légionnaires, leur famille assiste à la cérémonie. Manifester une réticence serait donc malvenu.

Dans les mois qui précèdent le congrès LR de décembre 2021, Valérie Pécresse peut avoir l'impression que Nicolas Sarkozy observe d'un œil bienveillant sa candidature à la primaire interne de son parti. S'il ne prend pas position publiquement, la majorité de ses proches, notamment Brice Hortefeux, Pierre Charon, Frédéric Péchenard ou Roger Karoutchi, la rejoignent. Un trompe-l'œil. À cette époque, le parrain souhaite avant tout faire perdre Xavier Bertrand, qui apparaît encore un peu plus haut dans la hiérarchie de ses antagonistes. « Séraphin Lampion », le surnomme-t-il, du nom de l'assureur horripilant des albums de Tintin – le président de la région Hauts-de-France a exercé cette profession. Le parrain n'a pas vraiment d'aigreur à l'endroit de Bertrand dont il a plusieurs fois reconnu les qualités de ministre. Mais sa prétention à parler d'égal à égal avec lui l'agace. Il n'a guère apprécié son effronterie quand il lui a asséné, lors d'un déjeuner, en 2014 : « Je ne serai plus jamais ton ministre. » Pour Sarkozy, c'est la grenouille qui veut se faire aussi grosse que le bœuf, comme il le résume en quelques lignes dans *Passions*, son autobiographie de 2019 : « J'étais toujours étonné des arrière-pensées qu'il me prêtait régulièrement. Il m'imaginait sans cesse préoccupé de lui.

La vérité était bien différente [...] je ne l'ai jamais considéré comme un rival. Je n'avais donc aucune méfiance. » Et puis en ces mois incertains du printemps 2021, Xavier Bertrand est celui qui fait alors le plus peur à l'Élysée. Là encore, de fait, Sarkozy va s'employer à aider Macron... *Exit* Bertrand.

La logique partisane aurait ensuite voulu que Nicolas Sarkozy s'engage en faveur de Valérie Pécresse, une fois celle-ci désignée comme la candidate LR pour la présidentielle de 2022, le 4 décembre 2021. Lorsque la présidente de la région Île-de-France l'appelle, dès les résultats publiés, dans l'après-midi du 4 décembre, l'ancien président se montre d'ailleurs cordial. Un rendez-vous est programmé dans les jours suivants, il aura lieu le 20 décembre. Entre-temps, le marchand d'art Julien Paganetti a remarqué son manque d'allant. Lorsqu'il lui rend visite, au lendemain de la primaire, il sent le parrain « effaré » : « Il disait que c'était perdu, qu'ils s'y prenaient comme des manches. » Aujourd'hui, Sarkozy donne une lecture exclusivement politique à son choix. « Je n'ai pas soutenu Valérie Pécresse parce que je pensais qu'elle n'était pas prête. Et le résultat de l'élection présidentielle, où pour la première fois dans l'histoire de la Ve République, la droite républicaine n'a pas passé la barre des 5 %, a montré que l'électorat de droite a ressenti la même chose que moi[1] », explique-t-il depuis son bureau de la rue de Miromesnil.

Une vérité des chiffres incontestable. Mais qu'aurait été le score final de la candidate de LR si toute sa famille s'était engagée derrière elle quand les premiers sondages s'étaient mis à monter ? Ce sur quoi Sarkozy ne s'étend pas, en revanche, c'est la part de défiance personnelle qui motive sa décision. À l'époque, une déclaration a immédiatement retenu son attention. Dans son discours de victoire, Pécresse évoque le parti

1. Conversation avec les auteurs, le 23 mai 2023.

« du général de Gaulle, de Georges Pompidou et de Jacques Chirac ». Son nom à lui n'a pas été cité. Le genre d'oubli qui vexe au plus haut point le parrain de la droite. Dans les jours suivants, les proches de Sarkozy ne cessent d'entendre parler des mauvaises façons de cette « chiraquienne ». « Il a été blessé qu'elle méprise son soutien », confirme son ancien conseiller Pierre Giacometti.

Comme un choc réveille une plaie mal refermée, l'épisode fait remonter à la surface toutes les rancœurs. Lors d'un précédent rendez-vous, le 2 septembre, Valérie Pécresse a demandé que Michel Gaudin, le directeur de cabinet de l'Ex, n'assiste pas à l'entretien. Inélégant, peste Nicolas Sarkozy. Le 20 décembre, elle réitère cette exigence, revendique sa volonté de parler d'égal à égal entre ténors de la politique. Erreur. Dans les derniers jours de l'année 2021, François Baroin et Christian Jacob, en lien constant avec l'ancien président, alertent : « Sarko risque de ne pas nous soutenir. » Ils suggèrent de le citer davantage dans les discours, de rendre un hommage appuyé à certaines de ses réformes, d'associer ses proches, de suivre ses consignes et de le faire savoir à la presse. Valérie Pécresse n'en a pas envie et quand elle se résoudra à des concessions faites à la susceptibilité du parrain, il sera trop tard. Dès lors, elle considère qu'un « sabotage minutieux » s'est mis en place. L'opération « tuer Valérie ».

La conspiration passe d'abord inaperçue, puis en quelques jours, à l'approche de son grand meeting du Zénith, le dimanche 13 février, tout s'écroule autour d'elle. Le 2 février, Rachida Dati profère de premières critiques, dans *Le Figaro*. « Il faut ouvrir une seconde étape dans cette campagne, celle de l'incarnation qui parle à tous les Français », expose la maire du 7e arrondissement de Paris. La phrase est en apparence prudente, mais tout le monde comprend. Et à droite, tout le monde connaît les liens étroits entre Dati et le reclus de Miromesnil. En décembre,

Dati avait semblé donner un premier accord pour figurer dans l'organigramme de campagne, avant de faire volte-face. Étape deux les 9 et 10 février. Éric Woerth et Natacha Bouchart, deux sarkozystes historiques, annoncent leur ralliement à Emmanuel Macron. Ce même 10 février, l'étape trois fait monter la tension d'un cran. Un article publié dans *Le Figaro* est truffé de citations « off » de Nicolas Sarkozy. Le lecteur y découvre tout le mal que pense le parrain de la candidate. « Qui l'a fait ministre pendant cinq ans, hein, c'est Chirac ? », ou « Qui parle de Valérie Pécresse ? Elle est inexistante », peut-on lire.

Lorsqu'elle se rend rue de Miromesnil, le vendredi 11 février, Valérie Pécresse sait aussi que Nicolas Sarkozy lui reproche de lui avoir souhaité la bonne année puis son anniversaire, le 28 janvier, par SMS, alors qu'Emmanuel Macron l'a appelé à chaque fois. Sarkozy a aussi indiqué que le président de la République lui a envoyé des chocolats pour son anniversaire. Alors la candidate sort le grand jeu, en lui offrant une lettre autographe du général de Gaulle. Initiative appréciée. Mais pas suffisante. Car, énième mésentente, Pécresse n'a pas mis suffisamment les formes à son goût dans son invitation au meeting du Zénith. Elle lui a envoyé un simple SMS. Cavalier, juge encore une fois Sarkozy, plus parrain susceptible que jamais. Dans l'explication qu'il donne à son refus de se rendre au Zénith, Nicolas Sarkozy mêle inextricablement les raisons politiques et l'affront personnel. Il se rappelle l'extrait d'un SMS de Valérie Pécresse. « Je t'invite personnellement à mon meeting », écrivait la candidate. Personnellement. L'ancien président a peu goûté l'adverbe, qui suppose une faveur à son endroit. Il note aussi que son ancienne ministre ne lui a pas demandé de s'exprimer à la tribune. Il reconnaît que si elle l'avait fait, il aurait été plus difficile de refuser. Encore un rendez-vous manqué… Même son fidèle Brice Hortefeux enrage que « Nicolas » ne soit pas venu. Une « faute », écume-t-il alors.

Quoi qu'il en soit, le meeting du Zénith est un échec. Dès le 16 février, les SMS adressés à Pierre Charon[1] pendant le discours de Valérie Pécresse sont révélés. « Catastrophique », « nul », « ridicule », etc. On apprend même qu'un de ces messages a été envoyé à Gérald Darmanin. De sarkozyste à sarkozyste… Cette fois, Valérie Pécresse s'en convainc, une mutinerie a éclaté. On en vient même à suspecter Hugues Anselin, ancien collaborateur de Sarko et prestataire des meetings, de ne pas tout faire pour régler les problèmes récurrents de grésillement des micros. Plusieurs proches de Nicolas Sarkozy défilent alors dans les bureaux de Miromesnil, pour comprendre ce qu'il se passe. « Elle a été ta ministre, tu ne peux pas ne pas la soutenir », plaide Frédéric Péchenard, en lui rappelant ses mots au sujet de François Fillon, le soir de la primaire de 2016. « Tu te trompes », coupe Sarko, plus du tout réceptif à cet argument. Auprès du député Nicolas Forissier, le 29 mars, le parrain s'emporte, en évoquant encore l'invitation au meeting du Zénith, trop sentencieuse et hautaine à ses yeux : « Elle me dit : "Il faut rentrer porte A." Tu te rends compte ? » Même ses deux plus proches collaborateurs, Michel Gaudin et Véronique Waché, tous les deux favorables au soutien de Valérie Pécresse, ne parviennent pas à le convaincre.

« Elle t'appelle ? » demande-t-il à tous les élus Les Républicains qu'il reçoit avant le premier tour. Devant le début d'une moue négative, il s'écrie : « Tu vois ! » À mesure que Valérie Pécresse plonge dans les sondages, au mois de mars 2022, Nicolas Sarkozy commence à verbaliser un autre scénario, qu'il échafaude depuis dix-huit mois. Celui d'une coalition

1. Solenn de Royer, « Les sarkozystes accusés d'empoisonner la campagne de Valérie Pécresse », *Le Monde*, 16 février 2022.

avec les macronistes. « La présidentielle est perdue, il faut aider Macron », prêche-t-il auprès du député Robin Reda. L'idée présente un avantage bien spécifique : le chef de la droite gouvernementale n'a pas besoin d'être un présidentiable. Ni même un élu en poste… Le parrain se fait fort, alors, de convaincre une cinquantaine de députés de participer à la nouvelle alliance, qu'il imagine dirigée par Christine Lagarde, la présidente de la Banque centrale européenne. Une autre de ses anciennes ministres, mais bien plus fidèle. En 2013, les policiers chargés d'enquêter sur l'affaire Tapie avaient perquisitionné son domicile. Et ils y avaient trouvé une lettre d'allégeance non datée à Nicolas Sarkozy. « Utilise-moi pendant le temps qui te convient et convient à ton action et à ton casting. Si tu m'utilises, j'ai besoin de toi comme guide et comme soutien », écrivait la femme politique.

Le 1er avril 2022, neuf jours avant le premier tour de l'élection présidentielle, Sarkozy rencontre Emmanuel Macron à l'Élysée pendant plus d'une heure. Le chef de l'État en poste a besoin de toutes les voix pour distancer le plus possible Marine Le Pen au premier tour. Et puis si la candidate LR avait été haut, avec autant de voix en moins pour le président sortant, qui sait si Mélenchon ne se serait pas invité au second tour ? La venue de Sarkozy à l'Élysée juste avant le premier tour est donc tout sauf anodine. Les deux présidents vont même faire de ce rendez-vous un mini-événement de campagne. À la sortie, sur le haut des marches, un photographe de *Paris Match*, prévenu de l'entrevue, immortalise depuis la rue l'accolade entre les deux complices. Le cliché doit paraître, accompagné d'un entretien avec Sarkozy, dans le dernier numéro avant l'élection. Mais, ultime concession à sa famille politique, le parrain décide finalement de ne pas s'exprimer avant le premier tour. La photo et l'entretien paraîtront le 14 avril, dans le premier numéro d'entre-deux-tours de *Paris*

Match. Résultat de sa chaise vide au Zénith, le 3 avril, porte de Versailles, devant Valérie Pécresse, son nom est sifflé. À droite, dans sa famille, tout le monde a désormais compris quel jeu il jouait et dans quel camp il était. Pas étonnant que les sifflets fusent. Là encore, il déteste… Mais aujourd'hui, au vu du résultat final de la candidate, l'ancien président estime que l'histoire, comme les Français, lui a donné raison : « Je cours tous les jours dans la rue. Je vois les gens, ce qu'ils me disent. Il y a eu un moment, c'est vrai, où il y avait de l'incompréhension. Mais ce qui s'est passé a validé la totalité de ce que je disais. Là, ils disent : Sarko avait raison avant nous[1]. »

Juste après l'élection présidentielle, le parrain connaît pourtant un revers politique important. Christian Jacob, le président des Républicains, s'oppose à tout accord avec Emmanuel Macron. Le gouvernement d'Élisabeth Borne compte seulement deux ralliés des Républicains, Damien Abad et Caroline Cayeux. Aucun des deux n'a jamais été proche de Nicolas Sarkozy, même si Abad a fait le chemin de la rue de Miromesnil avant d'être désigné. Aux législatives, de nombreux candidats sarkozystes sont balayés. La fin d'une époque, pourrait-on croire. Ce serait sous-estimer, encore une fois, l'influence de l'Ex. Avant le congrès LR de décembre 2022, il pousse ses proches à s'engager contre le sénateur Bruno Retailleau, un filloniste qu'il déteste et qui a eu le toupet de lui conseiller publiquement de « quitter LR ». Les propos d'un « curé de Vendée », d'un catholique conservateur « intolérant », cingle en retour Sarkozy devant les élus qu'il reçoit.

À l'inverse, l'ancien président conseille d'aider Éric Ciotti, un soutien historique. Ce dernier l'emporte avec 53 % des voix. « Je l'aime beaucoup. On se voit, confirme Nicolas

1. Conversation avec les auteurs, le 23 mai 2023.

Sarkozy. Il est plus constructif qu'on ne le croit », répète-t-il aux élus qui sollicitent son avis. Et totalement dévoué à son grand homme. Le 28 mars 2023, il prévient les députés Les Républicains qu'il devra quitter la réunion plus tôt en raison d'un déjeuner avec Nicolas Sarkozy. Les plus jeunes parlementaires, détachés de ces jeux de soumission, lèvent les yeux au ciel. Le parrain a trouvé le moyen de continuer à diriger la droite par procuration. Le 23 mai dernier, un homme attend depuis plusieurs minutes dans la salle d'attente. Éric Ciotti… Un visiteur régulier du parrain de cette droite française de l'ancien monde.

Gérald et les dauphins

« T'as pas confiance et tu m'appelles… » Les réparties de Nicolas Sarkozy ressemblent souvent à des répliques de film noir. Son échange du 14 mai 2017 avec Gérald Darmanin paraît sorti d'un épisode de la série américaine *Les Soprano* sur la mafia du New Jersey. Son ancien directeur de campagne à la primaire de 2016 lui a téléphoné en sortant de l'Élysée pour lui offrir la primeur d'un scoop : Emmanuel Macron vient de lui proposer de devenir ministre des Comptes publics. L'ancien président de la République lui demande qui sera Premier ministre. Moment délicat pour Darmanin. Le gouvernement n'est pas encore nommé, officiellement le choix du chef de l'État n'est pas arrêté, une fuite dans la presse pourrait tout faire échouer… Alors il hésite. « Je ne sais pas », tente-t-il. Le parrain de la droite flaire le mensonge à la seconde. « Y a deux choses. Soit t'es un abruti et tu n'as pas demandé, soit tu le sais et tu veux pas me le dire, donc t'as pas confiance et tu m'appelles… », cingle l'Ex. « T'as pas confiance et tu m'appelles… » Dans la bouche de Sarkozy, le propos a valeur d'ultimatum. Son protégé doit choisir son camp en un instant. S'il refuse de cracher le morceau, il passe à l'ennemi, avec les conséquences qui s'ensuivent. Pour demeurer un membre du clan, Darmanin doit montrer sa fidélité, avec les risques que cela implique.

« Édouard Philippe », lâche le maire de Tourcoing. L'aveu scelle définitivement leur lien.

Gérald Darmanin est l'héritier de Nicolas Sarkozy. Celui qui à ses yeux a l'énergie suffisante et la niaque nécessaire pour lui succéder un jour à l'Élysée. Dans *Le temps des combats*, son dernier opus, publié en août 2023, l'ancien chef d'État l'encense longuement. « Il a des qualités évidentes : une clarté dans l'expression, le sens et la compréhension des aspirations populaires et l'énergie sans laquelle aucun talent n'est utile. J'ajoute que j'aime son parcours atypique. Il a dû se construire seul. J'apprécie aussi ses origines modestes et nordistes », énumère-t-il. Il lui « souhaite » surtout de « franchir l'étape ultime, celle qui mène à la présidence de la République ». À l'Élysée, Darmanin serait le seul d'entre tous, dans cette hypothèse, qui aurait de surcroît le cran d'user de sa grâce présidentielle en sa faveur. N'est-il pas déjà un des rares, les jours de Waterloo judiciaire, à oser afficher publiquement un soutien ? « Nicolas Sarkozy a évidemment tout mon soutien amical », n'a pas hésité à lancer le ministre de l'Intérieur le jour de la condamnation de son mentor à un an de prison ferme dans le premier procès Bismuth. Avec les recours, les délais d'appel, une éventuelle condamnation définitive de l'ancien président dans le dossier libyen, en théorie, pourrait intervenir à partir de 2030, voire 2031… Qui sait qui sera alors président ?

Contrairement à ce que son impulsivité pourrait laisser penser, Nicolas Sarkozy a toujours raisonné à long terme. Dans la première partie de sa carrière politique, il s'est rapproché de jeunes patrons trentenaires qu'il a identifiés comme prometteurs. Ces contacts pourront lui servir plus tard, assume-t-il alors. « Cela a fait que la petite musique jouée sur moi dans le milieu des grandes entreprises a été positive », répond-il d'ailleurs aux *Échos*, qui consacrent un article à son réseautage patronal, en 1995. C'est ainsi qu'il a demandé à Jean-Luc Lagardère de rencontrer son fils Arnaud, au début des années 1990. Le fils unique du P.-D.G. préside alors la filiale du groupe Lagardère spécialisée dans les ouvrages scolaires, basée aux États-Unis. À l'époque, le maire de Neuilly fréquente déjà Vincent Bolloré. À la fin des années 1990, il sympathisera aussi avec Stéphane Courbit, à l'époque un simple producteur de télévision. Autant d'amitiés dont il récolte aujourd'hui les fruits dans sa carrière de businessman.

En politique, Sarkozy a eu plus du mal à se trouver un dauphin. Quand il était président de la République, il a donné sa chance à de nombreux quadragénaires, Valérie Pécresse, Xavier Bertrand, Bruno Le Maire, ainsi qu'au trentenaire Laurent Wauquiez, ce qu'il n'a jamais oublié. « Qui l'a fait ministre ? » feindra-t-il de se demander chaque fois que l'un ou l'autre manifestera des intentions d'émancipation. Leur ingratitude l'a toujours irrité. « Sarkozy ne soutiendra jamais un de ses anciens ministres, il les méprise trop », estime même le député Aurélien Pradié, reçu régulièrement rue de Miromesnil pendant le premier quinquennat de Macron. « Ils me doivent tout », s'agace régulièrement Nicolas Sarkozy. Et ils ne lui rendent pas assez, comprend-on. L'inverse de Gérald Darmanin. Si un jour son poulain accède aux plus hautes fonctions, il saura respecter sa place. Celle du patriarche.

Depuis ce dernier test de mai 2017, leur relation a pris un tour plus personnel, voire intime. Rien à voir avec le partenariat qu'entretient Sarkozy avec Macron. Darmanin et lui se voient rue de Miromesnil, bien sûr, mais aussi au domicile des Sarkozy, rue Pierre-Guérin, dans le 16e arrondissement de Paris, tout près de la villa Montmorency, ou l'été au cap Nègre. Carla Bruni l'a adopté, il lui apporte des fleurs quand il se rend à leur domicile, de petits égards auxquels elle est très attachée. « Je suis fier de toi Gérald », pianote l'ancien président le jour de l'installation de son protégé au ministère de l'Intérieur, le 6 juillet 2020[1]. Ce langage paternel, Nicolas Sarkozy ne l'exprime que pour lui. Leur histoire commune fait toute la différence. Un serment invisible les lie. Il est son chouchou, celui qu'il a repéré sur une chaîne d'information en continu, en 2012, puis qu'il a promu, d'abord comme porte-parole de sa campagne à la tête de l'UMP, en 2014. Il est devenu un membre de la famille, celle des compagnons des Républicains.

Paradoxalement, Sarkozy a plus gardé le contact avec l'équipe perdante de la primaire de 2016 qu'avec ses conseillers de l'Élysée. Deux ou trois fois l'an, il déjeune ou dîne avec ces collaborateurs dévoués qui l'ont accompagné dans son retour raté. Gérald Darmanin est souvent présent, aux côtés des fidèles Véronique Waché, Michel Gaudin et Pierre Régent, toujours membres de son cabinet, de l'énarque Franck-Philippe Georgin, passé dans le privé, de Frédéric Péchenard, l'ancien directeur général de LR, ou du communicant Pierre Giacometti. Ce dernier fait partie de ceux qui ont conseillé à Sarkozy de nommer Darmanin directeur de campagne pour la primaire de la droite. « Gérald portera bien ta parole, car il y a un mimétisme », avait-il avancé. Le « président », comme on continue de l'appeler dans ce petit cercle, avait approuvé.

« Sarko a vu chez Darmanin la même ambition que chez lui », analyse Frédéric Péchenard. La même volonté, aussi, et cette même façon de débattre, offensive, avec un appétit pour l'ironie agressive. S'il n'y avait que ça, cela ne suffirait pourtant pas. Ce qui plaît à Nicolas Sarkozy, c'est que Gérald Darmanin sait parler son langage. Il maîtrise la grammaire sarkozienne au point de déceler quand il est de bon ton d'envoyer

1. Ludovic Vigogne, *Tout restera en famille*, Pluriel, novembre 2020.

un signal d'allégeance, comme une déclaration sur l'honneur de sa loyauté intacte. Le 29 janvier 2018, le ministre reçoit l'ancien président à dîner pour son anniversaire, à Bercy, en compagnie de Carla Bruni et de plusieurs amis politiques, dont Véronique Waché, Frédéric Péchenard, Pierre Giacometti, ou encore le banquier Sébastien Proto. Le même soir, un dîner de la majorité se tient à l'Élysée. Le ministre des Comptes publics ne se prive pas de faire savoir, devant tout le monde, qu'il a été invité mais qu'il a décliné, en précisant à Emmanuel Macron qu'il dîne « avec un autre président de la République ». Comment mieux faire plaisir à Nicolas Sarkozy ?

Gérald Darmanin sait aussi jouer sur la corde sensible, quand il compare son mentor… à son propre père. « Nicolas Sarkozy ressemble à mon père, Gérard, un métèque, colérique, très affectif », dit-il à *L'Obs*, en 2020. Un aventurier capable de changer de vie. Ou sur la flagornerie, lorsqu'il assure recopier sur des cahiers – il en aurait usé quatre pendant la primaire de 2016 – les propos de l'ancien président. Ces derniers temps, il le compare à « Zidane ou Platini », un Ballon d'or de la politique. Sarkozy adore le soutien indéfectible que le ministre lui a apporté à la suite de ses condamnations. « Gérald, c'est mon ami », assume-t-il crânement devant une dizaine de jeunes députés LR hostiles, le 3 avril 2019, lors d'un déjeuner à la questure de l'Assemblée nationale. À Aurélien Pradié, qui le qualifie de « traître » et lui intime l'ordre d'« arrêter de l'appeler Gérald », il rétorque sèchement : « Pas de ça. »

L'Ex défend son protégé en toutes circonstances. Même devant Rachida Dati, qui a un temps pris ses distances avec Darmanin : « Rachida, laisse-le tranquille, avec tout ce qu'il fait pour nous », lance l'ancien président à son ancienne ministre de la Justice. Lorsque Gérald Darmanin est accusé de viol, Sarkozy refuse d'annuler son dîner d'anniversaire du

29 janvier 2018, en sachant qu'il fuitera dans la presse comme un signe de soutien. De toute façon, l'ancien président déteste cette époque où les réseaux sociaux prétendent rendre la justice à la place des tribunaux, fulmine-t-il – même si, dans ses affaires à lui, les magistrats ne trouvent pas non plus grâce à ses yeux. Le 15 mars 2018, l'ancien président se rend à Tourcoing pour remettre la Légion d'honneur au maire de la ville, Didier Droart, un proche de Darmanin. Son discours prend un instant la forme d'un éloge de son héritier : « Je n'ai pas oublié : Gérald a quitté une famille politique qu'il m'avait aidé à reconstruire. Et avec quelle énergie ! Mon amitié pour lui est extrêmement fidèle. » Le parrain de la droite a dégoté pour lui une maxime de son cru : « Les grands ennuis sont pour les grands politiques : tu es un grand politique ! » Difficile de ne pas songer, encore une fois, que l'ancien président évoque aussi son propre cas.

Sarkozy le conseille aussi. Il fait partie de ceux qui lui suggèrent, au plus fort de la vague des émeutes de juin et juillet 2023, de ne pas se précipiter, de ne pas pousser pour l'état d'urgence si une autre solution est possible. Option gagnante.

Darmanin et lui ont tant de points communs. Ils viennent de nulle part tous les deux, sangs mêlés qu'ils sont à leur façon, pas énarques, sans capital social des beaux quartiers. Ils ont en commun la politique dans le sang, cette envie de s'y plonger dès l'adolescence, et ce parcours du combattant, qui a consisté, pour l'un comme pour l'autre, à gravir toutes les marches une à une. Darmanin a sonné à la porte d'une permanence RPR parisienne, puis est devenu militant, puis collaborateur, puis élu local, puis maire… Sarkozy aussi a connu ce parcours laborieux. Ces réunions à point d'heure. Ces nuits électorales. Ces mentors qu'il fallait séduire. Ces trahisons indispensables. Sarkozy a piqué la mairie de Neuilly au nez et à la barbe de Charles Pasqua. Culotté. Darmanin a soufflé la circonscription de Tourcoing à son parrain politique d'alors Christian Vanneste. Audacieux. Il y a chez Sarkozy et Darmanin une même absence de scrupules dans les moments importants. Cette main qui ne tremble pas quand il s'agit de tuer, symboliquement bien sûr, y compris des amis… En un mot, ils se ressemblent. N'ont-ils pas commencé au Budget tous les deux, pour s'épanouir ensuite à l'Intérieur ?

Depuis qu'Élisabeth Borne a été nommée, Nicolas Sarkozy mène un travail de sape pour la faire remplacer. Sarkozy déteste la Première ministre et a maintes fois suggéré son remplacement par « Gérald ». Durant les cent jours après le mouvement des retraites, et pendant l'épisode des émeutes, l'Ex a encore une fois tenté d'obtenir la nomination de Darmanin à Matignon. « Il pousse sans pousser parce qu'il a aussi compris qu'à force de pousser et que rien ne suive derrière, il se démonétise », nuance Rachida Dati, qui connaît bien Sarkozy mais aussi le couple Macron. Pour arriver à ses fins et propulser son protégé à Matignon, le parrain de la droite a un nom à apporter dans la corbeille de mariage. Même s'il n'a jamais été reçu à l'Élysée par le président, Éric Ciotti a fait savoir qu'il accepterait une place au gouvernement en cas de nomination d'un Premier ministre de droite. Et *a fortiori*, celui qui serait susceptible de libérer la place du ministère de l'Intérieur. Ciotti l'a même dit, droit dans les yeux, à Élisabeth Borne qui lui demandait ses « conditions » pour monter à bord : « Mais madame, excusez-moi de vous dire cela comme ça, mais ma condition, c'est votre départ. »

Nicolas Sarkozy, depuis 2017, a toujours éreinté ceux qui pouvaient faire de l'ombre à son dauphin. La liste des ministres visés par le parrain de la droite raconte d'ailleurs les ambitions successives de « Gérald » au gouvernement. Collomb ? Trop vieux. Castaner ? Trop nul. Le Maire ? Pas assez fiable. En juin 2023, dans une discussion au sujet du remplacement d'Élisabeth Borne, Sarkozy a même suggéré à Macron, à défaut de Darmanin, de nommer à Matignon Sébastien Lecornu, le ministre des Armées, un autre de ses poulains venus de la droite. Et accessoirement le meilleur ami de son protégé. Dans la même conversation, alors que Macron semblait pencher pour un retour au gouvernement de Julien Denormandie, et cette fois à Matignon, Sarkozy lui a suggéré d'en faire son nouveau secrétaire général de l'Élysée à la place d'Alexis Kohler, et d'envoyer ce dernier remplacer Bruno Le Maire à l'Économie. Un Meccano idéal pour le parrain de la droite, plaçant ses poulains et écartant ses rivaux. « Vous détestez Bruno, séparez-vous en ! lance-t-il à Macron. Proposez-lui de conduire les européennes en 2024 et d'en faire ensuite un commissaire européen ! » La scène sera rapportée à Bruno Le Maire, mot pour mot, par Éric Ciotti. « Qu'ils essayent », a réagi le ministre de l'Économie sans desserrer les dents.

Mais à force, la rengaine a fini par se retourner contre Darmanin, si bien que Sarkozy s'abstient désormais de louer trop ouvertement ses talents. « Je suis très réticent à donner des noms au président car je ne veux pas qu'il croie que je fais campagne pour qui que ce soit », affirme-t-il en privé. D'ailleurs, au moment de la nomination de Castaner en octobre 2018, Darmanin lui-même a pensé que « Sarko en a trop fait » et que son lobbying a été contre-productif.

« Gérald est malin. Il a compris que Nicolas Sarkozy est un ultra-affectif, attentif à la distance qu'on manifeste vis-à-vis d'un ancien président de la République. Il sait qu'il vaut mieux être humble et modeste, demander des conseils plutôt que de jouer la rupture », analyse François Baroin, le maire de Troyes. L'ancien porte-parole du gouvernement Juppé a occupé pendant longtemps la place du premier dauphin. Si Sarkozy avait été élu président en 2017, il en aurait fait son Premier ministre. Cela se sait moins, mais dans la tempête de l'affaire Fillon, l'ex-chef de l'État a tenté d'imposer le plan Baroin à la place du Sarthois comme candidat des Républicains.

La manœuvre a lieu le 4 mars 2017, la veille du meeting du Trocadéro de François Fillon. À l'époque, l'ancien Premier ministre a fait mine du bout des lèvres de se retirer après ce dernier baroud d'honneur. Alain Juppé ne souhaite pas le remplacer et accepte, au téléphone avec Sarkozy, de laisser la place à François Baroin, qu'il n'apprécie pourtant pas. Arrivé seulement troisième de la primaire, le parrain de la droite est à deux doigts de réussir à imposer un de ses proches dans la dernière ligne droite, en convainquant que son profil, à la fois sarkozyste, chiraquien et apprécié par les fillonistes, est le seul à même de rassembler sa famille politique. Baroin a tout prévu, son équipe et ses axes de campagne. La réalité alternative de ce plan B dure seulement vingt-quatre heures : le soir du meeting du Trocadéro, gonflé à bloc, Fillon décide de poursuivre sa campagne. « Il [Sarkozy] a vraiment fait le maximum pour que ce soit moi », témoigne aujourd'hui François Baroin.

Entre lui et Nicolas Sarkozy, quelque chose d'inattendu s'est passé. Ennemis dans les années 1990, ils se sont découverts au début des années 2010. Un revirement inhabituel pour Sarkozy. En 2007, il broie le maire de Troyes au moment où celui-ci lui succède au ministère de l'Intérieur, quarante jours avant l'élection présidentielle. « Cinq semaines à l'Intérieur, cinq ans à l'extérieur », fait fuiter le parrain dans *Le Canard enchaîné*. Le tort de Baroin est alors d'appartenir au clan des chiraquiens, ennemis de Sarkozy depuis son soutien à Balladur en 1995. Et puis, l'ancien président le rappelle au gouvernement en 2010, au Budget puis aux Finances. « J'ai adoré travailler avec lui, car j'ai découvert un homme à la hauteur de la tâche, connaissant ses dossiers. Nos relations s'en sont trouvées profondément modifiées », insiste François Baroin.

En 2014 et 2016, Baroin soutient sans barguigner Nicolas Sarkozy. L'étiquette chiraquienne est alors devenue un totem face à Alain Juppé. L'ancien chef de l'État lui en est reconnaissant. Ils poursuivent, depuis, une amitié avec des rendez-vous « tous les trois mois », indique le maire de Troyes. Leur relation est désormais à front renversé : Sarkozy aimerait convaincre son ancien ministre de s'investir davantage dans la politique nationale, mais il connaît son choix actuel d'une vie plus libre. Au lendemain de la défaite de Fillon, il a démissionné du Sénat pour se concentrer sur son mandat local de maire de Troyes tout en se lançant dans les affaires. Avocat, associé au cabinet Szpiner, il est ensuite devenu banquier, président de la filiale française de la Barclays, dont il était le conseiller depuis 2018. Grand chasseur, François Baroin a mis en veilleuse ses ambitions nationales. Sarkozy se désespère parfois, en privé, du retrait de son ancien dauphin. « Baroin est une voiture sans essence… », cingle aussi Sarkozy qui a la méchanceté facile. Xavier Bertrand en sait quelque chose… Jean-François Copé aussi, fâché pour toujours : « Sarko, il peut vous avoir assassiné chez un juge et le lendemain vous accueillir en vous demandant comment ça va… »

En réalité, Nicolas Sarkozy a toujours de nombreux fers au feu. Il entretient une relation suivie avec la plupart des présidentiables de la droite et du centre, qu'il jauge, juge, conseille ou critique, selon les évolutions de leurs rapports. Une chose apparaît sûre, que quel que soit le gagnant de la présidentielle de 2027, pour peu qu'elle échappe à Marine Le Pen ou à Jean-Luc Mélenchon, il lui faudra ses entrées à l'Élysée. Et il fera en sorte de les avoir, se persuade-t-il, même si ses rapports avec les intéressés sont parfois compliqués. Il y a les ex-camarades des Républicains, d'abord. Bruno Le Maire est le seul de ses anciens ministres actuellement présent au gouvernement et susceptible de concourir pour la présidentielle de 2027. Longtemps, leurs rapports ont été distants, voire mauvais. Le Maire était le bras droit de Villepin au moment de sa guerre avec Sarkozy. Et puis l'actuel ministre de l'Économie a construit une partie de sa notoriété politique sur son opposition à l'ancien président, notamment lors de sa candidature à la tête de l'UMP, en 2014. Mais depuis 2017, les deux hommes se sont rapprochés. Ils se voient plusieurs fois par an, à Bercy, le seul ministère où Sarkozy accepte de se rendre, avec Matignon. L'occasion de parler de politique, beaucoup, et de business, un peu. L'ancien président peut alors évoquer les situations de ses nombreux clients. Pourtant, en 2020, alors qu'Emmanuel Macron a lâché le nom de Le Maire pour le poste de Premier ministre, comme il le fait fréquemment avec d'autres hommes politiques pour tester les réactions de ses interlocuteurs, Sarkozy n'a pas appuyé l'hypothèse. Il a même pensé que le président se moquait de lui, tant il connaît la distance profonde, voire la défiance, entre les deux hommes. L'anecdote a fait le tour du gouvernement jusqu'à la rue de Miromesnil. Un jour d'allocution présidentielle, Emmanuel Macron rejoint un petit groupe autour de Gérald Darmanin qui vient de l'écouter dans une pièce de l'Élysée. Le ministre de l'Intérieur, qui a le don de faire rire avec ses imitations, notamment de Sarkozy mais surtout de Louis de Funès, accueille le président en singeant le comique dans une scène de *La Folie des grandeurs*. Courbé en deux, la voix de de Funès, Darmanin accueille le président dans un obséquieux « Monseignor » et un concert de félicitations. Macron sourit. Il attend que son ministre de l'Intérieur se redresse, puis lui lance à la cantonade un sonore et ironique « merci Bruno », qui fait rire toute l'assistance aux dépens du ministre de l'Économie, absent. La réplique en dit long…

Tout aussi complexes sont les relations entretenues avec Jean Castex, conseiller social puis secrétaire général adjoint de l'Élysée de 2010 à 2012. Un ancien collaborateur de Nicolas Sarkozy nommé à Matignon, l'événement aurait dû consacrer l'influence de l'Ex. Sauf que depuis 2012, les deux hommes s'étaient sérieusement perdus de vue. Un différend, qui a très peu filtré hors du cénacle politique, a scellé leur rupture. Jean Castex aurait aimé être candidat des Républicains aux élections régionales de 2015 en Occitanie. Mais Sarkozy l'a peu soutenu, et Dominique Reynié, un professeur de science politique résidant à Paris, novice en politique, a été investi. Par élégance, Castex n'a jamais fait part de cette déception et reste officiellement éternellement reconnaissant envers l'ex-chef de l'État de l'avoir nommé à l'Élysée. Reste qu'à la primaire de 2016, il a soutenu François Fillon, ce qui en dit long sur leur éloignement.

S'il n'est aucunement à l'origine de sa nomination à Matignon, l'ancien président le soutient dans les jours qui précèdent le remaniement, en juillet 2020. Les deux hommes ont repris contact depuis 2017. « Tu t'entendras bien avec Castex », glisse-t-il à Emmanuel Macron. Une fois à Matignon, Castex associe peu Sarkozy à ses décisions, se contentant de lui faire passer des messages *via* Camille Pascal, son conseiller, qui occupa le même poste auprès de Nicolas Sarkozy à l'Élysée. « Il n'a pas de téléphone, Jean ? » finit par s'agacer Sarkozy. Depuis 2022 et la nomination de Castex à la RATP, ils ont déjeuné une fois ensemble. On a connu des amitiés plus fluides.

La relation est également distante avec Édouard Philippe. L'ancien Premier ministre appartient à la galaxie des juppéistes, longtemps restée une *terra incognita* pour Sarkozy. Entre eux subsistait de surcroît un petit passif : au congrès fondateur de l'UMP, en novembre 2002, ils s'étaient défiés physiquement, car Sarkozy voulait faire une arrivée triomphale, ce qu'Édouard Philippe, alors directeur général du parti, avait empêché. « Je ne comprends plus rien à la politique », a lâché, on l'a vu, Sarkozy à Darmanin quand ce dernier lui a annoncé la nomination du maire du Havre à Matignon. Façon de dire qu'à ses yeux, Philippe n'était pas au niveau pour le poste. Pour autant, Philippe a appelé Sarkozy dans les minutes suivant sa nomination, le 15 mai 2017. Sur le conseil de Gérald Darmanin, évidemment. Le genre de petits égards dont Sarkozy se souvient. En conséquence, s'il a souvent pensé du mal de l'action du maire du Havre, sur la limitation de vitesse à 80 km/h, l'entêtement initial face aux Gilets jaunes ou la logistique perfectible des vaccins contre le covid, l'ancien président n'a jamais exagéré ses critiques. En juin 2020, lorsque Édouard Philippe apprend que Nicolas Sarkozy conseille à Emmanuel Macron de le remplacer, le Premier ministre l'invite à déjeuner à Matignon. Aux yeux de Sarkozy, encore un geste positif : c'est le signe qu'il comprend et respecte son influence. « Je l'aime bien », a conclu sur le moment le parrain de la droite. Une fois le juppéiste sorti du gouvernement, il n'a toutefois jamais maintenu de relation avec lui. De toute façon, si Édouard Philippe atterrit un jour à l'Élysée, « il ne fera rien sans Gérald », imagine Nicolas Sarkozy.

C'est avec Laurent Wauquiez que les rapports sont peut-être les plus ambigus. « Sarko se dit que Laurent et moi sommes les deux qui peuvent faire la maille pour la présidentielle », croit savoir François Baroin, dans l'hypothèse où Darmanin reporterait ses ambitions sur Matignon. Sur le papier, le président de la région Auvergne-Rhône-Alpes aurait tout pour plaire à Sarkozy : obsession présidentielle chevillée au corps, soutien au parrain de la droite en 2016… Mais l'affaire de l'EM Lyon a laissé des traces. En février 2018, Wauquiez déclare lors d'un cours donné à des étudiants de cette école de commerce que Nicolas Sarkozy, président, « en était arrivé au point où il contrôlait les téléphones portables de ceux qui rentraient en Conseil des ministres. Il les mettait sur écoute pour pomper tous les mails, tous les textos ». Évidemment, le parrain est furieux, d'autant que l'ancien ministre a aussi attaqué Darmanin, qualifié de « Cahuzac puissance 10 » qui « va tomber ». Selon *Le Canard enchaîné*, l'ancien chef d'État lui inflige alors au téléphone une des corrections dont il a le secret. « Beaucoup de monde me disait que tu n'étais qu'une grosse merde. Aujourd'hui, je n'ai d'autre choix que de penser comme eux, raille Sarkozy, avant de le recadrer sur le cas Darmanin : "Tu prétends que Darmanin n'a plus d'avenir politique mais, toi, quand je vois que, sitôt à la tête du parti, tu commences comme ça, je me dis que tu n'iras pas bien loin[1]." »

Wauquiez continue de se rendre parfois rue de Miromesnil, pour affronter les commentaires le plus souvent sévères de Sarkozy. Lors de la remise de la Légion d'honneur à Laurent Abitbol, président du groupe de tourisme Marietton, à Lyon, le 18 mars, l'ancien président l'a pourtant encouragé à sa façon : « S'il suit 10 % de mes conseils, il va aller très loin. À 5 %, ce sera juste. Et à 15 %, magistral ! » Un éloge chaleureux avec une pointe de menace. Typiquement sarkozien.

1. *Le Canard enchaîné* du 21 février 2018.

DEUXIÈME PARTIE

Les procès

Le Sphinx

La pièce est encombrée de bibelots et de photos de son couple. Carla est partout, visage souriant de ce bonheur privé qu'il affiche à ses côtés. Dans son nid d'aigle, ce bureau surchargé et un peu sombre de la rue de Miromesnil, tout est là pour témoigner de la paix intérieure du maître des lieux. Nicolas Sarkozy se campe en homme apaisé…

Le rituel est le même à chaque fois. Il tend une boîte de chocolats et en offre à chaque visiteur avant qu'il ne s'assoie en face de lui, sur l'un des deux fauteuils de cuir blanc de l'autre côté de la table basse encombrée de beaux livres. Le carré noir est un sésame de bienvenue qui ne se refuse pas. Il s'installe sur le canapé en face et appuie son dos de façon à se tenir droit, tête un peu en arrière. Alors, son regard peut porter un premier coup de sonde. Une sorte de scanner. Un regard perçant, pénétrant, déshabillant presque, et qui semble ne jamais devoir s'arrêter. Il laisse sur le visiteur une sensation presque physique. Comme si la bouchée de chocolat était un tranquillisant pour passer le trouble de ce regard intérieur. Son ami de toujours, Thierry Herzog, son avocat fidèle, emporté avec lui dans la tourmente des procès et des affaires, l'a surnommé « le Sphinx ». L'expression a résonné dans la salle d'audience du procès Bismuth en appel, et il en a semblé agacé, disant qu'il ne comprenait pas pourquoi son « ami » l'avait surnommé ainsi. Venant de Herzog, qui a toujours eu pour lui une admiration sans bornes, le surnom a nécessairement une origine flatteuse. Le Sphinx est un mélange de lion et d'homme, un monstre de sang-froid, il parle par énigme, tout cela lui va déjà bien. Mais rien ne semble lui aller mieux dans la comparaison avec le Sphinx que l'intensité de ce regard.

Après le test du regard, le Sphinx démarre. Charme en avant. Il est doué. Comme tous les grands séducteurs qui ont déjà mesuré l'étendue de leur pouvoir, il le sait. De quand date chez lui la maîtrise de ce don sur les autres ? Barbe de trois jours, visage buriné par le soleil, il a surmonté depuis longtemps le handicap de sa petite taille, de son allure mal proportionnée, pour faire de ce déséquilibre général un des moteurs de sa séduction. Ce qu'il veut, d'entrée, c'est plaire, tant le besoin d'être aimé, chez lui, est un préalable dans sa relation aux autres.

Après un refus initial, il a finalement accepté le principe de cette rencontre. Ce 23 mai 2023, il n'a pas annulé le rendez-vous pris de longue date, malgré sa condamnation, six jours auparavant, dans le procès Bismuth en appel. L'avant-veille, il a accordé au *Figaro* une longue interview dans laquelle il conspue cette décision de justice et la présidente du tribunal Sophie Clément, vis-à-vis de laquelle, pendant tout le procès, et jusqu'à la dernière minute, il avait pourtant déployé des trésors d'amabilités pour la remercier de la qualité des débats. Mais ces trois ans de prison, dont un an ferme, confirmation de la peine de première instance, dans ce dossier qu'il prétend « vide », lui restent en travers de la gorge.

Ce 23 mai, le ressac de la condamnation semble passé. Bien sûr, cela n'a pas été « agréable ». Mais tant de gens connaissent des situations autrement plus pénibles. Il connaît un homme à qui les médecins viennent de découvrir un cancer du pancréas, une femme que le mari vient de quitter, et qui traversent des situations autrement plus difficiles que la sienne. « J'ai beaucoup de chance, j'ai eu de grandes responsabilités. Je suis assez tolstoïen », dit-il. Puis il cite, confusion troublante pour cet hypermnésique, la dernière phrase déjà évoquée de *Crime et Châtiment*, de Dostoïevski, arrangée à sa manière : « Ainsi commença la renaissance, lente mais certaine. » Si le propos n'est pas rapporté au mot près, l'idée transpire. Après la catastrophe vient la résilience.

Avec la justice, en ce printemps 2023, la renaissance n'a pas encore eu lieu. Au compteur, il a été condamné à deux reprises, en première instance et en appel, à trois ans de prison dont un an ferme dans le procès Bismuth et un an de prison ferme dans le premier procès Bygmalion. L'appel doit avoir lieu à l'automne 2023. Dans sa chute, il a déjà emporté une quinzaine de ses anciens collaborateurs, proches amis comme Thierry Herzog, dans l'affaire Bismuth, ou petites mains de sa campagne présidentielle, dans le dossier Bygmalion. Une série de trois défaites consécutives face à une justice qui s'acharne, estime-t-il.

Pourtant, dans la chronique de Sarkozy et les juges, c'est lui qui actionne la magistrature en premier. En 2005, l'année même où se nouera l'affaire libyenne, il décide de se constituer partie civile dans l'affaire Clearstream, un montage destiné à nuire à plus de 200 personnalités et dans lequel son nom est cité comme ayant eu des comptes off-shore en Italie. Sa cible à l'époque, Dominique de Villepin, dernier Premier ministre de Jacques Chirac, « le cousin », comme Nicolas Sarkozy l'appelle avec Thierry Herzog. Dans l'argot des prisons, ce mot signifie une « balance ». Malgré son élection à l'Élysée, en 2007, il n'a pas voulu retirer sa constitution de partie civile. Herzog bataille en vain contre lui au premier procès. Dominique de Villepin sort blanchi en première instance comme en appel. Blanchi, mais fini pour la politique.

Dans la foulée, une autre guerre judiciaire démarre aussitôt sous son quinquennat : l'affaire Bettencourt, dans laquelle Nicolas Sarkozy est mis en examen, soupçonné d'avoir perçu des fonds en espèces de la femme la plus riche de France, puis mis hors de cause. Herzog et lui ont ferraillé des mois avec le juge bordelais Jean-Michel Gentil et ont évité un renvoi en correctionnelle. Une vraie victoire, cette fois.

Depuis 2005 donc, comme un poisson rémora collé à lui, Thierry Herzog ne l'a jamais quitté. Indispensable. À ses côtés, Sarkozy a passé le cap de sa première garde à vue, de sa première perquisition, de sa première montée de marche du palais de justice de Paris en qualité de prévenu, de sa première condamnation à de la prison ferme.

Sur ce terrain judiciaire, ce 23 mai 2023, l'intéressé reste zen. Une houle, en revanche, se forme d'entrée lors du second entretien, le 27 juin. Ce jour-là, il semble d'entrée moins détendu. Un courant souterrain semble agiter son visage. Comme un flux qui monte. À chaque procès, la scène qui va débuter dans son bureau s'est répétée, avec plus ou moins d'intensité. Il est d'abord traversé par de petites secousses. Son corps tout entier semble s'agiter. Ses pieds tapent le sol. Ses bras s'emportent. Son visage se ferme. La colère monte par vagues qui se voient sur ses joues. Des éclairs transpercent ses yeux. Tous ses collaborateurs, ses proches, ses visiteurs ont assisté à des scènes identiques. Son visage change d'expression en une seconde. Et au charme succède la contrariété puis une forme de violence… Mâchoire serrée, filet de voix qui siffle entre les dents. Yeux plissés comme pour se protéger du vent. Il commence doucement. Il jure qu'il fera condamner les juges. Puis il s'attarde sur le cas de Sophie Clément, la présidente de la cour d'appel qui l'a condamné en 2023 dans l'affaire Bismuth. L'ancien président répète qu'elle s'est prononcée dans *Le Monde*, en 2009, contre le projet de suppression du juge d'instruction, une de ses réformes finalement avortées. Il lève les bras au ciel en signe d'exaspération. « Est-ce normal d'être jugé par une magistrate qui m'avait publiquement mis en cause de manière véhémente ? Imaginez qu'il se soit produit l'inverse. Si un juge soutenant mes idées politiques avait été désigné… Quel scandale immense cela aurait provoqué ! L'inverse devrait susciter la même indignation. On bafoue la jurisprudence de la CEDH qui dit qu'il suffit que l'accusé ait un doute raisonnable sur l'impartialité de son juge pour que celui-ci se déporte... », tonne-t-il le 27 juin 2023. Il parle de « honte ». Il répète ce mot quatre fois de suite, habitué qu'il est à utiliser des anaphores. Le temps de sa diatribe, les rôles sont inversés : c'est lui la victime, lui qui est « condamné sans preuve ». Condamné d'avance, suggère-t-il. Il prend à témoin le travail des magistrats. On n'a rien trouvé dans l'affaire Bismuth, affirme-t-il dans une interprétation toute personnelle du dossier, et pourtant il a perdu. Est-ce alors lui qui est malhonnête ou bien eux ? Son innocence est posée sur la table basse, au milieu des chocolats, comme un postulat de départ indiscutable. Comme s'il n'y avait pas eu de procès, de juges d'instruction, de procureurs, d'enquêteurs de police, comme si ses trois condamnations procédaient d'une vaste machination… Il voit bien le trouble. Il se ravise : ce n'est plus de son innocence qu'il faudrait discuter mais de l'absence de preuves contre lui. « Dans n'importe quelle démocratie, on dirait au minimum : "Il y a un doute, ça profite à l'accusé." » En une phrase, il a balayé sa condamnation. Il n'y a, selon lui, pas une seule personne qui pense qu'il est coupable dans l'affaire Bismuth, jure-t-il, convaincu de l'exactitude absolue de l'affirmation péremptoire qu'il prononce.

Cette affaire le taraude. Avec Thierry Herzog, à deux reprises, ils ont été condamnés pour un trafic d'influence supposé, auprès d'un magistrat de la Cour de cassation, Gilbert Azibert, à qui ils auraient promis une intervention pour un poste à Monaco, en échange de tuyaux ou de services en marge d'un litige avec la haute juridiction. Il n'y a jamais eu d'intervention, jure Sarkozy, piégé par les écoutes de son téléphone secret, les fameux Bismuth, enregistrés sous le nom d'emprunt de « Paul Bismuth », un ami d'enfance de Thierry Herzog. Peut-être pas d'interventions réelles, mais des promesses échangées au téléphone dans une ambiance poisseuse, où celui qui a été président de la République demande à son avocat d'aller aux nouvelles auprès de leur « ami » à la Cour de cassation et envisage un temps de le pistonner pour Monaco. Un cas d'école du trafic d'influence « supposé » tant les écoutes secrètes parlent d'elles-mêmes.

À l'arrivée, un revers absolu et impossible de nier les manœuvres. La voix des enregistrements est la sienne. Dénoncer une machination des magistrats n'a pas fonctionné. À la clé, une condamnation lourde qui sanctionne à la fois les infractions qui lui sont reprochées, mais probablement aussi sa défense tant elle nie jusqu'à certaines évidences. Et si plutôt que de renvoyer les juges devant leur supposé complot militant contre sa personne il avait au contraire reconnu des propos équivoques sur les écoutes, s'il avait admis une opération inopportune auprès d'un haut magistrat de la Cour de cassation, et plaidé une maladroite faute pénale, tout en réclamant une sanction moins lourde… Aurait-il été condamné à la même peine ?

Dans le dossier Bygmalion où la justice a établi en première instance que sa campagne de 2012 avait coûté plus du double que le plafond autorisé, 42 millions contre 22…, là aussi il répète l'antienne de l'absence de preuves contre lui. Sarkozy invoque même le juge Tournaire, qui aurait convenu, à l'entendre, qu'il n'était pas au courant de la fraude. Il l'a pourtant renvoyé devant le tribunal correctionnel. Le ton monte d'un cran. Il s'échauffe, évoque un scandale, le juge van Ruymbeke qui n'a pas signé l'ordonnance de renvoi. Dix années d'instruction. Des centaines d'interrogatoires, des milliers d'interrogatoires. Alors qu'il n'y aurait rien. « Je me bats avec la force de celui qui est innocent », fulmine-t-il. Il questionne, demande si ça nous choque. Il cherche l'approbation. Il attend un hochement de tête. Une phrase admettant qu'il a raison. Il s'est presque avancé physiquement en se penchant en avant. Il scrute de plus près un éventuel signe. Il faut s'expliquer sur le rôle du journalisme, la fonction d'observateur, revenir sur sa défense durant les procès, les arguments juridiques, le grand nombre de magistrats qui ont statué contre lui, pas la seule Sophie Clément. Lui dire que l'affaire Bygmalion, au centime près, retrace les dépenses de sa campagne. Il faut aussi admettre qu'il est là dans son bureau, exactement comme il a été devant ses juges, avec une fougue intacte, un réel talent de plaidoirie, mais inefficace… Ces arguments l'agacent comme des mouches qu'il essaye de balayer de la main. Sarkozy fait la moue, exaspéré de plus belle. Il se lance dans une nouvelle tirade. La question n'est pas de savoir s'il a du talent, s'il se défend bien, mais s'il dit la vérité. Réveillez-vous, intime-t-il, passant l'air de rien au mode impératif. Puis il se radoucit, pose encore des questions rhétoriques. Pourquoi aurait-il été président de la République s'il n'avait pas de talent ?

La force du verbe. Pas de doute, elle est intacte chez lui. Elle a fait chou blanc sur les neuf magistrats déjà en charge de le juger, dans les trois procès qu'il a perdus. Mais elle opère encore devant le procès de l'opinion, qu'il mène seul, sans juge, à longueur d'interview. Les gens l'arrêtent dans la rue, où qu'il se trouve, pour le prendre en photo, lui témoigner de quelque chose, lui dire qu'il « manque ». Avec gourmandise, il nous propose de nous promener avec lui, pour constater le phénomène. C'est un fait. Ce procès bis, celui de l'opinion, malgré ses trois condamnations correctionnelles successives, il ne l'a pas perdu. Il n'est pas devenu le paria de la République, premier président condamné à de la prison ferme, qui ne pourrait jamais apparaître en public risquant les sifflets… Quitte à alourdir son contentieux judiciaire, en ciblant les magistrats qui l'ont condamné et s'attirant les foudres de tous les autres, il plaide sans relâche sa cause, prenant les Français à témoin d'un acharnement des juges dont il serait victime. Sa colère en bandoulière… et cette certitude mille fois répétée : « Vous verrez, à la fin, je les ferai condamner ».

« Mon Thierry »

C'est l'histoire d'une longue amitié. Joyeuse et douloureuse à la fois. Longtemps, ils se sont crus invincibles devant les juges. Ils jouaient toujours sur les mêmes ressorts, l'absence de preuves, la maîtrise à la perfection du dossier, la prise à témoin des médias. Nicolas Sarkozy et « mon Thierry », comme il a surnommé Thierry Herzog, son avocat, se connaissent depuis le début des années 1980. Ils ont un point commun, ni l'un ni l'autre ne vient de ces grandes familles bourgeoises où l'on est avocat de père en fils, avec la plaque, le cabinet, la clientèle, et même le dessous en cuir sur bureau Empire tout prêts dès la naissance. La famille Herzog compte bien un agent de change dans ses rangs, connaissance des époux Tiberi, mais il y a chez eux quelque chose de « populaire », version droite sociale parisienne.

Avec Sarkozy, ils prêtent serment le même jour. Herzog fait son stage chez Jean-Louis Pelletier, le meilleur pénaliste du moment, l'avocat de Mesrine et de Francis Le Belge, et de tout ce que Paris compte de truands de haut vol. Le futur président choisit en 1981 le cabinet Danet, le meilleur avocat d'affaires de l'époque, qui a en portefeuille la clientèle la plus huppée de Paris, le P.-D.G. d'Alcatel, le maire de Grenoble Alain Carignon, ou l'épouse du président d'Elf. Autant Sarkozy a « la politique dans le sang », comme il aime à le répéter, autant Herzog a ce métier d'avocat dans les tripes. Il aime ces nuits d'attente de délibérés dans les palais de justice de province. Cette odeur du bois ciré des tribunaux correctionnels. Cette camaraderie de buvette avec les confrères. Engloutir des jambon-beurre sur le pouce, la robe froissée pliée sur l'avant-bras, en fumant des Gitanes. Il aime les face-à-face tendus avec les juges d'instruction, les rendez-vous au parloir avec les clients difficiles. Il aime par-dessus tout sortir un client de détention sur un vice de procédure, emporter le morceau devant un jury d'assises après s'être énervé devant un procureur qu'il ira saluer ensuite. Ce métier-là est un sacerdoce. Une passion. Une vie.

Une vie de combat et d'amitiés aussi. Le jeune Thierry Herzog tombe sous le charme de deux autres confrères. Hervé Temime et Pierre Haïk. Trois H à eux trois. Trois complices. Trois façons identiques de bouffer du juge et de s'emporter à la barre. Pierre Haïk, l'aîné des trois, a cette façon inimitable de fendre l'allée d'une salle d'audience à grandes enjambées, en mâchouillant la bavette blanche de sa robe noire. Temime a des airs de nounours calme mais son corps est capable de spectaculaires emportements d'indignation au moment de plaider. Herzog a un physique de taureau et si son œil sombre s'allume dans une salle d'audience, que ses mains s'agitent à la recherche d'une feuille dans un volumineux dossier devant lui, c'est qu'il va cogner. Fort et dur sur la procédure et, au besoin, sur les juges d'instruction… Ces trois-là partagent cette même boulimie de défendre sans limites, y compris les causes perdues, celles que les avocats des beaux quartiers délaissent volontiers. Les truands d'abord. Trafiquants de drogue, gitans, surineurs…, gang des postiches. Au cabinet de Herzog, place Saint-Michel, enfumé de vapeurs de Gitanes, une des figures du milieu français a l'habitude de repartir en emportant ses mégots dans la poche. Pas question de laisser son ADN, une sorte de réflexe professionnel. Ces clients-là paient en liasses de billets et une poignée de main vaut plus qu'un long contrat. C'est aussi un secteur où le métier d'avocat peut être un métier dangereux. Un de leurs aînés a eu la vie sauve, lors d'un saucissonnage par un client mécontent, grâce à l'intervention inopinée d'un passant…

Au tournant des années 1990, d'autres clients pointent leur nez. Des politiques, rattrapés par une première vague des affaires. Voilà Herzog à l'Élysée pour la première fois, dans le sillage de Francis Szpiner, avocat de Jacques Chirac. Herzog, *via* des liens de famille, défend les époux Tiberi, empêtrés dans une série d'affaires. Une longue guérilla judiciaire commence. Un coup d'essai qui l'inspirera dans sa défense de Sarkozy. En 2001, l'avocat obtient devant la cour d'appel de Paris l'annulation de la mise en examen de Xavière Tiberi, dans l'affaire de son emploi fictif auprès du conseil général de l'Essonne et de son fumeux rapport sur la Francophonie. La cour d'appel, dont une chambre est présidée de 1999 à 2002 par Gilbert Azibert, dit « Annulator », le futur magistrat de l'affaire Bismuth, annule aussi les poursuites contre Xavière Tiberi dans l'affaire des « faux électeurs du 5e arrondissement » de Paris. La Cour de cassation finira par « annuler l'annulation ». Qu'importe, dans ce dossier où les époux Tiberi sont soupçonnés d'avoir troqué des faveurs municipales en échange d'inscriptions indues sur les listes électorales, la procédure, à force de recours, s'étirera en longueur… Pour des fraudes électorales dénoncées en 1997, les époux Tiberi seront condamnés définitivement à des peines de prison avec sursis en 2015. Dix-huit ans plus tard ! Un record de lenteur qui a permis à l'ancien maire de Paris d'être réélu jusqu'en 2014. À la manœuvre de l'escargot judiciaire, Thierry Herzog.

Autre grand succès des avocats du camp Chirac, l'annulation des poursuites contre le président dans l'affaire des HLM de Paris. Le juge Halphen, qui fouille les finances du RPR et empoisonne la droite française au milieu des années 1990, est sèchement dessaisi en septembre 2001. « Vice de forme. » Pour les principaux avocats du dossier, Mes Szpiner et Herzog en tête, ce vice est une vertu. Un graal d'avocat… Avec Pierre Haïk et Hervé Temime, ils sont de toutes les grandes affaires financières du moment. Ils ne comptent alors qu'un rival sérieux dans leur milieu : Olivier Metzner.

En 2004, quand se nouent les premiers fils de l'affaire Clearstream, Thierry Herzog est reconnu comme une des plus fines gâchettes du barreau. Présent dans une multitude de dossiers financiers, il a une connaissance des affaires sensibles, des juges, procureurs, journalistes qui les couvrent. Un biotope particulier, avec ses affinités, ses inimitiés. Ses compétences et ses coups bas. Ce n'est pas seulement parce qu'ils sont « amis » de longue date que Nicolas Sarkozy lui demande de passer le voir au ministère de l'Économie. « [S]on Thierry » a une autre qualité à ses yeux : il sera d'une fidélité absolue. Quasi familiale. C'est exactement l'avocat qu'il lui faut. Thierry Herzog l'ignore encore, mais sa vie professionnelle va être happée tout entière par la défense de son ami…

Le 17 septembre 2004, en pages intérieures, *Le Parisien* révèle que le juge van Ruymbeke a signé quatre commissions rogatoires internationales visant quatre ministres. L'affaire Clearstream, qui couve depuis des mois, avec ces listings de comptes bancaires occultes, prend un nouveau virage. Cités, Alain Madelin, Dominique Strauss-Kahn, Jean-Pierre Chevènement et Nicolas Sarkozy. Les quatre hommes démentent… Et pour cause, les listings ont été fabriqués de toutes pièces. Mais par qui ? Les juges d'Huy et Pons remontent le fil. Ils s'aperçoivent que leur collègue van Ruymbeke a eu plusieurs rendez-vous secrets, hors procédure, avec Jean-Louis Gergorin, qu'ils soupçonnent d'être le corbeau. Gênant pour van Ruymbeke, qui doit admettre qu'il s'est fait piéger… L'ambiance est électrique au palais de justice. D'autant que Dominique de Villepin est Premier ministre et que les fils de l'enquête judiciaire semblent tous conduire à lui. N'est-ce pas lui, en janvier 2004, qui a été informé des faux listings par Gergorin, qu'il connaît depuis longtemps ? N'est-ce pas lui, encore, qui a poussé pour que fuite l'affaire, dans *Le Point*, à l'été 2004 ? Redevenu ministre de l'Intérieur en juin 2005, les relations de Sarkozy avec Villepin, son Premier ministre, sont glaciales. En janvier 2006, le ministre de l'Intérieur, *via* son avocat Thierry Herzog, se constitue partie civile dans l'affaire Clearstream. Une quasi-déclaration de guerre, avec la décision d'engager le bras de fer avec son rival sur le terrain judiciaire, et à visage découvert. Une première…

Aucun des autres politiques cités dans le dossier des faux listings ne s'est manifesté, préférant attendre le résultat de l'enquête pour s'inviter ou non dans un éventuel procès. Sarkozy, lui, a décidé de prendre les devants. De cogner. Exactement le genre de posture qu'affectionne Thierry Herzog. Grâce à cette plainte, il peut avoir accès au dossier, et se donner ainsi des munitions contre celui qu'il croit capable de lui barrer la route pour la présidentielle de 2007. Les chiraquiens tenteront tout pour dissuader Sarkozy d'ester en justice, puis de se constituer partie civile au procès contre l'ancien Premier ministre. Mais même après son élection à l'Élysée, il n'a rien voulu entendre. Dans ce premier dossier, c'est lui qui actionne le feu judiciaire !

Mais Herzog et lui vont… perdre. Ce 28 janvier 2010, dans son bureau présidentiel, au premier étage de l'Élysée, Sarkozy, qui a 55 ans ce jour-là, a le visage coincé des mauvais jours. Il est fumasse. Le matin même, le tribunal correctionnel vient de rendre son délibéré dans l'affaire Clearstream. Dominique de Villepin, *alias* « le cousin », vient d'être blanchi. Relaxé.

Me Herzog s'est aussitôt éclipsé du vieux palais de justice pour rejoindre la rue du Faubourg-Saint-Honoré. Il vit cette décision comme une défaite personnelle, aboutissement d'un procès où il n'est pas parvenu à marquer de points, isolé face à la défense de l'ancien bras droit de Jacques Chirac, emmenée par le redoutable Olivier Metzner et le bouillant Luc Brossollet. Devant ce tribunal correctionnel toujours bondé, Villepin a dominé les débats.

Pire encore pour Herzog, alors qu'il espérait renverser la vapeur aux termes d'une plaidoirie gagnante, persuadé qu'il était d'avoir déniché dans les méandres de ce dossier à tiroirs une preuve accablante, il a été sèchement coupé par le juge Dominique Pauthe, le président du tribunal correctionnel, et prié de conclure. Humiliant. Humiliant mais logique tant au cours des débats le tribunal n'a jamais semblé adhérer à la thèse de l'accusation, faisant de Dominique de Villepin le complice de la dénonciation calomnieuse. Dans le bureau présidentiel, ce jour de janvier 2010, Sarkozy a fait les cent pas, puis il s'assoit. Claude Guéant, Raymond Soubie, le « Monsieur social », Franck Louvrier, le communicant, et Pierre Charon, le conseiller, bientôt sénateur, sont là et ne perdent pas une miette du dialogue entre le président et son avocat. Sarkozy a la mâchoire serrée. Assis sur un fauteuil, la tête penchée en avant, il fixe Thierry Herzog et découpe chaque mot : « Écoute-moi bien mon Thierry, et prends ton temps avant de me répondre. C'est très important. Si je fais appel, est-ce que tu peux le faire condamner ? »

Sur son fauteuil, « mon Thierry » n'en mène pas large. Il sait bien que dans cette partie de chasse qu'a été ce procès Clearstream, il a raté l'éléphant entre les deux yeux. L'espace d'une seconde, lors du procès, le jour de l'interrogatoire du général Rondot, ce dernier a paru hésiter à dire quelque chose. Moment fugace. Dominique de Villepin s'est levé, a reboutonné sa veste, et a lancé qu'il n'y avait pas « une feuille de papier à cigarette » entre Rondot et lui. Le général a semblé se raviser. Depuis sa place dans la salle, Thierry Herzog a vu un espace. C'est à n'en pas douter le général, la clé de l'affaire. Ce Rondot qui n'aurait pas tout dit… À cet instant, face à Nicolas Sarkozy, comme à une table de poker, les secondes défilent comme des heures. « Mon Thierry, si je fais appel, est-ce que tu peux le faire condamner ? » Herzog finit par hocher négativement la tête. Pas sûr. Le président se lève d'un bond. C'est décidé, il ne fera pas appel. Ce sera un communiqué annonçant son intention d'en rester là. Le citoyen Sarkozy avait porté plainte, le président Sarkozy n'ira pas à un second procès… En ce mois de janvier 2010, il n'a plus besoin d'avocat.

La trêve judiciaire dans la vie politique du parrain ne va durer que cinq mois. L'affaire Bettencourt éclate dans Mediapart le 16 juin 2010. L'ancien avocat de Dominique de Villepin, Me Olivier Metzner, devenu l'avocat de Françoise Bettencourt-Meyers, la fille de Liliane Bettencourt, lance les hostilités judiciaires. Il a en main des enregistrements clandestins d'un majordome de la maison Bettencourt. Outre de possibles fraudes fiscales de la famille Bettencourt, ces enregistrements pirates dévoilent aussi des relations ambiguës avec le ministre du Budget Éric Woerth… Pis, Mediapart fait parler l'ancienne comptable de la maison Bettencourt qui dénonce un financement politique occulte de 150 000 euros, pour la campagne de Nicolas Sarkozy en 2007.

À l'Élysée, c'est la consternation. Et le début d'une nouvelle longue guérilla. Le procureur de Nanterre, Philippe Courroye, ouvre plusieurs enquêtes préliminaires : une première pour « violation de l'intimité de la vie privée », une deuxième pour « blanchiment de fraude fiscale », une troisième pour « financement politique illégal » et une quatrième pour

« trafic d'influence » visant l'attribution par Éric Woerth de la Légion d'honneur de Patrice de Maistre, le gestionnaire de fortune de Liliane Bettencourt. De son côté, la juge Prévost-Desprez soupçonne le procureur de Nanterre d'une trop grande proximité avec l'Élysée, voire de relations directes avec le président de la République. De nombreux avocats du dossier soufflent sur les braises. Chacun dans la direction où il souhaite voir prospérer l'incendie. Depuis la présidence, Patrick Ouart, ancien magistrat alors conseiller justice de Nicolas Sarkozy, surveille chaque épisode comme le lait sur le feu. Thierry Herzog ne rate aucun de ces épisodes. Un quasi-temps plein à cette période. En octobre 2010, nouveau coup de tonnerre, Philippe Ingall-Montagnier, le procureur général près la cour d'appel de Versailles, décide de saisir la Cour de cassation d'une demande de dépaysement général… « Je souhaite que tous ces dossiers quittent Nanterre où il n'y a plus la sérénité indispensable au fonctionnement de la justice », explique alors le procureur général. « Une nouvelle fois, l'objectif est de reculer l'échéance judiciaire », peste Olivier Metzner, consterné du dessaisissement de la juge Prévost-Desprez. La Cour de cassation entérine le départ de Nanterre de toutes les affaires Bettencourt. Le dossier, comme le gouvernement en 1940, prend le chemin de Bordeaux, où pense-t-on à la Chancellerie, aucun juge ne viendra faire du zèle… Ironie de ces arbitrages secrets, entre la Chancellerie et l'Élysée, il est d'abord question que le dossier Bettencourt soit aiguillé vers Lyon. Mais au dernier moment, il est décidé que ce sera la préfecture de Gironde. Pense-t-on plus calme…

Raté. Le magistrat qui hérite de l'affaire, Jean-Michel Gentil, est un pugnace. Éric Woerth est mis en examen pour trafic d'influence, pour recel de financement illicite de parti politique. Le juge Gentil piste deux retraits d'espèces de

400 000 euros chacun, qui auraient été effectués par le gestionnaire de fortune, Patrice de Maistre, *via* un système de remise de fonds venus de Suisse ni vu ni connu. Le premier de ces deux « arrivages » de liquide intervient le 5 février 2007, précédant une rencontre entre Patrice de Maistre et Éric Woerth, le trésorier de la campagne de 2007. Le juge situe le second arrivage de fonds le 26 avril 2007, le jour où François-Marie Banier, le photographe confident de Liliane Bettencourt, mentionne une phrase de son amie : « [...] de Maistre m'a dit que Sarkozy avait encore demandé de l'argent. J'ai dit oui ». Interrogé par le magistrat, Patrice de Maistre admet les retraits de fonds, mais nie tout financement politique illégal. Il est écroué le 23 mars 2012.

Pour cet aristocrate bien élevé, grand chasseur devant l'Éternel, aux manières raffinées, une catastrophe au cube. Patrice de Maistre a épousé en secondes noces Anne Dewavrin, la première femme de Bernard Arnault, l'homme le plus riche de France. Il est le beau-père, après son mariage avec leur mère, des enfants du couple Arnault-Dewavrin avec lesquels il s'entend d'ailleurs très bien. Imaginer « Patou » dans une cellule de la maison d'arrêt de Gradignan donne à ce milieu parisien des haut-le-cœur. Remarquable de fidélité, Anne de Maistre, qui ne manquera pas une seule audience du procès de Bordeaux, ne rate aucun parloir. La question est simple : de Maistre peut-il craquer ? À un parloir avec ses avocats, Pierre Haïk et son épouse Jacqueline Laffont, tous les deux futurs avocats de Nicolas Sarkozy, l'ancien gérant de fortune s'interroge à haute voix sur les conséquences d'un éventuel changement de pied... Le juge Gentil, de son côté, a longtemps la conviction que Nicolas Sarkozy s'est rendu à deux reprises, durant la campagne présidentielle de 2007, dans l'hôtel particulier de Neuilly-sur-Seine des époux Bettencourt. Par exemple le 24 février, date à laquelle, sur l'agenda d'André

Bettencourt, a été retrouvée une mention : « À 12 heures pour monsieur Nicolas S. »

Mais pas question de convocation pendant la campagne présidentielle de 2012. L'affaire est mise en pause. Battu par François Hollande, l'ancien président perd son immunité le 16 juin 2012. Moins de quinze jours après, le 3 juillet, les policiers perquisitionnent son domicile, qui jouxte la villa Montmorency, son bureau rue de Miromesnil et son cabinet d'avocat, boulevard Malesherbes. Les premières perquisitions d'une longue série. Thierry Herzog dénonce publiquement « des actes inutiles ». L'avocat, dans la foulée de la perte de l'immunité présidentielle, avait envoyé une bordée de documents au magistrat bordelais, notamment des extraits « certifiés conformes » de ses agendas de 2007. Il avait également adressé au juge bordelais les coordonnées des officiers de sécurité de l'ancien président, afin qu'il puisse les entendre sur leurs déplacements chez les Bettencourt… Cela s'appelle « poser les jalons d'une défense ». Mais avec le juge Gentil, le bras de fer s'engage. Ce premier bras de fer du président avec un juge d'instruction va être homérique.

Le 22 novembre 2012, première audition. Elle va durer douze heures. « En trente-six ans de vie politique, c'est la première fois que je suis convoqué dans un cabinet d'instruction, c'est une épreuve, déclare Nicolas Sarkozy. Je comprends votre démarche, mais ce n'est pas facile. M'imaginer profiter de la faiblesse d'une vieille dame. » La lecture du long procès-verbal renseigne sur l'état de préparation de Nicolas Sarkozy. À l'évidence, il connaît le dossier sur le bout des doigts. Herzog et sa collaboratrice Me Gesche Le Fur ont passé des dizaines d'heures à plancher sur le dossier. Au bout de douze heures, le juge Gentil rend les armes et renonce à mettre l'ancien président en examen pour le placer sous le statut de témoin assisté.

Sur le financement de sa campagne de 2007, le magistrat n'a aucune preuve formelle : « Je ne m'en occupe pas… Je ne fais aucun chèque, je ne règle aucune dépense et je ne reçois rien. […] Mon trésorier conteste formellement avoir touché de l'argent. Quel est l'élément factuel concordant grave qui peut me mettre en cause ? lance Sarkozy au juge. Les Bettencourt ne m'ont jamais donné un sou et je ne leur ai jamais rien demandé », assure-t-il. Dès le lendemain matin de cette audition-fleuve à Bordeaux, Thierry Herzog enfonce le clou : « Par définition, un témoin assisté ne peut faire l'objet d'aucun procès, donc pour moi l'affaire Bettencourt n'existe plus… Nicolas Sarkozy ne peut plus être mis en examen, c'est le Code de procédure pénal qui le prévoit. »

Pourtant, le 21 mars 2013, confronté à plusieurs membres du personnel de Liliane Bettencourt, Nicolas Sarkozy quitte le palais de justice vers 22 heures. Cette fois-ci, il vient d'être mis en examen pour abus de faiblesse. Le juge, sur la base de témoignages du personnel, estime qu'il s'est bien rendu chez les Bettencourt en février 2007 dans le but de toucher des fonds.

Visage des mauvais jours, Thierry Herzog dénonce aussitôt « une décision incohérente sur le plan juridique et injuste » et annonce la saisine immédiate de la chambre de l'instruction de Bordeaux. Cette première mise en examen d'un ancien président de la République est un coup de tonnerre. Mais *Le Monde* du vendredi après-midi va plus loin, suggérant que dans le bureau du juge Gentil, Nicolas Sarkozy se serait laissé aller à menacer le magistrat… Interrogé par le quotidien, Me Rémi Barousse, présenté comme l'avocat « du juge Gentil », dénonce « les réactions outrancières qui se sont manifestées après la mise en examen de M. Sarkozy. Le juge ne fait que son travail, dans le respect de la loi. Il existe des voies de recours pour les mis en examen. J'entends certains responsables politiques dire que M. Gentil porterait atteinte à la République, mais ce sont au contraire ceux qui tiennent ces propos outranciers qui attentent à l'indépendance de la justice et à nos institutions ». Là encore, ce bras de fer entre le mis en examen et le magistrat qui, par définition, ne peut répondre, est une première.

Dans le *Journal du dimanche* du surlendemain, Me Thierry Herzog donne une longue interview dans laquelle, de façon rarissime, il revient sur l'audition du jeudi : « Après neuf heures de confrontation et une courte pause, le juge Gentil nous a demandé de revenir dans son bureau. À cet instant, il a signifié à Nicolas Sarkozy qu'il était témoin assisté pour les faits d'abus de faiblesse de 2008 et de recel de janvier et février 2007, mais mis en examen pour abus de faiblesse pour des faits "commis en février 2007". Nicolas Sarkozy lui a répondu que c'était une "grande injustice". Le juge Gentil lui a rétorqué violemment que son propos était injurieux. Nicolas Sarkozy a répondu : "Non, c'est une injustice et j'ai la liberté de dire et de penser ce que je veux." Le juge a ajouté : "C'est une injure et maintenant, c'est terminé." Nicolas Sarkozy a dit : "Non, ce n'est pas terminé" – signifiant ainsi que comme tout un chacun il userait des voies de recours. »

Si l'ancien président ne souhaite pas en « rester là », c'est qu'il entend exercer ses voies de recours… Thierry Herzog cible à son tour Jean-Michel Gentil : il « constate » que, le 22 novembre dernier, « le procès-verbal de l'audition de Nicolas Sarkozy s'est retrouvé en ligne moins de vingt-quatre heures après alors que seuls les juges y avaient accès, pas même moi ». Une attaque classique envers les juges accusés d'alimenter la presse. C'est la suite qui est plus cinglante : « Si l'on rapproche ces faits de la tribune politique qu'a signée le juge Gentil contre Nicolas Sarkozy quatre jours avant la perquisition à son domicile, on peut se poser au minimum la question de l'impartialité de ce magistrat », insiste l'avocat. La défense de l'ancien président s'étonne : « Le juge Gentil a signé une tribune politique le 27 juin 2012 dans laquelle il met en cause la politique de Nicolas Sarkozy et celle de son prédécesseur, les accusant de "vouloir protéger les corrompus". Cinq jours après la signature de cette tribune, le même juge a opéré quatre perquisitions au domicile de Nicolas Sarkozy, dans son bureau, ainsi qu'au domicile de sa secrétaire. » Le juge Gentil est prévenu : la défense de l'ancien président s'intéresse à lui. Et s'il veut continuer à croiser le fer, il va falloir qu'il soit parfaitement *clean*.

Entre le juge de Bordeaux et le président, la hache de guerre est déterrée.

Le 29 mai 2013, *Le Parisien* lâche une petite bombe : « Affaire Bettencourt, l'enquête fragilisée. » « On croyait le dossier Bettencourt arrivé à son terme et l'instruction du juge Jean-Michel Gentil en passe d'être bouclée, écrit le quotidien. Mais un accroc de taille pourrait, dans la dernière ligne droite, faire basculer toute l'affaire. Selon nos informations, l'un des médecins chargés d'expertiser Liliane Bettencourt, en juin 2011, n'était autre que le témoin de mariage du magistrat instructeur ! Dès lors, tous les doutes sont permis sur l'impartialité de Jean-Michel Gentil. Et la validité de l'expertise est sujette à caution. » *Le Parisien* a « découvert[1] » que Sophie Gromb, le médecin qui a expertisé Liliane Bettencourt en se rendant à son domicile, en compagnie du juge Gentil, est une amie proche du magistrat. Le mois suivant, six mis en examen du dossier de Bordeaux, dont Éric Woerth et Nicolas Sarkozy,

1. « Selon nos informations, le juge Gentil aurait des liens proches avec l'un des médecins du dossier. La défense de Sarkozy devrait contre-attaquer », écrit Élisabeth Fleury dans *Le Parisien* du 13 mai 2013. « Affaire Bettencourt : L'enquête fragilisée », titre ce jour-là le quotidien.

saisissent la Cour de cassation d'une demande de récusation du juge Gentil et de ses deux collègues bordelais en charge du dossier Bettencourt. Une bombe atomique. Devant la Cour de cassation, le parquet se dit favorable à une requête en suspicion légitime, et tance les magistrats bordelais. Mais la Cour se déclare incompétente et renvoie le dossier devant la cour d'appel de Bordeaux… Huit jours plus tard, en juin 2013, le parquet de Bordeaux annonce qu'il requiert un non-lieu contre Nicolas Sarkozy. Puis en septembre, la cour d'appel de Bordeaux donne raison aux magistrats instructeurs, disant que les liens entre le juge Gentil et l'experte étaient « sans incidence sur la validité de son expertise ». La bombe Gromb était un coup d'épée dans l'eau. Mais elle va avoir son effet.

Et en octobre, ces épisodes « purgés », Jean-Michel Gentil et ses deux collègues renvoient en correctionnelle dix personnes mais pas l'ancien président. Absence de charges cette fois. Mais pourquoi l'avoir mis en examen en mars juste avant de clôturer l'enquête ? Pourquoi des analyses juridiques successives et contradictoires sans éléments d'enquête nouveaux entre la mise en examen de mars et son non-lieu d'octobre ? Que s'est-il passé entre-temps si ce n'est l'affaire Gromb ? A-t-elle fait son œuvre en coulisses, même si dans le milieu judiciaire, personne n'évoque jamais ce dessous des cartes ? Cela semble hautement probable, mais dans le milieu judiciaire, personne n'évoque jamais ce dessous des cartes.

Pour la défense Sarkozy, après la défaite Clearstream, l'affaire Bettencourt, une fois passé le camouflet des premières perquisitions et de la première mise en examen, est une victoire sur toute la ligne. L'ancien président n'a pas été réélu en 2012 et l'affaire Bettencourt a dû y être pour quelque chose, mais, en 2013, il échappe au procès bordelais. Les soupçons de financement en liquide *via* les Bettencourt pour sa campagne de 2007 sont envolés. Et les juges à l'avenir sont prévenus : ceux qui veulent s'attaquer à l'ancien président, le Sphinx, selon Thierry Herzog, doivent commencer par être irréprochables. Quand il déclare la guerre aux juges, il va « jusqu'au bout »...

Paul Bismuth

Thierry Herzog est en robe de chambre. Mal réveillé forcément. Il est très tôt ce mardi 4 mars 2014. Deux juges d'instruction, une armée de policiers et un procureur viennent de faire irruption dans son appartement parisien près de la gare du Nord. L'avocat du président ignore totalement pourquoi ils sont là. Pour le pénaliste, cette perquisition matinale est forcément une catastrophe. Le moment zéro d'une nouvelle affaire. Dans sa salle de séjour, face à l'avocat, les juges réclament son téléphone. Leur interlocuteur s'exécute. Son iPhone change de main. Un des magistrats le regarde dans les yeux. « Vous n'avez pas d'autre téléphone ? » « Non », bredouille Thierry Herzog, dont le cerveau turbine à plein régime pour tenter de deviner la raison de cette intrusion policière chez lui. Dans la seconde qui suit ce « non » mal assuré, dans la poche de sa robe de chambre, un autre appareil se met à vibrer et à sonner. Juges et policiers échangent des sourires. Pour l'avocat, cette sonnerie est une potentielle catastrophe. Ce téléphone étant dédié à un seul interlocuteur, il ne peut s'agir que de lui. Au pire moment… Mais pourquoi Nicolas Sarkozy l'appellerait-il si tôt de bon matin ? L'ancien président a-t-il appris que des perquisitions se préparaient et veut-il l'alerter ? L'avocat imagine le pire en farfouillant dans sa poche, grappille quelques microsecondes supplémentaires qui lui permettent de réfléchir, et s'empare du téléphone sous les yeux des magistrats et des policiers hilares intérieurement. Il coupe enfin la sonnerie. Le voilà presque rassuré en découvrant que ce n'est pas l'ancien président qui a appelé. Mais un des enquêteurs…

Thierry Herzog commence à comprendre. C'est cet appareil qu'ils sont venus chercher. Le téléphone secret. L'avocat est prié de s'habiller, la fouille de son appartement se poursuit. Il est autorisé à prendre une douche, porte de la salle de bains entrouverte. Mais auparavant les policiers inspectent jusqu'au tambour de sa machine à laver. À la recherche d'un dossier caché ou d'argent liquide probablement… Ils ne trouveront rien. La perquisition se poursuit à son cabinet, place Saint-Michel. Un studio parisien de son fils est visité lui aussi. Les policiers inspectent chaque livre, en faisant défiler les pages. À la recherche de billets, d'un code ou d'un numéro de compte ? Eux seuls savent. Ils ne trouvent rien. Le soir même, le pénaliste couchera en garde à vue. Un cap vient d'être franchi dans le bras de fer qui oppose le camp Sarkozy à la justice. Cette fois-ci, Thierry Herzog ne pourra pas assister son client, robe sur les épaules, comme avocat. Il sera à ses côtés sur le banc des prévenus. Comme suspect. Ce jour-là a changé sa vie. Le genre de jour de bascule qui permet de ranger en deux chaque événement, ceux d'avant, et ceux d'après. Un cauchemar d'avocat. Et pour Thierry Herzog, le prix à payer d'être « l'avocat du parrain ».

Cette histoire Bismuth remonte au lendemain de la défaite de 2012. Sarkozy est essoré, persuadé d'avoir été battu d'extrême justesse et qu'il reviendra. Il est en guerre. Une guerre sourde contre l'Élysée et François Hollande, qu'il estime prêt à tout pour le priver de sa future « revanche » de 2017. Les deux hommes ignorent encore qu'ils ne seront candidats ni l'un ni l'autre… Mais un duel s'installe à distance. L'affaire libyenne a éclaté entre les deux tours de la présidentielle de 2012 sur le site Mediapart et lui a en partie coûté la victoire, estime le candidat de la droite. Une enquête judiciaire a été ouverte. Un nouveau magistrat apparaît dans le ciel du parrain. Il s'appelle Serge Tournaire. Avec lui, c'est une nouvelle génération de juges d'instruction qui prend les rênes. À l'instruction parisienne, Roger Le Loire et Renaud Van Ruymbeke sont sur le départ. À l'inverse de ces « anciens », qui avec les années ont noué des échanges avec certains politiques, leurs avocats et le demi-monde qui les fréquente, Serge Tournaire serait plutôt hostile à toute forme de relation extra-procédurale. D'ailleurs, dans son cabinet, il suffit de prononcer une phrase pour qu'elle se retrouve dictée, à l'identique, à sa greffière. Pas du tout le genre à installer un bavardage résumé ensuite sur procès-verbal. Regard métallique, sec, ce juge nouveau venu a de quoi inquiéter le camp de l'ancien président. Tournaire n'hésite pas. Le 3 septembre 2013 une première ligne de Nicolas Sarkozy est placée sur écoute. Sa seconde ligne officielle est également sous surveillance à compter du 19 septembre 2013. Comme il est avocat, le Code de procédure pénale veut que les services du bâtonnier en soient aussitôt informés.

Les mois défilent. Rien de neuf sous le soleil libyen. Sauf un certain agacement policier… Les enquêteurs flairent que l'ancien président se sait sur écoute et se méfie de son téléphone. Ils flairent aussi, question d'habitude, que celui qu'ils écoutent bavarde sur d'autres lignes que celles qui sont branchées.

Dès le 28 septembre 2013, soit neuf jours après le branchement de sa ligne, « une date à rapprocher avec les interceptions de l'affaire libyenne », souligneront les juges, Thierry Herzog achète à Nice, où il se rend auprès de sa femme chaque week-end, deux téléphones prépayés. Il règle en espèces et livre comme identité le nom d'un de ses amis d'enfance, « Gilda Atlan ». L'idée est simple, pratiquée par la plupart de ceux qui ont l'habitude des écoutes. Il s'agit de se doter de « toc », des « téléphones occultes », comme les appellent encore les gens du milieu. Chacun des deux titulaires d'un « toc » a son téléphone dédié avec lequel il appelle exclusivement l'autre interlocuteur, comme s'il s'agissait de simples talkies-walkies. Comme les deux appareils prépayés ont été achetés sous des noms d'emprunt et en liquide, ils sont en principe hors d'atteinte des policiers. Le système des « toc » est censé déjouer les écoutes. Le 28 septembre 2013, Nicolas Sarkozy, en plus de ses deux lignes officielles, espionnées par les enquêteurs du juge Tournaire, dispose d'un premier téléphone secret, sous la fausse identité de Gilda Atlan. L'autre « Atlan » est dans les mains de Thierry Herzog. Voilà les deux hommes persuadés qu'ils peuvent converser tranquillement sur cette ligne. Thierry Herzog assure avoir mis en place ce système dès l'été 2012, afin de déjouer d'éventuelles « écoutes sauvages ».

Premier constat d'évidence devant ces deux téléphones Bismuth : Nicolas Sarkozy et Thierry Herzog vivent traqués. Ils sont réellement persuadés que les « juges » ou les hommes de Hollande les surveillent en permanence. Deuxième constat : les « affaires » mangent une part importante de leur temps. L'actualité judiciaire a pris une telle place que l'ancien président a manifestement besoin de pouvoir joindre celui qu'il appelle « mon Thierry » vingt-quatre heures sur vingt-quatre, sept jours sur sept. Consciencieux, Herzog a d'ailleurs toujours son « Bismuth » à portée de main. Autre constat, ces dossiers nécessitent une planification en quasi-temps réel. Il s'agit de réagir vite à un nouvel épisode. D'anticiper. Les téléphones Bismuth démontrent aussi à quel point le temps judiciaire télescope et chevauche le calendrier officiel. Il s'est sorti sans renvoi de l'affaire

Bettencourt à Bordeaux, mais ses agendas présidentiels ont été saisis par le juge Gentil. Dans d'autres enquêtes, ses proches sont entendus par dizaines. L'affaire Tapie, sur des soupçons de triche dans l'arbitrage rendu en faveur de l'ancien patron d'Adidas en 2008, menace jusqu'à Claude Guéant, alors secrétaire général de l'Élysée, et Christine Lagarde[1], son ancienne ministre des Finances. Nicolas Sarkozy veut récupérer ses agendas présidentiels, qui se sont déjà retrouvés publiés en partie dans *L'Express*. Il veut éviter que ses rendez-vous puissent faire l'objet de recoupements dans d'autres dossiers. La Cour de cassation a été saisie d'une demande de restitution... C'est ce sujet, en cette fin 2013 et ce début 2014, qui tient lieu de principale préoccupation judiciaire entre l'ancien président et son avocat.

11 janvier 2014. Thierry Herzog pousse la porte d'un espace SFR avenue Masséna à Nice. Le préposé le connaît. Il sait que vient d'entrer dans sa boutique « Me Herzog »... Pour deux billets de 20 euros, le pénaliste achète deux packs SFR à 19,99 euros. Chaque pack contient une puce prépayée. Ce jour-là, il enregistre les deux nouvelles lignes au nom de « Paul Bismuth ». Ce nom d'emprunt est celui d'un ami d'école de Thierry Herzog, devenu agent immobilier, qu'il a perdu de vue depuis longtemps. Même dans le mensonge, il y a toujours une parcelle de vérité. Me Herzog quitte le magasin, persuadé que ces nouveaux « toc » resteront comme les précédents à l'abri des écoutes. Il ignore que non seulement ces appareils vont provoquer une nouvelle tornade judiciaire, mais aussi que le nom de son ami d'enfance va devenir un nouveau nom commun, celui désignant les futurs « toc » : les « Bismuth ». Avec son téléphone, Thierry Herzog s'en tient

1. Elle sera déclarée coupable par la Cour de justice de la République en 2016, mais dispensée de peine.

à la règle stricte : il ne l'utilise que pour appeler son client. Sarkozy est moins scrupuleux. Avec son Bismuth, il appelle à deux reprises son ex-femme Cécilia Attias. Deux coups de fil imprudents.

« Des investigations en téléphonie permettaient d'identifier une puce prépayée “SFR la carte” mise en service le 11 janvier 2014 et enregistrée sous l'identité Paul Bismuth », mentionne pudiquement l'ordonnance de renvoi des juges d'instruction. Sans détailler la façon dont ces « investigations en téléphonie » ont été conduites. Hypothèse vraisemblable, l'utilisation par les policiers d'un IMSI-catcher. Un appareil bourré d'électronique d'ordinaire réservé à la traque des terroristes ou du grand banditisme. L'IMSI-catcher se branche à une borne de téléphone et en ressort des listes de numéros qui entrent et qui sortent. Il est donc vraisemblable que les policiers aient utilisé un tel appareil à proximité du domicile parisien de Nicolas Sarkozy, le branchant à la borne de ce secteur du 16e arrondissement de Paris, faisant ainsi sortir des listes de numéros, dont celles du Bismuth présidentiel. Quoi qu'il en soit, à compter du 22 janvier 2014, les deux Bismuth sont « branchés ».

Pour les enquêteurs du juge Tournaire, comme pour tout policier ayant mis la main sur des toc, écouter les conversations qui s'y échangent équivaut à un « mot compte triple » au Scrabble. Par définition, ceux qui parlent baissent la garde et se livrent comme s'ils étaient vis-à-vis, sans peur des écoutes qu'ils pensent avoir déjouées.

À compter du 22 janvier 2014, quand ils espionnent les deux Bismuth, les enquêteurs sont au cœur de la matrice de la défense Sarkozy. Pas de doute, il s'agit de conversations entre l'ancien président et son avocat. Des conversations, selon ces derniers, couvertes par le secret professionnel. C'est ce point que soulèvent les intéressés, jusque-là en vain, devant le parquet, les juges d'instruction, la chambre de l'instruction, la Cour de cassation, les juges de première instance et de la cour d'appel… Comme le tribunal le spécifie dans le jugement, les magistrats estiment qu'au moment de chacune des écoutes, il existe « des indices de nature à faire présumer la participation de M. Thierry Herzog à des infractions pénales (infractions de violation du secret professionnel, trafic d'influence, complicité et recel de ces deux infractions) ».

Ces écoutes, vingt-cinq conversations au total, résonnent dans la salle d'audience de la cour d'appel le 6 décembre 2022. La voix de Thierry Herzog est enjouée, optimiste. Celle de Nicolas Sarkozy est rauque, inquiète, tendue. C'est lui la cible sous pression. C'est de son avenir qu'il s'agit. Dans les premières conversations, Nicolas Sarkozy est parfaitement au fait des sujets juridiques pointus. Ses questions sont affûtées, percutantes. Il va toujours à l'essentiel en peu de mots. « Notre ami n'a rien dit d'autre ? » interroge-t-il dans la première écoute retranscrite. De quel « ami » s'agit-il ? La réponse de l'enjoué Herzog va enclencher cette nouvelle affaire. « Gilbert était formel. » Gilbert Azibert, alors avocat général près la Cour de cassation, vient de faire son entrée en scène. Dans le rôle de la taupe au sein de la haute juridiction. L'avocat compte sur lui pour l'informer de l'évolution du pourvoi sur la restitution des agendas présidentiels. Dans la suite des écoutes Bismuth, Sarkozy ne cesse de questionner « [s]on Thierry » : « Tu as des nouvelles de Gilbert ? » ; « T'as eu Gilbert ? » ; « Il dit quoi, Gilbert ? » ; « On pourrait peut-être appeler Gilbert ». Autre impression liée au ton des écoutes, c'est Sarkozy le patron… C'est lui qui pilote, ordonne, manœuvre. C'est lui qui commande sa défense. Herzog exécute. D'évidence encore, les deux hommes se connaissent si bien qu'ils se comprennent en peu de mots. Comme cette fois, quand l'avocat suggère de mandater un détective, et qu'il suffit à l'ancien président de dire qu'il ne « le sent pas » pour que d'un « j'ai compris » le défenseur annule son initiative dont on ne saura rien de plus…

Autre constat des écoutes, la restitution des agendas présidentiels dépasse la seule affaire Bettencourt, qui est derrière eux, et concerne également les autres affaires judiciaires à venir. « Sur Karachi, où est-ce qu'on en est ? » questionne au passage Sarkozy. Ils évoquent aussi l'affaire libyenne, l'affaire Tapie, et se félicitent de la perspective que ces fameux agendas pourraient être mis hors de portée d'autres juges, qui n'auront alors « qu'à se coucher ». Autrement dit, la restitution des agendas, à l'ordre du jour de la Cour de cassation, est loin d'être un sujet mineur… qui ne préoccuperait, pour la beauté du geste judiciaire, que le seul Me Herzog. Transpire aussi l'inquiétude sourde de l'ancien président à la perspective d'une perquisition. « Il faut que tu prennes contact avec nos amis pour qu'ils soient attentifs, ordonne-t-il, suggérant à Herzog d'appeler un interlocuteur en particulier. Tu as son téléphone personnel ? » s'enquiert Sarkozy. « Oui, oui, le rassure son avocat, j'ai un dialogue tout prêt avec lui. » Là encore, deux tons différents : celui de l'avocat, qui se veut optimiste, et celui du client, concerné au premier chef, chez qui pointe une inquiétude. Autre différence entre eux, Herzog parle sans retenue, qualifie les magistrats bordelais « les bâtards de Bordeaux », signe qu'il ignore totalement ces écoutes, quand Sarkozy, sur la ligne Bismuth, semble toujours conserver une certaine distance. À l'évidence, l'ancien président, même sur ces lignes secrètes, reste prudent. Parle moins. Et quand il ne « sent pas » de s'étendre sur les ondes, il lance un « passe me voir demain à 20 heures », autre signe que malgré les précautions, il se méfie encore de ces téléphones. Il n'a pas tort…

C'est la sixième conversation enregistrée qui va nouer l'affaire. « Je viens d'avoir Gilbert… Il est très optimiste… », commence Me Herzog. Puis, l'avocat glisse que l'ami Gilbert lui a « parlé d'un truc à Monaco ». Sarkozy le coupe : « Il veut travailler à Monaco ? » Pour l'accusation, le trafic d'influence et la corruption tiennent en entier dans ce dialogue du 5 février 2014, retranscrit par la justice au mot à mot :

(*Thierry Herzog*) : – Ben oui, parce qu'il va y avoir un poste qui se libère au Conseil d'État monégasque et, heu..., il était bien placé. Mais, simplement, il me dit, heu..., j'ose pas demander. Peut-être qu'il faudra que j'aie un coup de pouce. Ben je lui ai dit : « Tu rigoles avec ce que tu fais... »

(*Nicolas Sarkozy*) : – Non, ben t'inquiète pas, dis-lui. Appelle-le aujourd'hui en disant que je m'en occuperai parce que moi je vais à Monaco et je verrai le prince.

Une chose est sûre, Gilbert Azibert s'intéresse à la question des agendas présidentiels au sein de la Cour de cassation où il a des amis magistrats et des collègues compréhensifs devant sa curiosité juridique. Il glane des informations sur le pourvoi de l'ancien président. Il semble aussi suggérer, aux dires de Thierry Herzog à Nicolas Sarkozy, qu'il pourrait faire passer des messages et influencer certains collègues... En retour, il se voit promettre un coup de pouce pour un poste de juge à Monaco.

« Le trafic d'influence nécessite que le dépositaire de l'autorité publique soit considéré ou se présente comme un intermédiaire dont l'influence réelle ou supposée soit de nature à faire obtenir un avantage ou une décision favorable d'une autorité ou d'une administration », écrivent les juges d'instruction dans leur ordonnance de renvoi. La réalité de l'influence importe peu, son intensité n'a pas à être vérifiée dès lors qu'elle pouvait être réelle ou supposée. Cette influence peut n'exister que dans l'esprit du « corrupteur ». Il faut enfin qu'il y ait un lien de cause à effet entre la prestation et les avantages sollicités, acceptés, ou proposés : c'est-à-dire que ces derniers font office de contre-prestation et ont pour but d'obtenir que le corrompu effectue l'acte ou s'abstienne d'effectuer l'acte en question.

Pour la justice, peu importe d'un côté que Gilbert Azibert ait fait des démarches au sein de la Cour de cassation, pourvu que Nicolas Sarkozy et Thierry Herzog aient cru qu'il en ferait. Et peu importe aussi que Nicolas Sarkozy se soit exécuté pour le coup de pouce à Monaco, pourvu que Gilbert Azibert ait cru qu'il le ferait… Le trafic d'influence supposé, comme son nom l'indique, implique que chaque partie suppose que l'autre fera son bout de chemin.

Le Parquet national financier est créé sous François Hollande le 1er février 2014, à la suite du scandale Cahuzac. Éliane Houlette est nommée à sa tête. Le 17 février, le juge Tournaire transmet les premiers soupçons sur les écoutes Bismuth. Sur cette ligne secrète, le 25 février, à 10 h 20, Nicolas Sarkozy, en vacances à Monaco à l'Hôtel de Paris Monte-Carlo, informe Thierry Herzog qu'il peut « prévenir Gilbert » qu'il a rendez-vous à midi « avec le ministre d'État ». L'ancien président s'enquiert même de la demande d'Azibert d'un poste « de conseiller d'État ». Puis brutal silence radio sur le Bismuth…

Thierry Herzog, autour de l'heure du déjeuner de ce 25 février, appelle Air France pour réserver un avion. Il fonce en direction d'Orly et embarque sur un vol pour Nice. Curieusement, sur aucun de ses téléphones, ni le Bismuth, ni sa ligne normale, il n'appelle Nicolas Sarkozy pour le prévenir de son arrivée imprévue. Pourtant, dès qu'il atterrit sur la Côte, l'avocat fonce directement à l'Hôtel de Paris Monte-Carlo à Monaco. Il poireaute dans le hall. N'utilisant toujours ni le Bismuth ni son portable normal pour joindre le président qui est à quelques mètres de lui. Il passe même par le secrétariat parisien pour faire savoir qu'il est là… L'ancien président, qui était en soins thermaux, le retrouve enfin. À trois, avec Carla, ils dînent à l'hôtel.

Le lendemain matin, ce 26 février 2014, Thierry Herzog rentre à Paris. Cette fois-ci, en fin de matinée, les téléphones sonnent à nouveau. Le ton a changé. Devant la cour d'appel, à l'écoute des bandes, cela saute aux oreilles… « Comment tu vas mon Thierry ? » questionne le président, qui pourtant a passé la soirée de la veille avec son avocat. D'entrée, il prévient son ami d'un changement de programme : « Tu vas m'en vouloir, mais j'ai réfléchi, je préfère te dire que je n'ai pas parlé de Gilbert… » Une conversation bien étrange. Pour la première fois, les deux hommes prononcent le nom Gilbert Azibert sur leur téléphone « normal » qu'ils soupçonnent depuis toujours d'être écouté. Pourquoi s'appeler à 11 h 19, ce 26 février, alors qu'ils ont dîné ensemble la veille au soir et que la discussion avec le ministre d'État à Monaco est censée avoir eu lieu la veille à midi ? Dans la foulée de cet appel sur leur ligne usuelle, les deux hommes se rappellent ensuite sur la ligne Bismuth : « J'espère que tu m'en veux pas », insiste Sarkozy, affirmant qu'il n'avait « pas senti » de parler d'Azibert… « On verra bien ce que décidera la chambre criminelle de la Cour de cassation, je suis persuadé que le droit est de notre côté », conclut doctement l'ancien président, comme s'il s'adressait soudain à des tiers. À l'évidence, entre le coup de fil du Bismuth du 25 février à 10 h 20 et celui du lendemain à 11 h 19, il s'est passé quelque chose… Quelque chose qui, aux yeux des policiers comme des magistrats, va paraître évident, les écoutes Bismuth ont été éventées ! Pour l'accusation, aucun doute, en fin de matinée du 25 février, Thierry Herzog est alerté par une mystérieuse taupe que les téléphones clandestins sont écoutés. Il ne peut donc plus téléphoner en toute sécurité à son client président. Il s'agit donc de l'informer de vive voix. D'où son départ précipité pour Monaco, et son pied de grue dans le hall de l'hôtel. D'où aussi, comme des « signatures », ces drôles de conversations du lendemain, comme si les deux hommes avaient répété leur texte la veille au soir et qu'ils échangeaient sur les ondes des propos de « couverture » à l'usage exclusif des policiers[1].

Le jour même, ce 26 février, Éliane Houlette ouvre une information judiciaire pour violation du secret de l'instruction, trafic d'influence passif par une personne exerçant une fonction publique, trafic d'influence actif par un particulier sur une personne chargée de mission de service public, complicité et recel de ces infractions. Deux nouvelles juges d'instruction, Claire Thépaut et Patricia Simon, sont désignées pour instruire cette nouvelle enquête.

L'affaire Bismuth commence. Et avec elle, un bras de fer glacial entre le camp Sarkozy et les magistrats. Dès septembre 2014, Thierry Herzog et Nicolas Sarkozy déposent une requête en nullité de l'ensemble de l'enquête. En mai 2015, la chambre de l'instruction rejette leurs demandes. Mais la Cour de cassation est saisie aussitôt. Entre-temps, Gilbert Azibert dépose une question prioritaire de constitutionnalité (QPC) et réclame la saisine du Conseil constitutionnel. En septembre 2015, la Cour de cassation transmet la QPC aux sages de la rue Montpensier. Le mois suivant, les avocats de Nicolas Sarkozy et Thierry Herzog saisissent la chambre de l'instruction en nullité de leurs nouvelles convocations.

1. Devant le tribunal correctionnel et la cour d'appel, Thierry Herzog prétend qu'il a été prévenu de l'existence des enregistrements Buisson, du nom de l'ancien conseiller présidentiel venu avec un dictaphone à l'Élysée, et qu'il a tenu à aller en informer directement l'ancien président et son épouse. Mais rien n'explique dans ce cas le silence brutal sur les lignes Bismuth.

Puis en novembre 2015, l'ancien président saisit le premier président de la cour d'appel de Paris d'une requête en récusation à l'encontre d'un des magistrats instructeurs... Cette requête sera rejetée, puis le Conseil constitutionnel rejette la QPC Azibert. Début 2016, la Cour de cassation valide l'enquête. Puis la chambre de l'instruction rejette les dernières demandes en nullité. « Au total, écrivent les juges d'instruction, l'ensemble de ces recours a entraîné une suspension de l'instruction pendant dix-huit mois. » Mais le dossier, qui a été examiné par des dizaines de magistrats différents, s'en sort « purgé ».

Les juges d'instruction clôturent leur enquête à la fin de 2016. Puis en 2017, le parquet prend ses réquisitions, que les avocats attaquent en nullité. L'année 2017 est une autre année de procédure... L'ordonnance de renvoi est finalement signée le 26 mars 2018. Fin de partie. Une année défile encore. Toutes les demandes en nullité ont été « retoquées », comme disent les avocats pour admettre que rien ne pourra plus empêcher un procès. En janvier 2020, lors d'une audience préparatoire au procès prévu à l'automne, les avocats de la défense obtiennent la communication d'une enquête préliminaire ouverte par le PNF pour débusquer la « taupe » qui aurait informé Thierry Herzog des écoutes Bismuth. Avec cette enquête bis, la défense découvre que les enquêteurs ont épluché les fadettes téléphoniques de plusieurs avocats pénalistes, dont celles d'Éric Dupond-Moretti, ami de Thierry Herzog, pour savoir s'ils ont été en contact dans la matinée du 25 février 2014... En vain. Aucune taupe n'a été découverte. Cette enquête mort-née d'entrée a été clôturée officiellement plusieurs années plus tard. Quand la défense découvre ces éléments, en janvier 2020, dans la dernière ligne droite avant le procès, il est trop tard pour saisir la chambre de l'instruction. Reste la guérilla médiatique...

Le 25 juin 2020, *Le Point* titre « Exclusif, affaire Paul Bismuth : l'enquête cachée ». « C'est une enquête, menée par le Parquet national financier (PNF), qui aura duré près de six ans et dont l'existence n'a jamais fuité dans la presse », commence l'hebdomadaire. « Le PNF a fait le choix de garder la main sur cette enquête. Dans le viseur ? Quelques-uns des avocats les plus célèbres de France. Les fadettes, ou factures détaillées, des téléphones des cabinets Temime, Dupond-Moretti, Veil, Haïk, Lussan et Canu-Bernard ont été épluchées et leurs portables, géolocalisés. Les enquêteurs ont réclamé la liste des appels entrants et sortants, « poste par poste », du PNF, pour vérifier qu'aucun magistrat n'avait pu alimenter ces avocats. Tous ont en effet en commun d'avoir appelé ou tenté de joindre Thierry Herzog le 25 février 2014 », écrit *Le Point.* Classée sans suite, l'enquête préliminaire dite « 316 » a fait chou blanc… Aucune écoute téléphonique d'avocat n'a eu lieu. N'empêche, l'article du *Point* déclenche un tollé. « Faut-il dissoudre le PNF ? » s'interroge le journal dans un éditorial. « Je découvre avec stupéfaction les méthodes que je qualifie de barbouzardes. Je pèse mes mots », s'emporte… Éric Dupond-Moretti sur LCI. L'avocat, intime de Thierry Herzog dans la vie, fait mine de découvrir à la lecture du *Point* de fin juin l'enquête préliminaire qui a été communiquée aux parties en janvier… Il déplore un « viol de sa vie privée » et de son secret professionnel et dépose plainte. « On ne fait pas ça en Corée. Il y en a ras le bol de ces méthodes, de ces juges qui s'affranchissent de toutes les règles au nom de la morale publique […] On a basculé dans la République des juges. C'est un immense danger pour la démocratie », peste le pénaliste. Les chaînes de télévision en continu diffusent des bandeaux « Dupond-Moretti sur écoute »…

La guérilla dérape sur le terrain politique. Nicole Belloubet, ministre de la Justice, réclame aussitôt à l'inspection judiciaire une enquête sur le PNF et cette fameuse enquête préliminaire… Trois magistrats, dont Éliane Houlette, vont se retrouver devant le Conseil supérieur de la magistrature. Puis le 20 juillet 2020, après avoir été convoqué discrètement à l'Élysée et avoir passé un entretien avec le président Macron, où il sera longuement question de ce sujet, Éric Dupond-Moretti devient garde des Sceaux. À la surprise générale. Il retire aussitôt sa plainte contre le PNF… Mais le procès de son ami Herzog et de l'ancien président s'ouvre en novembre 2020. Le PNF et ses « barbouzeries » n'ont qu'à bien se tenir. Mais là encore, rien ne va se dérouler comme prévu.

C'est la première fois qu'un ancien président de la République affronte des juges correctionnels. Dans la salle, à ses côtés, ses communicants, ses avocats, ses gardes du corps. Aucune déclaration devant les caméras et les micros qui l'attendent à l'entrée et à la sortie. Pour le juger, Christine Mée, une magistrate venue de Marseille, qui n'a pas hésité à blanchir Bernard Tapie en première instance dans l'affaire Adidas[1]. Sarkozy entend « laver son honneur » et espère une relaxe qui sera, pense-t-il, de bon augure pour toutes ses autres échéances judiciaires. L'ambiance est électrique. Côté PNF, Jean-Luc Blachon, ancien adjoint d'Éliane Houlette, et Céline Guillet connaissent le dossier sur le bout des doigts. À la barre, Gilbert Azibert dément avoir tenu les propos que lui prête Thierry Herzog sur les écoutes Bismuth. Pour sa part, l'avocat refuse de s'expliquer au nom du secret professionnel. Nicolas Sarkozy avoue ne pas toujours avoir bien compris ce

1. Tapie sera condamné en appel devant Sophie Clément. Défendu par Hervé Temime dans ce premier procès Bismuth, Bernard Tapie s'est battu comme un lion dans cette même salle Victor Hugo du palais de justice parisien.

que lui disait « [s]on ami Thierry » qu'il écoutait le plus souvent, dit-il, d'une oreille distraite. D'autant qu'à l'entendre, cette histoire d'agendas n'avait guère d'importance et qu'il n'a jamais donné le moindre coup de pouce monégasque à Gilbert Azibert. Bref à les entendre, tout cela relève de la pure non-affaire !

Dans la salle, les esprits s'échauffent. Un soir, l'ancien bâtonnier Paul-Albert Iwens, défenseur de Thierry Herzog, et Me Frederik-Karel Canoy, qui s'est constitué partie civile au nom d'un Paul Bismuth[1], en viennent presque aux mains. Jacqueline Laffont, furieuse d'une remarque du parquet ayant cité son mari, Me Pierre Haïk, sort de la salle dans les bras de Thierry Herzog. Christine Mée doit suspendre l'audience. « Il est impossible de poursuivre ce soir, nos débats ont besoin de sérénité », lance la présidente. Un autre jour, elle propose d'écouter les écoutes, mais la défense fait barrage et aucune solution technique n'est trouvée. Les débats ronronnent et chacun campe sur ses positions. Puis vient le jour des réquisitions.

Jean-François Bonhert, le nouveau patron du PNF, descend à l'audience pour soutenir l'honneur de son parquet. La veille, lors des débats, Nicolas Sarkozy avait dénoncé un PNF « taillé sur mesure » pour le « traquer ». Le procureur en personne vient remettre les points sur les *i* : « Un procès n'est pas un acte de vengeance » ; « Jamais le PNF n'est sorti des clous » ; « On est bien loin de méthodes de barbouzes dont le Parquet national financier n'a cessé d'être critiqué des derniers mois », lance le magistrat à l'intention de son garde des Sceaux. « Le PNF est et restera un fidèle et exigeant serviteur de l'État de droit. » La charge s'adresse aux avocats de la défense, eux qui ont millimétré leur tir de barrage, avant

1. Cet homonyme de l'ami de Thierry Herzog sera débouté.

et pendant cette audience, sur le PNF et leur « enquête illégale » et déloyale[1]...

Dans la foulée de ce réquisitoire oral introductif du chef du PNF, les deux procureurs Jean-Luc Blachon et Céline Guillet laminent les trois prévenus devant eux. Jean-Luc Blachon décrit le double « ébranlement » causé par cette affaire, mettant aux prises selon lui « des personnes ayant franchi les frontières de leur serment ». « La République n'oublie pas ses anciens présidents, qui font l'histoire, mais on ne peut pas admettre qu'un ancien président oublie la République et oublie l'État de droit, lance-t-il, la voix fiévreuse. La probité de Gilbert Azibert s'est égarée », poursuit-il. Quant à Thierry Herzog, « l'avocat et auxiliaire de justice, il s'est égaré lui aussi, en mauvais génie du dossier, s'affranchissant du serment de ses fonctions ». Pour le procureur du PNF, les trois hommes « ont déchiré l'image de l'institution judiciaire, de la profession d'avocat, et de la fonction présidentielle que continuait d'incarner Nicolas Sarkozy... Ces faits se situent dans le haut du spectre de ce qui est possible en matière de corruption et de trafic d'influence ». Les procureurs réclament quatre ans de prison dont deux ans ferme pour chacun des prévenus. Une grande première à l'encontre d'un ancien président de la République.

Une douche froide. À la fin de l'audience, la salle déserte, une scène s'improvise. Au milieu de ses troupes, une douzaine de personnes au total, Nicolas Sarkozy forme un cercle comme il s'en forme à des mi-temps de matchs tendus. Le capitaine est au centre. Les visages sont graves. Touchés. Sonnés. Le capitaine harangue. Nicolas Sarkozy,

1. Les trois magistrats du PNF, dont Éliane Houlette, qui seront poursuivis devant le Conseil supérieur de la magistrature y seront blanchis de toute faute disciplinaire.

littéralement, remonte le moral de ses troupes. Le match n'est pas fini, leur dit-il… À la sortie de la salle ce soir-là, Me Jacqueline Laffont égrène une courte déclaration, promettant que les plaidoiries feront litière des demandes du parquet. Ces plaidoiries ont lieu le lendemain. « Le procès s'achève par une plaidoirie vertigineuse qui étrille l'accusation », titre *Le Figaro*, revenant longuement sur celle d'Hervé Temime défendant Thierry Herzog. À lire *Le Figaro*, après ce moment qualifié de « morceau de bravoure étincelant », la relaxe ne semble faire aucun doute. Le 1er mars, quand ils entrent dans la salle Victor Hugo, Nicolas Sarkozy, les deux autres prévenus, et leurs avocats ont tous en tête les plaidoiries et « la presse, qui a été bonne », résume alors avant l'audience Michel Gaudin. Sur ce point, personne ne se trompait. Une certaine presse avait été « bonne ». Mais sur les pronostics judiciaires, comme sur l'analyse du trafic d'influence « supposé », tous vont tomber de très haut.

Le jugement est accablant. « Les faits dont s'est rendu coupable Nicolas Sarkozy sont d'une particulière gravité car ayant été commis par un ancien président de la République qui a été le garant de l'indépendance de la justice. Il s'est servi de son statut d'ancien président de la République et des relations politiques et diplomatiques qu'il a tissées alors qu'il était en exercice pour gratifier un magistrat ayant servi son intérêt personnel », lance la présidente Christine Mée. Les trois hommes sont condamnés à trois ans de prison dont un an ferme. Thierry Herzog écope en outre de cinq ans d'interdiction d'exercer la profession d'avocat. Un Waterloo judiciaire.

Le procès en appel s'ouvre en décembre 2022. Le climat de l'audience est tout autre. Sophie Clément, la présidente, est prévenante. Gilbert Azibert a vieilli, s'exprime plus mal, et a besoin de s'asseoir souvent. Thierry Herzog a connu des problèmes de santé en pleine audience Bygmalion, en juin 2021.

Sur l'estrade, au lieu des procureurs affûtés du PNF, voilà deux procureurs du parquet général, Muriel Fusina et Yves Micolet, qui n'ont pas la même connaissance du dossier que leurs homologues du parquet financier.

Sur le fond, rien de très nouveau. Paradoxalement, l'ex-président semble moins nerveux. Moins agressif. Moins tendu. Moins impatient. « Ce procès s'est mieux passé que le premier », martèle-t-il à une suspension d'audience. Reste à savoir ce que va réclamer contre lui le parquet général. À l'audience, les deux magistrats, Muriel Fusina et Yves Micolet, interviennent peu. Ce 14 décembre 2022, parlant en premier, Muriel Fusina prévient que le parquet général va demander « la confirmation du jugement ». Les réquisitions vont durer plus de cinq heures. Sur son banc, la nervosité semble gagner à nouveau l'ancien président. Ce jour-là, il laboure des pieds le plancher de la salle d'audience. Yves Micolet évoque « une affaire d'une gravité exceptionnelle en termes d'atteinte à nos institutions ». « Il s'agit d'un ancien président de la République garant de l'indépendance de la justice, qui corrompt le premier avocat général à la Cour de cassation » ; « Un ancien avocat général qui piétine son serment » ; « Un avocat pénaliste brillant, qui a oublié que le devoir de l'avocat n'est pas de violer la loi… ». Le magistrat du parquet général qualifie l'affaire « d'une gravité sans précédent dans la Ve République ». Une houle d'inquiétude gagne les bancs de la défense, dans l'attente des peines.

En première instance, le PNF avait réclamé quatre ans dont deux ferme. Le tribunal a prononcé une condamnation à trois ans, dont un an ferme. À aucun moment, durant ces cinq longues heures de réquisitions, souvent laborieuses et répétitives, les deux magistrats du parquet n'ont prononcé les mots « prison ferme ». À aucun moment, ils n'ont évoqué ni les réquisitions du PNF, ni la peine prononcée en première instance.

Avant de se rasseoir, Yves Micolet réclame pour les trois prévenus « trois ans de prison avec sursis ». Une divine surprise pour l'ancien président. Pas difficile de la lire sur son visage, quand il quitte la salle d'audience. Pour la première fois depuis le début de ses déboires judiciaires, Nicolas Sarkozy rayonne. Bien sûr, les réquisitions ne font pas un jugement. Mais elles donnent le ton. Placent une barre… Et en ne réclamant « que » du sursis, le parquet général envoie un signal clair : celui d'une grande sévérité dont auraient fait preuve et le PNF et le tribunal de première instance… Alors oui, indépendamment de ce que sera le délibéré de la cour d'appel, l'ancien président de la République a de quoi pavoiser.

Que s'est-il passé ? Au PNF, où les magistrats suivent l'audience d'appel en direct, sur les fils d'actualité, c'est la consternation immédiate. Comment justifier une telle différence entre les deux parquets ? Autre sujet d'incompréhension, si le parquet général estimait que la condamnation en première instance à un an de prison ferme était trop forte, pourquoi ne s'en est-il pas justifié lors de ses cinq heures de réquisitions ? Pis, pourquoi avoir expliqué d'entrée que le parquet général demanderait « la confirmation du jugement » ? Dans les rangs de la magistrature, plusieurs sont ceux qui croient que le quantum des peines réclamées par le parquet général a pu être discuté avec le procureur général en personne, Rémy Heitz, un procureur au parcours très politique. Conseiller justice de Jean-Pierre Raffarin à Matignon, puis délégué interministériel à la Sécurité routière, il a été nommé directeur des Affaires criminelles et des Grâces sous Macron, en 2017, le poste de tour de contrôle de la magistrature au ministère de la Justice. Ancien adjoint RPR en charge de la sécurité à Saint-Germain-en-Laye, Rémy Heitz est ensuite promu au poste prestigieux de procureur de la République du tribunal de grande instance de Paris en 2018, après un rendez-vous avec Emmanuel Macron en personne, qui a refusé de nommer Marc Simamonti, pourtant candidat de Matignon et de la place Vendôme… Puis le voilà ensuite procureur général près la cour d'appel de Paris en septembre 2021. En ce printemps 2023, il est tout indiqué pour succéder à François Mollins au poste de procureur près la Cour de cassation, le plus haut poste du parquet. Ce sera d'ailleurs chose faite en juillet 2024.

A-t-il été suggéré aux deux avocats généraux de réclamer de la prison avec sursis à l'encontre de Nicolas Sarkozy ? Plusieurs hauts magistrats consultés lèvent les yeux au ciel à l'évocation de ces questions, vieilles comme la magistrature, où les plus hauts postes restent à l'appréciation du pouvoir politique. Et où il n'est nul besoin de consignes, pour savoir dans quelle direction pousse le vent. Quoi qu'il en soit, Jean-François Bonhert, dans la foulée des réquisitions du parquet général, écrira un long mail à son homologue Rémy Heitz, pour faire part de l'émotion de ses troupes[1].

Ce 17 mai 2023, après cinq mois de délibéré, c'est la cour d'appel elle-même qui mettra fin aux interrogations sur l'indépendance de la magistrature. Sophie Clément entre dans une salle d'audience comble avec un petit quart d'heure de retard. Nicolas Sarkozy, Thierry Herzog et Gilbert Azibert l'attendent. La nervosité se lit depuis de longues minutes sur

1. Sollicitée juste après le délibéré de la cour d'appel sur ces interrogations, le 17 mai 2023, Muriel Fusina se tord le nez et lève les yeux au ciel. « En trente-trois ans de carrière je n'ai jamais reçu de consigne », jure-t-elle, qualifiant ces soupçons « d'insultants » à son endroit. Mais sur la question de savoir pourquoi pendant les cinq heures de réquisitions, il n'a jamais été abordé le sujet de la prison ferme, elle renvoie à son « collègue », Yves Micolet, absent du délibéré.

le visage mal rasé, barbe de trois jours, de l'ancien garant de l'indépendance de la justice. La nervosité se lit à livre ouvert sur le visage de Nicolas Sarkozy. Thierry Herzog a blanchi. Depuis l'audience, il a enterré deux amis. Pierre Haïk, le mari de Jacqueline Laffont, son mentor de toujours, décédé en février des suites d'une longue maladie. Puis, victime d'un malaise le soir même des obsèques de Pierre Haïk, Hervé Temime, meilleur ami d'Herzog, ne s'est plus réveillé du coma consécutif à une crise cardiaque massive[1]... Les yeux noyés d'inquiétude, Thierry Herzog entre, dans cette 17e chambre où il a tant plaidé, le visage pâle de ses nuits sans sommeil. Son fils Guillaume enfile sa robe et s'installe sur le banc du fond de la salle. Sa sœur magistrate et son associée Gesche Le Fur s'assoient dans le public à leur tour. Sophie Clément fait rasseoir tout le monde et le micro-silence qui précède toujours le roulement de la sentence fige l'assistance. La magistrate constate « avec tristesse l'absence d'Hervé Temime » et témoigne au nom de la cour de son « respect et admiration ». Thierry Herzog, optimiste, voit dans cet hommage le signe d'une décision clémente. Nicolas Sarkozy est déjà persuadé du contraire. Ils se rassoient.

Sophie Clément se lance dans le vif du sujet. Une à une, elle annonce que la cour rejette les demandes de la défense concernant les questions de procédure. Surtout, la présidente « dit [qu'il n'y a pas] lieu d'écarter les écoutes ». En une phrase, les juristes de l'assistance comprennent que la juridiction d'appel rejette l'axe majeur de la défense consistant à dire que les conversations entre un avocat et son client auraient dû rester secrètes. Puis les peines tombent dans un silence de plomb. Trois ans dont deux avec sursis pour « Nicolas Sarkozy de Nagy Bocsa ». La partie ferme sera aménageable

1. Hervé Temime est décédé le 10 avril 2023.

sous le régime de la surveillance électronique sous l'autorité du juge de l'application des peines de Paris. L'ancien président écope aussi de trois ans de privation des droits civiques, « c'est-à-dire de droit de vote, d'éligibilité », détaille la présidente. Au premier rang, l'intéressé hoche la tête négativement. Livide. Gilbert Azibert écope de la même peine. Thierry Herzog est condamné lui aussi à trois ans de prison dont deux avec sursis aménageables, mais également à trois ans d'interdiction d'exercer la profession d'avocat. Deux ans de moins qu'en première instance, maigre lot de consolation dans cette Bérézina judiciaire.

Passé la sentence, Sophie Clément détaille les motivations de la cour. Elles semblent plus accablantes encore qu'en première instance. La cour balaye l'argument de la défense Sarkozy suggérant que Thierry Herzog aurait en quelque sorte brodé dans le but de rassurer son illustre et inquiet client. « Cela voudrait dire que Thierry Herzog a trahi deux amis proches [...] Le mensonge systématique n'est pas l'attitude naturelle de Thierry Herzog », ajoute la cour qui a donc refusé de prendre le pénaliste pour un gentil imbécile. Les phrases de la présidente claquent comme des coups de fouet mouillés sur le dos de l'ancien président de la République. L'affaire « porte gravement atteinte à l'État de droit », « mine les institutions », « fait montre d'un dévoiement ». La jambe de l'ancien chef d'État bat la chamade. Son œil s'assombrit. Jamais il ne se retourne en direction de la salle et de ses soutiens. « Nicolas Sarkozy avait le devoir d'être un citoyen parfaitement respectueux de la loi et des institutions, or il s'est servi de ses anciennes fonctions pour promettre une gratification à un magistrat pour satisfaire ses intérêts personnels », conclut Sophie Clément en lisant son texte.

Au-delà du cas de Nicolas Sarkozy, la cour d'appel campe le fonctionnement d'un trio. Au sommet l'ancien président, qui

« donne des instructions à Thierry Herzog ». Mais l'avocat n'a « pas su rappeler Nicolas Sarkozy à la raison », écrit la cour. « Le lien personnel fraternel qu'il a noué avec Nicolas Sarkozy a obscurci, par manque de distance, son discernement professionnel. » Quant à Gilbert Azibert il a « violé la loi et son serment de magistrat pour entrer au service d'une logique de clan ». Une logique de clan. L'expression figure en toutes lettres dans l'arrêt de la cour d'appel de 156 pages. Comme résumé en quatre mots…

Un « clan » va donner de la voix au lendemain de cette nouvelle condamnation. Les politiques, bien sûr : Éric Ciotti, Franck Marleix, Franck Louvrier, Christian Estrosi et quelques autres, pas si nombreux en fait. Manquent à l'appel quelques pointures de la vieille droite, Laurent Wauquiez, Valérie Pécresse et Xavier Bertrand notamment. Mais c'est dans les rangs des journalistes, dans cet univers où les nominations doivent tout à un club très fermé de grands patrons dont il est très proche, que les soutiens sont les plus prompts. Alexis Brezet, le patron du *Figaro*, chroniqueur sur Europe 1, la radio du groupe Lagardère, y dénonce « une condamnation invraisemblable ».

Et dans *Le Figaro* du lendemain, l'ancien président annonce qu'il est un « combattant » et que « la vérité finira par triompher ». Il évoque aussi « le droit à une justice impartiale ». En ce lendemain de jugement en appel, c'est la seule nouveauté, la découverte par Olivier Truchot, un journaliste de BFMTV, d'un article du *Monde* de 2009 dans lequel Sophie Clément était interrogée… sur le projet de réforme de l'instruction. Truchot est tombé dessus par hasard, le 17 mai, en tapant le nom de la magistrate sur Google. Sarkozy veut en faire un *casus belli* : « Certains magistrats sont dans un combat politique. Ils l'ont dit publiquement. Ce n'est pas un fantasme… La présidente de la chambre qui m'a condamné s'en est prise à moi nominativement en 2009 dans un article du *Monde*. N'aurait-elle pas dû se déporter, plutôt que de juger un homme qu'elle avait publiquement mis en cause de manière aussi véhémente ? » Sophie Clément se retrouve personnellement mise en cause. Comme avant elle le juge Gentil, le juge Tournaire ou « les deux dames », c'est-à-dire Patricia Simon et Claire Thépaut. Le sort des magistrats qui s'attaquent à lui…

Au passage, un autre procès commence : celui qui aura lieu devant la Cour européenne des droits de l'homme. Sarkozy s'y dit « sûr de gagner ». C'est devant l'Europe, espère-t-il, que les écoutes entre son avocat et lui tomberont et avec elles, toute l'affaire… Paul Bismuth ira donc à Strasbourg. Et son double, Nicolas Sarkozy, pourra d'ici là continuer de crier au complot des juges[1].

1. Au grand dam du président de la cour d'appel de Paris, qui déplore dans un communiqué « la mise en cause personnelle d'une magistrate… pour discréditer une décision de justice rendue collégialement, après des débats contradictoires ». « Dans un État de droit démocratique, la critique d'une décision de justice ne doit en aucun cas s'exprimer par la mise en cause personnelle d'un magistrat auteur de la décision », rappelle Jacques Boulard, citant le Conseil supérieur de la magistrature.

Tournaire

Il faut l'avoir vu, ce jour-là, descendre la pente douce de la salle Victor Hugo, la grande salle correctionnelle du tribunal de grande instance de Paris, pour réaliser l'ascendant que peut avoir un homme sur d'autres. La salle s'est figée. Il avance à grandes enjambées, sans s'arrêter ni dévier de son cap. Il fixe son point d'arrivée, un des strapontins rouges des prévenus. La salle est bondée de têtes qui ne regardent que lui. Passé la pente, le voilà sur le terre-plein central où les treize autres prévenus sont déjà là. Ils ont en commun d'avoir tous travaillé pour sa présidentielle de 2012. Nuit et jour pendant des mois. Il y a là un de ses anciens ministres, son ancien directeur de campagne, un ancien avocat dévoué, une ancienne comptable, des anciens cadres de l'UMP, un ancien fidèle des Hauts-de-Seine… Il fend cette petite foule paralysée sur son passage sans serrer une seule main ni hocher la tête en signe d'amitié. Il traverse ces ombres en les ignorant. Et il s'assoit sur sa chaise. Presque lourdement. Le voilà installé. Prêt pour sa déposition. C'est la seule après-midi, dans un procès de trois semaines, où il a choisi d'être présent. Eux qui le connaissent si bien, qui savent de quels assauts de gentillesse il est capable certains jours, et dans quelles colères noires il se met dans d'autres, ont compris la même chose en même temps. Il est de mauvaise humeur. Il peste d'être là. Il enrage de ce procès. Et il ne volera au secours de personne. Tout chez lui semble leur envoyer ce message : gare à son ire pour celui qui bouge. Personne ne bougera.

« Sarkozy, quand il entre dans une pièce, tout l'oxygène est pour lui », résume l'un des prévenus, Jérôme Lavrilleux, comme tétanisé. La salle correctionnelle tout entière semble anesthésiée par sa présence. Les treize autres prévenus, poursuivis pour avoir fraudé le financement de sa campagne, savent qu'il n'est pas là pour eux, mais pour lui tout entier tourné vers son unique défense, qui tient en une phrase : il n'était au courant de rien. Tous assisteront en silence à sa déposition fiévreuse sans broncher, même ceux qu'il mettra en cause, même ceux dont il déplore l'inaction, même ceux qu'il renvoie à leur propre sort judiciaire. Il faut l'avoir entendu ce jour-là à la barre du procès Bygmalion, le 15 juin 2021, pour mesurer la violence dont il peut être capable s'il décide de faire tomber la foudre. Sa déposition, comme celles aux deux procès Bismuth, est fougueuse tant il sait donner libre cours à sa colère pour mieux la chevaucher ensuite, comme il monterait un étalon au galop. C'est toujours son ressort devant des juges : se mettre en colère pour la maîtriser ensuite, s'en servir comme un fluide, une force vivante qui emporterait tout sur son passage, et donc la conviction des autres.

Sa déposition est culottée, comme il sait tordre les faits à son seul avantage, en éliminant ces détails qui coincent. Elle est charmeuse aussi, comme il n'oublie jamais de flatter les magistrats chargés de le juger. Une prestation hors norme sans aucun doute, tant il y a chez lui cette totale absence de peur qui distingue les grands fauves des proies. Les ténors de la politique et le petit personnel. Lui et les autres prévenus de ses procès.

Ce 15 juin 2021, à la barre du procès Bygmalion, comme à la barre du procès Bismuth, Nicolas Sarkozy, une nouvelle fois, nie tout. Les évidences et même au-delà. Bien sûr, il ne peut pas contester les fausses factures et les fausses conventions payées par l'UMP, mais il continue de démentir, contre les certitudes du dossier judiciaire et des témoignages, qu'elles ont bénéficié à sa campagne. Il « affirme » que celle-ci a été « une opportunité pour certains de réaliser un chiffre d'affaires considérable… Ce n'est pas moi qui ai choisi le prestataire Bygmalion, c'est l'UMP dirigé par Jean-François Copé qui a fait appel à un prestataire fondé par deux de ses anciens collaborateurs », lance-t-il, accusateur. Toute sa défense est dans cette vérité alternative. Si surcoûts il y a eu, ils étaient contraires à sa volonté, mais aussi, selon lui, au simple bon sens : « Pourquoi la campagne de 2012 aurait-elle coûté le double de celle de 2007 ? Sans que personne ne le remarque ! Aucun article sur le sujet ! C'est impossible, je vous le dis, étant le seul à avoir participé à tous ces meetings. »

Sur leur banc, les « anciens collaborateurs » de Jean-François Copé, Jérôme Lavrilleux en tête, grimacent. Franck Attal, l'ancien cadre de Bygmalion, qui a géré tous ses meetings lors de la présidentielle de 2012, secoue la tête tristement. Il est le seul, lors de l'instruction et du procès, à avoir avoué le système de fausses factures. N'ayant pas hésité à se mettre en cause lui-même. Franck Attal, un commercial-né à la poignée de main franche et au regard sympathique, jure que dès le début de la campagne, après le coût des premiers meetings, il a été décidé de mettre en place une double facturation. Une pour paiement par l'équipe de campagne, une autre pour le paiement par l'UMP, *via* des fausses factures, dans le but de rester dans les clous du plafond légal de dépenses. Dans ce procès, Franck Attal avec son collègue Sébastien Borivent, un autre cadre de Bygmalion un peu perdu dans cet univers en col blanc, sont les seuls à assumer d'avoir participé à une triche. Les autres biaisent. À l'UMP, Jérôme Lavrilleux, l'ancien bras droit de Jean-François Copé, une grande perche aux yeux bleus et à la larme facile, admet avoir été mis au courant du système de ventilation, mais en fin de campagne seulement. Il l'aurait simplement avalisé et ce, sans jamais l'évoquer devant Jean-François Copé, dans le but, selon lui, de le « protéger ». Mais dans la salle, personne n'est dupe.

Jean-François Copé, ayant échappé aux poursuites, est venu en personne témoigner de sa propre innocence : « Tout le monde connaît mes relations distantes avec Nicolas Sarkozy. Si on m'avait dit en 2012 ce qui se passait, dans la minute, j'aurais mis fin à cette folie et je serais allé voir Nicolas Sarkozy pour lui dire que je ne l'acceptais pas », assure-t-il à la barre, avec l'aisance de ceux qui ont fait des « 20 H ». « Je le répète ici, je n'ai jamais été au courant en 2012 de cette idée folle. Je ne sais pas d'où elle est venue. Jérôme Lavrilleux m'a toujours dit qu'il avait été mis devant le fait accompli à la fin de la campagne. » Et d'enfoncer le clou : « Il faut toujours se demander à qui cela profite. En tout cas, tout s'est fait dans une démarche de campagne présidentielle. » Difficile à fleurets mouchetés de faire plus en direction de Sarkozy. Copé et lui se haïssent…

À la barre, Fabienne Liadzé, l'ancienne directrice des affaires financières de l'UMP, qui a peu ou prou tout mis en musique dans la comptabilité du parti, a la mémoire qui flanche. Cette femme brune qui se faufile chaque jour jusqu'à sa place en évitant les bavardages, accompagnée par son mari qui s'installe dans le public, a probablement la clé de tout. Puisque tous les documents passaient par elle. Franck Attal l'affirme. Elle se défausse en silence. Surtout, elle n'accuse personne, mais elle aussi s'efforce de s'éloigner le plus possible d'une quelconque participation à la triche. Comme Éric Cesari, l'ancien directeur général de l'UMP, un Corse des Hauts-de-Seine né sous Pasqua et devenu sarkozyste, qui a pourtant signé des fausses conventions, mais, dit-il, sans comprendre ni savoir pourquoi… Pierre Chassat, l'ancien directeur de la communication du parti, costume et physique de cadre supérieur de région parisienne, *idem*. Comme ceux de l'équipe de campagne, le préfet Guillaume Lambert en tête et Philippe Briand, l'ancien mandataire financier, qui, eux, à l'autre bout de la chaîne, ont commandé des meetings, mais sans jamais se douter que leur coût réel excédait les factures officielles qu'ils voyaient passer. Lambert, un peu raide dans son costume de préfet, et Briand, les yeux ronds d'un notable de province honteux d'être là, n'ont rien vu, disent-ils. Ils n'ont rien mis en place. Rien réalisé, même après coup. Et tous, à la barre, s'entortillent dans leurs explications embarrassées. Ils n'auraient rien compris à une fraude massive enclenchée sous leurs yeux, même, au minimum, à un vaste dérapage, eux qui avaient pourtant la charge de surveiller les dépenses.

Rien, dans ce procès fou, ne permet de comprendre comment pareille triche a bien pu se mettre en musique soi-disant à l'insu de tout le monde. Comment une équipe de campagne en charge de la surveillance des dépenses des meetings a pu rester dans l'ignorance de leur facturation réelle. Et comment au sein du parti présidé par Jean-François Copé, pourtant endetté et au bord de la crise bancaire, personne n'a tiqué devant une dizaine de millions de dépenses fictives *via* des conventions imaginaires. Les magistrats du tribunal correctionnel, comme les enquêteurs avant eux, s'arrachent les cheveux à tenter de comprendre et tournent en rond devant les dénégations apeurées, contradictoires et bancales des prévenus qui défilent à la barre. Tout cloche. S'ils avaient été roulés, comme ils le prétendent, pourquoi les membres de l'équipe de campagne ne volent-ils pas dans les plumes des dirigeants de l'UMP qui auraient mis en place le système ? Et si Jérôme Lavrilleux n'a donné son aval pour les fausses factures qu'en fin de campagne, pourquoi Fabienne Liadzé, en contact avec le comptable de Bygmalion, n'a alerté personne dès le début ? Tous semblent se tenir dans un jeu à somme nulle. Tous se sont calés dans une attitude où il s'agit d'en dire le moins possible, sans attaquer quiconque. La peur règne dans la salle. Poisseuse. Rien ne va dans les explications apportées à la justice, tout le monde le sait bien, avocats compris, et la perspective d'une condamnation semble avoir été intégrée. Drôle de procès où finalement la peur n'est pas tant de la peine que va prononcer la justice, mais du dehors…

Alors qu'à cette barre, les comparses ont tous été prudents et avares d'explications, Sarkozy se défausse sans vergogne renvoyant chacun à ses propres responsabilités : « À compter de janvier 2012, je ne me suis plus occupé de l'organisation matérielle de la campagne dans ses aspects organisationnels. » Il tance l'ancien ministre Philippe Briand, qui avait d'ailleurs tant hésité à prendre ses fonctions de mandataire financier, et qui, sa vie durant, « n'avait jamais imaginé être un jour en garde à vue » : « Je n'ai quand même pas mis des menottes à Philippe Briand pour qu'il accepte d'être mon mandataire, lui lance Nicolas Sarkozy. Ce sont des grands garçons, ajoute aussi l'ancien président, à propos de ses anciens fidèles. Et puis s'il y avait eu un problème grave, ils auraient eu tout loisir de venir m'en parler. »

Briand, Cesari, Lambert, tour à tour, regardent leurs chaussures… « Que cette campagne ait donné lieu à des fausses factures à l'UMP, c'est avéré. Que cette campagne ait donné lieu à des fausses conventions à l'UMP, c'est avéré. Mais que cet argent soit allé à ma campagne, ce n'est pas avéré », insiste Sarkozy, en contradiction avec la réalité du dossier et les témoignages des hommes de Bygmalion. Dès le 26 avril 2012, cinq jours après le premier tour, une note de l'expert-comptable Pierre Godet adressée au président de la République alertait sur des dépenses de campagne supérieures au plafond autorisé. Un SMS envoyé le 28 avril 2012 par Guillaume Lambert à Jérôme Lavrilleux mentionne aussi ce dépassement : « Nous n'avons plus d'argent. JFC [Jean-François Copé] en a parlé au PR [président de la République]. » À la pause de sa déposition, alors qu'il fume en compagnie d'autres avocats, Thierry Herzog est pris d'un malaise. Il faisait très chaud dans la salle d'audience. La journée était à l'orage. Discrètement, « l'avocat du parrain » est pris en charge et hospitalisé par les pompiers. C'est sa collaboratrice, Me Gesche Le Fur, qui devra dans la foulée improviser une plaidoirie pour la défense de Sarkozy.

Le retour judiciaire de ce procès baroque est évidemment un retour de bâton. Un an ferme pour l'ancien président, avec la perspective d'un bracelet électronique. Ce 30 septembre 2021, quand la magistrate Caroline Viguier prononce à son encontre cette peine d'emprisonnement, pour la deuxième fois le concernant après le premier procès Bismuth, Nicolas Sarkozy n'est pas dans la salle. Il risquait ce maximum d'un an ferme et il a pris le maximum. Les autres protagonistes étaient passibles de cinq ans de prison. Ils écopent pour certains de prison ferme, alors que le parquet de Paris n'avait réclamé contre eux que du sursis. L'ancien président n'est pas venu assister à leur naufrage. Les petites mains trinquent en silence… Elles quittent le tribunal sans broncher davantage, ni étaler leur moindre amertume. Éric Cesari, l'ancien directeur général, condamné à trois ans dont deux ferme, est toujours élu dans les Hauts-de-Seine. Fabienne Liadzé, condamnée à trois ans dont dix-huit mois ferme aussi, est élue à Issy-les-Moulineaux. Tout comme Pierre Chassat est élu à Levallois-Perret, condamné à trois ans dont un ferme. Quant à Jérôme Lavrilleux, il écope de trois ans dont deux ferme et deviendra assistant parlementaire d'un député LR. Ceux-là sont restés en politique… Philippe Briand, ancien président de la communauté urbaine de Tours, capitaine d'industrie à la tête d'un réseau d'administration de biens qu'il a créé en 1990, écope de deux ans dont un ferme pour escroquerie. Le préfet Guillaume Lambert est condamné à trois ans et demi dont dix-huit mois ferme. Ils sont tous K.-O. debout…, mais résignés.

Le procès se termine sur un sentiment d'inachevé. Les faits sont carrés pourtant. Carrés parce que jusqu'au moindre centime, pour une fois, l'argent a été tracé. Les millions dont il s'agit ici n'ont pas été dépensés en liquide mais *via* des fausses factures, censées masquer des flux, mais qui, une fois découvertes, ont permis de tout reconstituer à la virgule près. Donc, comme le mentionne le jugement correctionnel, « le montant total des dépenses électorales (de la présidentielle de 2012) est d'au moins 42,722 millions d'euros ». Difficile de faire plus précis. La campagne du président sortant, finalement battu « de justesse », comme il aime à le répéter, par François Hollande, a coûté cette somme colossale de 42,722 millions alors que le plafond légal de dépenses était fixé à 22,509 millions. Soit un dépassement de 22,2 millions d'euros… Près du double du plafond légal. Restera à comprendre qui a fait quoi. Et le procès qui s'achève n'a guère permis de comprendre. Puisque si la vérité des comptes est apparue, le récit de l'histoire reste à ce jour une énigme. Personne ne sait qui a avalisé le système des fausses factures, l'équivalent d'une planche à billets installée à la comptabilité de l'UMP.

Le jugement n'épargne pas l'ancien candidat : « Le plafond a en réalité été dépassé à compter de l'organisation du 18e meeting de campagne, (il y en a eu 44) soit celui du 31 mars 2012, à Paris, porte de Versailles. Dès lors, à compter de cette date, chaque décision du candidat de procéder à un meeting supplémentaire, de même que la réalisation effective desdits meetings, qui engendraient autant de coûts supplémentaires, constitue autant d'actes matériels positifs de dépassement d'une infraction sans cesse renouvelée », écrivent les juges. Nicolas Sarkozy « a décidé, approuvé et tiré profit des dépenses litigieuses, qui ont donc été faites pour son compte ». Le tribunal enfonce le clou : « Nicolas Sarkozy connaissait le montant du plafond légal des dépenses de campagne et savait que l'enjeu était d'éviter un dépassement de ce plafond. » Les juges pointent aussi l'existence de deux courriers l'avertissant, « d'une part, du risque de dépassement et, d'autre part, du dépassement effectif du plafond légal ». Une note à son intention le met en garde dès le 7 mars 2012, mais, le 26 mars, « passant outre l'avertissement et les directives qui ont été données », grincent les magistrats, il « organise un 13e meeting de campagne, à Ormes et, à partir de cette date, un meeting par jour ».

À lire le jugement qui le déclare coupable de financement illégal de campagne électorale, et le condamne au maximum de la peine prévue, le dossier paraît accablant. Pourtant, il s'en est fallu d'un cheveu que Nicolas Sarkozy échappât à ce procès.

Le tournant a eu lieu dans le bureau du juge Tournaire le 16 février 2016. Ce jour-là l'ancien président arrive un peu avant 9 heures et ne quittera le tribunal qu'après 21 heures. Il a été convoqué aux fins de mise en examen pour une batterie d'infractions, dont l'escroquerie, le faux et l'usage de faux, et l'abus de confiance. Toute la journée devant Serge Tournaire, il s'est battu probablement avec la même énergie qu'à la barre pour convaincre qu'il n'a jamais été mêlé aux fausses factures de l'UMP, ni qu'il a su que sa campagne dérapait financièrement.

Ce jour-là, Tournaire hésite. Une semaine auparavant, le juge a placé Jean-François Copé sous le statut de témoin assisté, faute de preuve permettant d'affirmer qu'il était au courant de la fraude au sein de son parti. Copé échappant aux poursuites, comment accrocher Sarkozy qui lui aussi maintient n'avoir été au courant de rien, ni d'avoir rien su ni rien avalisé ?

En début de soirée, l'audition terminée, le juge Tournaire se retire pour réfléchir. Une demi-heure plus tard, le magistrat abandonne les poursuites pour escroquerie, pour faux et usage de faux et pour abus de confiance, ce qui aurait rendu l'ancien président passible de cinq ans de prison. Mais il maintient la mise en examen pour la seule infraction de financement illégal de campagne électorale. Au motif, comme le confirmera le tribunal, que les dépenses litigieuses ont toutes été faites pour son compte. « Une infraction formelle, peste Thierry Herzog, persuadé ce soir-là d'avoir tiré d'affaire son client de ce dossier empoisonné. Aucun fait lié à Bygmalion n'est reproché au président Sarkozy », déclare l'avocat en sortant du bureau du juge. Mieux, la défense Sarkozy est persuadée que cette dernière infraction tombera d'elle-même, le Conseil constitutionnel ayant déjà retoqué son compte de campagne, le privant ainsi de remboursement public, pour un dépassement estimé à l'époque de 466 118 euros. Au nom du principe de droit romain *non bis in idem*, « on ne peut être jugé deux fois pour la même chose », la défense de Sarkozy estime alors que le procès pénal aura lieu sans lui. Un nouveau bras de fer se met en place, de longs mois durant, devant la chambre de l'instruction, puis la Cour de cassation. Mais l'argument fera long feu jusque devant le tribunal qui considère que les dépassements découverts par l'enquête pénale sont sans aucune commune mesure avec ceux mis en lumière au moment du rejet par le Conseil constitutionnel puis la mise en œuvre du « Sarkothon ». Sarkozy s'est donc retrouvé en correctionnelle pour l'infraction « formelle » passible d'une seule année de prison. Au vu du déroulement de l'audience, s'il avait été poursuivi pour d'autres infractions, son risque pénal aurait été cinq fois supérieur.

Un autre épisode a bien failli sauver le soldat Sarkozy. En février 2017, l'autre juge saisi de l'affaire Bygmalion, Renaud Van Ruymbeke, refuse de signer l'ordonnance de renvoi. Entre Serge Tournaire et lui, le courant ne passe pas. Van Ruymbeke, sans qu'il ne se soit jamais étendu sur ses raisons, estime que les éléments ne sont pas suffisants pour renvoyer l'ancien président en correctionnelle. Du pain bénit pour la défense de Sarkozy, qui veut voir dans ce désaccord un autre motif de nullité.

Autre décision de Van Ruymbeke favorable à l'ancien président, celle du non-lieu général dans « l'affaire des pénalités ». Dans ce dossier, il était reproché à l'UMP de Jean-François Copé d'avoir, *via* le « Sarkothon », réglé des pénalités réclamées à Sarkozy pour les dépassements de ses frais de campagne. Convoqué par le magistrat, l'ancien président est placé sous le régime de témoin assisté. Puis, après avoir mis en examen Jean-François Copé et l'ex-trésorière du parti, Catherine Vautrin, Van Ruymbeke décide finalement d'un non-lieu général. Deux décisions du juge dans deux dossiers, factuellement favorables à Nicolas Sarkozy. « Dans les deux cas, j'ai estimé qu'il n'y avait pas matière à poursuivre », s'est toujours défendu le magistrat, démentant avoir fait preuve de la moindre indulgence envers l'ancien président. N'empêche, dans le dossier Bygmalion, le tribunal correctionnel a suivi le juge Tournaire, et a condamné l'ancien président à la peine maximale, estimant qu'il y avait bel et bien matière à condamner…

Au sein du tribunal de Paris, l'ancien juge emblématique de la lutte anticorruption n'a pas laissé que de bons souvenirs parmi ses collègues. Dans ce milieu d'individualités fortes et de clans, certains lui reprochent ses prises de bec avec Tournaire… En revanche, Van Ruymbeke est toujours cité par l'ancien président en magistrat modèle. Le « bon juge »…, le seul à ce jour, dans la ribambelle des magistrats ayant eu à traiter le dossier Bygmalion, qui lui ait donné raison.

TROISIÈME PARTIE

Le business

L'*advisor*

Aucun président de la Ve République ne l'avait fait avant lui. Le général de Gaulle s'est retiré à Colombey. Pompidou est mort à l'Élysée. Giscard est parti avec un problème psychologique lié au pouvoir, l'empêchant d'envisager autre chose. Mitterrand a quitté les lieux mourant. Chirac n'avait plus toute sa tête. « J'avais 57 ans, une nouvelle vie s'offrait à moi », confie Nicolas Sarkozy depuis son bureau de la rue de Miromesnil. Tout sourire.

À sa sortie de l'Élysée, à 57 ans, le « jeune président retraité » ne déclare aucun patrimoine immobilier, aucun compte à l'étranger, et un compte courant positif de 56 919 euros auprès de la HSBC. Outre une collection de timbres d'une valeur affective et une collection « d'autographes, montres, statuettes » estimées à 100 000 euros, il possède une épargne composée de deux comptes d'assurances vie pour une valeur de l'ordre de 2,6 millions d'euros. Il détient 34 % des parts de sa société d'avocats. Il doit aussi verser une prestation compensatoire à Marie-Dominique Culioli, sa première épouse, mère de ses deux premiers fils Jean et Pierre, de 2 926 euros par mois. Il verse aussi une pension mensuelle de 3 000 euros à son fils Louis, l'enfant qu'il a eu avec Cécilia Ciganer-Albeniz dont il est divorcé depuis octobre 2007. En tant qu'ancien président, il perçoit une retraite de 6 200 euros brut par mois, à laquelle doivent s'ajouter les 12 000 euros mensuels de membre du Conseil constitutionnel. S'il y siège à de rares reprises, membre de droit à vie, il annonce se mettre en retrait de l'institution en juillet 2013, au lendemain du rejet de ses comptes de campagne 2012. Il ne touchera plus l'indemnité mensuelle. Il perçoit aussi différentes retraites liées à ses anciens mandats d'élu. À sa sortie de l'Élysée, après quarante ans de vie politique, c'est un homme aisé, certes, à l'abri du besoin, mais loin d'être riche à millions. D'autant qu'il est sans logement. Tout cela va changer dans les années suivantes.

Sa femme est bien plus riche que lui… Carla Bruni, épousée le 2 février 2008, est à la tête d'un patrimoine évalué alors à plus de 18 millions d'euros, dont 10 millions d'euros de patrimoine immobilier. Fille d'un riche industriel italien décédé en 1996 – elle apprendra peu avant sa mort qu'il n'est pas son père biologique –, elle a hérité, avec son frère et sa sœur, du château de Castagneto près de Turin et une villa dans le Var, au cap Nègre. Elle dispose également de deux appartements à Paris. Ancien mannequin, icône publicitaire, chanteuse, elle aurait empoché plus de 2,5 millions d'euros après le succès de son premier album, *Quelqu'un m'a dit*. De quoi vivre confortablement sans penser aux lendemains.

« Je n'allais pas rester chez moi à ne rien faire », lance Nicolas Sarkozy en évoquant cet autre aspect de sa vie. Il s'est donc lancé à fond. Sa marque de fabrique, lui qui répète qu'il ne fait rien à moitié. Il est aujourd'hui à la tête d'une petite entreprise florissante, avec des activités sur plusieurs continents, dont il est impossible, secret des affaires oblige, d'en connaître exactement tous les contours. « C'est sa vie privée », fait barrage sa communicante Véronique Waché, muette sur ces questions. Le business est probablement la face actuelle la plus secrète du personnage. Un PV de synthèse issu de l'enquête libyenne, en date du 24 décembre 2020, a pourtant levé quelques mystères. Selon les calculs des policiers, entre 2013, l'année suivant son départ de l'Élysée, jusqu'en avril 2019, Nicolas Sarkozy a engrangé 19,7 millions d'euros de revenus divers. Soit une moyenne de 2,8 millions d'euros par an. Plus de 234 000 euros mensuels. En ne tenant pas compte de l'année 2019, incomplète, pour les six années antérieures, cette moyenne mensuelle dépasse les 250 000 euros. Avant impôts. Sa meilleure année ? 2018. L'année suivant l'élection d'Emmanuel Macron. L'ancien président affiche un revenu, selon les calculs des enquêteurs, de 5,7 millions d'euros, comprenant cette année-là une commission de 3,3 millions d'euros, liée selon les premières investigations policières à « la vente des participations de la société Luxembourgeoise Peninsula Investment dans le capital de l'entreprise de transport ferroviaire italienne Italo-NTV ». C'est dire si depuis qu'il a quitté l'Élysée, et malgré son retour en politique pour la primaire de 2016, le parrain de la droite gagne bien sa vie.

Contrairement à d'autres politiques qui ont bénéficié d'une passerelle datant de 1991 leur permettant de devenir avocat, Nicolas Sarkozy a fondé un cabinet en 1987. « J'avais loué mes parts, je les reprends pleinement et je retrouve mes activités au barreau », précise l'ancien président en résumant à grands traits le redémarrage de ses activités privées. Son cabinet, dit-il, gère environ 3 000 dossiers par an et emploie une cinquantaine de personnes. « Je prends désormais en charge un tiers du loyer des locaux de la rue de Miromesnil ». La profession qui a séduit bon nombre de politiques retraités ou semi-retraités, Dominique de Villepin, Rachida Dati, Jean-François Copé, Bernard Cazeneuve, Michel Sapin, et plus récemment Jean-Michel Blanquer, permet de percevoir des honoraires qui ont l'avantage de ne pas être réglementés. « L'avocat fixe lui-même le coût des prestations qu'il facture à son client », disposent les textes. Quoi de mieux pour vendre ses conseils…

Dans la foulée de son premier départ, en 2012, au lendemain de la présidentielle perdue, Nicolas Sarkozy est aussi « contacté par une agence américaine, le Washington Speakers Bureau, pour donner des conférences à travers le monde ». Une nouvelle activité qui l'amène à se perfectionner en anglais. Il ajoute que rapidement, un certain nombre d'acteurs lui demandent soit d'être avocat, soit de faire partie d'un conseil d'experts. Une vitrine idéale. Il accepte une série de clients, sans détailler lesquels, et le voilà plongé dans « une nouvelle activité », à la façon d'un ancien président américain, tout en prenant des cours intensifs et quotidiens d'anglais. Lors de ces conférences, il livre sa version du monde, d'abord avec traducteur, puis en langue anglaise, et notamment la façon dont a été gérée la crise financière de 2008. Il serait souvent rémunéré entre 85 000 et 200 000 euros par session.

« Ensuite, poursuit-il sans transition, jalonnant chaque étape de sa vie par un épisode politique, il y a la bagarre Fillon/Copé. Contrairement à ce que certaines personnes ont pu dire, je n'y suis pour rien. Ni Fillon ni Copé n'ont besoin de moi pour se détester. Ils se détruisent tous les deux, avec une certaine efficacité. Le parti que j'ai laissé en 2012, avec 28 % des voix au premier tour, 300 000 militants, en un an, s'effondre. » Il dit « se laisser convaincre qu'il est nécessaire que je reprenne les choses en main ». Même si ce retour va « gêner » son entrée dans le monde des affaires.

En 2014, il revient donc à la politique, ce qui ne veut pas dire qu'il arrête l'ensemble de ses activités annexes. Certains « clients » continuent de bénéficier des conseils du nouveau patron de l'opposition, puis du candidat à la primaire de la droite en vue de l'élection présidentielle de 2017. « En 2016, je perds. Il y aurait beaucoup à dire, mais je perds. À partir de ce moment-là, je me dis, c'est fini, la page est tournée. Et je m'autorise enfin à répondre positivement à des sollicitations dans le privé. Il me semble qu'à ce moment-là, le regard sur moi a changé. Des chefs d'entreprise se sont dit : « Ce Sarkozy, ce n'est pas seulement un homme politique, il est capable de nous conseiller, il est capable de se mettre à notre place et il est capable même d'imaginer des schémas économiques ou d'investir, ou d'avoir une autre vie. » Je crois que tous ceux auprès desquels je me suis engagé vous diront : « Il n'agit pas comme un ancien président, il a un vrai regard sur le monde de l'entreprise. »

Un détail saute aux oreilles. Nicolas Sarkozy pratique parfois sans s'en rendre compte le jargon globish des multinationales : « *Advisory board*, *travel retail*, *publishing*, *misunderstanding* », dit l'ancien président sans sourire et sans traduire. Il occupe désormais des fonctions d'*advisor* auprès de groupes internationaux. Comprendre, super conseiller. Il accompagne des Russes, des Malgaches, des Saoudiens, des Qataris… Certains de ses amis ne le trouvent pas assez « prudent » dans ses relations d'affaires. Il n'a pas hésité, par exemple, à travailler pour le magnat des secteurs miniers et de l'énergie, l'Israélien Beny Steinmetz, condamné en appel à Genève pour corruption d'agent public étranger, en lien avec des contrats miniers en Guinée. « Beny Steinmetz est un des hommes les plus riches d'Israël, c'est pas Al Capone », veut-il nuancer. La Russie est également un volet délicat. Le PNF a lancé une enquête préliminaire pour « trafic d'influence » et « blanchiment » visant ses prestations auprès d'une compagnie d'assurances des frères Sarkisov, Reso-Garantia. À l'origine de cette enquête judiciaire, un virement de 500 000 euros sur un compte de Nicolas Sarkozy en provenance de Russie. Autre enquête judiciaire en cours visant potentiellement ses affaires privées, la perquisition ordonnée par le juge Tournaire, en avril 2023, dans les locaux d'un discret fonds d'investissement luxembourgeois, Peninsula. Nicolas Sarkozy aurait touché 3,15 millions en provenance de ce fonds sur un de ses comptes parisiens, en liaison, a-t-il dit, avec une prise de participation dans une société ferroviaire italienne. Mais le juge Tournaire soupçonne Peninsula d'avoir reçu des versements en provenance des Émirats arabes unis en lien avec l'organisation de la Coupe du monde de football au Qatar. De nouvelles enquêtes couvent. Il n'a jamais été entendu sur ces sujets mais à n'en pas douter, il y verra une nouvelle fois le signe que la justice française, quoi qu'il fasse, le traque.

L'autre volet de ses activités privées consiste en des participations au *board* de sociétés, comme il dit. Il est alors officiellement membre d'un conseil d'administration, pour lequel il reçoit une rémunération annuelle en échange de sa présence à des conseils, plus ou moins réguliers. Auprès de qui ? Sur ce terrain, il est facile à suivre, comme les cailloux blancs du Petit Poucet, on connaît le « réseau d'amis » pour lesquels il travaille et dont les noms viennent ponctuer son récit général : « Bernard Arnault est un ami » ; « Vincent (Bolloré) est un ami » ; « Nicolas Bazire est un de mes meilleurs amis » ; « Sébastien Bazin est un ami » ; « Stéphane Courbit est un ami », etc. Mais une foule de chefs d'État aussi sont des « amis ». Tous ceux qu'il a fréquentés en tant que président. Poutine y compris. « Vis-à-vis des chefs d'État, il est formidablement utile, a dit de lui Sébastien Bazin, le patron du groupe hôtelier Accor à Arnaud Lagardère. Pas seulement pour ouvrir des portes », a-t-il ajouté. L'ancien président préside même le « comité de stratégie internationale » de l'entreprise.

Le voilà en Monsieur Jourdain des affaires, facturant du conseil comme il parle en prose, depuis toujours. Quand il faisait de la politique, il fréquentait ses amis et les conseillait de même. Ce qui a changé, c'est son statut et ses revenus. Arnaud Lagardère, qui raconte ici ses vingt ans de proximité avec son mentor Sarkozy, ne dit pas autre chose. Quand il était au gouvernement puis à l'Élysée, Sarkozy l'a toujours épaulé, cornaqué, conseillé… Sans revenu en contrepartie, si ce n'est des dossiers que le groupe Lagardère pouvait confier au cabinet d'avocats d'Arnaud Claude et de Nicolas Sarkozy. À compter de 2020, le voilà officiellement membre du conseil d'administration de Lagardère. Même parcours auprès de « Vincent », comme il appelle Vincent Bolloré, qu'il connaît de toute éternité, qui lui avait mis à disposition son yacht, le *Paloma*, après la présidentielle gagnée de 2007, pour tenter de renouer les fils de sa vie de famille. Là encore, il a troqué sa casquette d'élu-ami pour celle de conseiller rémunéré. Nicolas Sarkozy l'admet volontiers, il a pris la main d'Arnaud Lagardère, menacé par le fonds britannique Amber Capital, pour qu'il change sa structure de gouvernance : « J'ai dit à Arnaud, si j'étais toi, je supprimerais la commandite. C'est la ligne Maginot en pire. La preuve, Oughourlian te déstabilise. Donc je pense qu'il faut défaire de la commandite, la vendre. Et puisque tu as besoin d'argent, chercher un actionnaire », lui a-t-il recommandé.

Un conseil stratégique lourd de conséquences pour l'héritier Lagardère qui va le suivre à la lettre. Le voilà en parrain de l'alliance entre Lagardère et Vivendi avec sa cascade de contrecoups sur l'édition et les médias français. Il se pique d'édition, puisqu'à eux deux les deux groupes détiennent Hachette et Éditis, c'est-à-dire à peu près tous les éditeurs français. Et il règle de vieux comptes. Notamment avec Sophie de Closets, la patronne de Fayard, filiale de Hachette : « Comment osez-vous, madame de Closette ? lui lance-t-il au téléphone, écorchant son nom, signe de grande colère chez lui. Vous savez que c'est Arnaud Lagardère, votre patron[1] ? » Elle quittera

1. Raphaëlle Bacqué et Ariane Chemin, « Vous savez que c'est Arnaud Lagardère, votre patron ? » : comment Nicolas Sarkozy fait pression sur des éditeurs », *Le Monde*, le 23 mars 2022.

le groupe Hachette. C'est encore lui qui convoque Olivier Nora, le patron de Grasset, une autre filiale de Hachette, qui a édité une série de six romans sarcastiques sous le titre générique *Les Chroniques du règne de Nicolas Ier*. La scène, dans son bureau de la rue de Miromesnil, est si tendue que le préfet Michel Gaudin, éternel témoin de ces rendez-vous, en aurait été gêné selon *Le Monde*, qui cite ce dialogue : « Écoutez, si vous voulez me shooter, dites-le-moi. J'ai plus de vingt ans d'ancienneté dans la maison, on fera les comptes », lui lance Nora. « Si je le voulais, ce serait fait depuis longtemps. Je suis administrateur de Hachette », grince Sarkozy. « Non, de Lagardère », l'interrompt Nora. « Maintenant, c'est la même chose. Il va falloir vous y faire, vous allez avoir désormais un actionnaire puissant ! » L'épisode en dit long sur son interventionnisme. Pourtant, il assure ne pas souhaiter devenir président d'Hachette, comme la rumeur l'annonce déjà : « Président d'Hachette ? C'est à se poiler de rire ! Vouloir être opérationnel moi-même, ça n'a pas de sens », certifie-t-il. Il est vrai que l'ex-chef d'État n'a jamais eu besoin d'un poste fixe pour nouer des relations utiles. En témoigne son influence sur les directeurs des journaux du groupe Lagardère. Hervé Gattegno s'est rendu au cap Nègre l'été d'avant sa nomination au *JDD* et ne s'est jamais vraiment caché d'une certaine proximité avec l'ancien chef de l'État. Pas plus que Jérôme Béglé, nommé à sa suite au *JDD*. Des cartes de presse « sarkocompatibles ». Tout comme celle de Laurence Ferrari, la journaliste de Cnews, nommée chef du service politique de *Paris Match*.

Mais ce 27 juin 2023, alors que la nomination de Geoffroy Lejeune, licencié de *Valeurs actuelles*, au *JDD* a été annoncée la veille, il semble mal à l'aise. La rédaction du *JDD*, ce journal dont il a été si proche, s'est mise aussitôt en grève. Il admet avoir eu des « démêlés » avec « monsieur Lejeune » et s'en être expliqué avec lui. Pourtant il se ravise. Pas question de se désolidariser de cette nomination. Il semble clair à l'entendre que la discussion sur la venue de Geoffroy Lejeune au *JDD* a eu lieu à trois, Bolloré, Lagardère et lui. Et qu'il a dû tiquer, même s'il n'est pas question pour lui d'aller à l'encontre d'une décision prise, tout concourt à le penser, par Vincent Bolloré plus que par Arnaud Lagardère. Une ombre passe dans le bureau de la rue de Miromesnil. Celle d'une autre force. D'un autre fauve. D'un autre « ami » qu'il ne veut à l'évidence ni blesser ni heurter, et vis-à-vis duquel il pèse ses mots davantage encore qu'en parlant de Macron lui-même. Comme si dans ce registre, celui des affaires, c'était cette autre ombre le véritable patron, l'ami « Vincent ». En tout cas ce 27 juin, au lendemain du premier jour de grève à la rédaction du *JDD*, Sarkozy veut croire que le projet de Vincent Bolloré « n'est pas d'extrême droite ». Même dans les affaires, la politique n'est jamais loin. Surtout dans les affaires…

Arnaud

Il y a chez lui quelque chose d'enfantin. Une bouille ronde de môme. Une façon de parler cru. Un sourire toujours au bord de la blague avec un regard un peu torve. Un mélange de sympathie naturelle mais aussi de fourberie latente. Et un petit quelque chose de pas sérieux. Comme si ce qu'il disait ne l'engageait pas vraiment. Que sa parole n'était pas totalement fiable. Arnaud Lagardère, malgré ses 62 ans, et ses vingt ans aux commandes du groupe de son père, continue de détonner dans l'univers feutré des grands patrons. Il le sait. Il en joue. Et surtout, il s'en fout. Sans chercher à s'en cacher. « Moi je refuse tous les déjeuners, les dîners, ça ne m'intéresse pas. Et mes vacances, je ne les passe qu'en famille », annonce-t-il sans tourner autour du pot. Et s'il habite la villa Montmorency, cette réserve pour gens fortunés dans le 16e arrondissement de Paris, à deux pas de la maison de Vincent Bolloré, et à une encablure de celle de Nicolas Sarkozy, Arnaud Lagardère ne les fréquente jamais en privé. Il ne s'est jamais rendu au cap Nègre, chez Carla Bruni. Et il ne voit Bolloré, hors réunions de travail, « qu'à travers la vitre de la voiture », ou « quand on sort les poubelles » [*sic*]. Il ne mentionne aucun repas, ni même aucun dîner avec Carla et sa jeune épouse à lui, Jade, une ex-mannequin belge, avec qui il a trois jeunes enfants. Il vit à part…, en dehors du milieu des patrons et des affaires.

L'héritier Lagardère, contrairement à son père, n'a finalement jamais fait partie de ce monde. Reste à comprendre comment, depuis la mort de Jean-Luc Lagardère, reconnu comme un capitaine d'industrie flamboyant, ce fils atypique et un brin méprisé est parvenu à se maintenir pendant si longtemps à la tête de cet empire. Contre vents et marée. Et aussi contre lui-même. La clé de cette longévité ? L'intéressé dit qu'il la doit à un homme : son « frère ». « Appelez-le mon mentor, ou mon parrain si vous préférez, mais, oui, je dois tout à Nicolas, admet Arnaud Lagardère. Oui, je lui dois ma longévité. »

Installé dans le bureau de son père, à l'étage de l'hôtel particulier de la rue de Presbourg, qui fait face à l'Étoile, l'héritier est intarissable pendant plus de deux heures. Il n'est dérangé ni par son téléphone ni par une assistante[1]. Le bureau, avec ses tentures fanées, a des allures de mausolée. La décoration semble dater encore des années 1980, comme si le temps s'était arrêté et que l'emprise de l'ancien propriétaire était encore si forte qu'il aurait été sacrilège de toucher à quoi que ce soit. Une maquette d'avion. Un ballon de foot dédicacé et quelques objets épars semblent avoir été ajoutés et plaqués sur la décoration initiale du fantôme des lieux. Il l'appelle « Jean-Luc ». Plus rarement « mon père ». Et le cite à tout bout de champ, comme une boussole indispensable dans l'inconnu du présent.

« La mémoire de Jean-Luc » par-ci, « la mémoire de Jean-Luc » par-là… Une formule quasi magique comme un bouclier ayant servi à éloigner les rivaux. Parce qu'Arnaud Lagardère en est persuadé : nombreux sont ceux qui ont cherché à le sortir et à lui « piquer » son groupe. À l'entendre, en vingt ans, « tout le CAC 40 ou presque » y est passé. Des « prédateurs étrangers aussi », dit-il. « Mais Nicolas a

1. Entretien avec les auteurs le 2 juin 2023.

toujours fait barrage », assure l'héritier en une phrase. Et là-dessus au moins, sans qu'il ait besoin de jurer « sur la tête de (ses) enfants », cela semble vrai…

Sa vie a elle aussi basculé en mars 2003. Jean-Luc Lagardère a été hospitalisé à la Clinique du sport le 27 février. Juste après avoir fêté ses 75 ans. Partenaire de tennis de Bernard Arnault, qui a vingt et un ans de moins que lui, le patron du groupe Matra-Hachette s'est déjà fait implanter une première prothèse de hanche pour remplacer celle qui lui faisait mal sur les courts. Il est entièrement satisfait de cette opération et veut pouvoir continuer à jouer avec son partenaire préféré. « Un matin je les ai aperçus au milieu d'une partie, raconte Alain Minc, qui lui aussi a toujours des raquettes dans son bureau. L'après-midi même, en les croisant l'un après l'autre, je leur ai demandé le score. Ils m'ont donné le même résultat, mais inversé… » Deux bagarreurs n'aimant pas perdre. Pour pouvoir maintenir son niveau de tennis, lui qui est en grande forme physique, Jean-Luc Lagardère a décidé de changer sa deuxième hanche. L'opération s'est parfaitement déroulée. Bernard Arnault lui rend visite à la clinique. Mais huit jours plus tard, dans son superbe hôtel particulier avec grande piscine en sous-sol, rue Barbet-de-Jouy, derrière Matignon, Jean-Luc Lagardère est victime d'un malaise en pleine nuit. Au matin, son épouse Betty le retrouve inanimé au pied de son lit. Le fondateur du groupe Matra-Hachette est hospitalisé à l'hôpital Lariboisière auprès du professeur Didier Payen qui ne peut que constater l'avancée foudroyante d'un mal inconnu. L'équipe médicale évoque « une maladie auto-immune » – une façon, le Dr Payen l'admettra quelques années plus tard, de dire qu'on « ne sait pas vraiment expliquer ce qui s'est passé ». « Nicolas était alors ministre de l'Intérieur, se souvient Arnaud Lagardère. Il m'a appelé dès qu'il a appris que mon père a été emmené à l'hôpital et il a tout le temps pris des nouvelles… »

L'héritier et le ministre se connaissent de longue date sans qu'Arnaud Lagardère ne se souvienne en particulier d'une première rencontre. « C'est Nicolas qui avait pris cette initiative auprès de mon père, lui disant qu'il aimerait bien faire ma connaissance. Il a fait avec moi ce qu'il a fait avec les enfants de Vincent (Bolloré), de Bernard Arnault, de Bouygues. La nouvelle génération, le monde d'après. Ça le fascine, parce que ça le rajeunit. » « Nicolas et Arnaud » ont six ans d'écart. Le premier est né le 28 janvier 1955, le second le 18 mars 1961. Quand il est en poste aux États-Unis, dans une des filiales du groupe, entre 1994 et 1998, Arnaud Lagardère se souvient de rendez-vous à la mairie de Neuilly lors de ses passages à Paris. Il revoit « le feu dans la cheminée ». Pour Sarkozy, c'est l'époque de sa « traversée du désert » après le fiasco de la candidature de Balladur et la fatwa de Chirac contre lui. Arnaud Lagardère évoque sa « fascination » « pour ce type au fond du trou », comme il avait vu son père, quelques années auparavant, au bord du gouffre après le fiasco de la 5e chaîne de télé. « C'est de là que date l'alchimie avec Nicolas, assure-t-il. Il avait pris très cher et je l'ai vu rebondir, renaître comme un phénix, comme avait su le faire mon père… »

Peu à peu, Sarkozy revient dans le jeu politique. Arnaud Lagardère rentre à Paris. Il est invité aux réunions avec les barons du groupe, les « grognards de Jean-Luc » qui le regardent tous un peu de haut. Personne, parmi ces briscards des affaires, qui ont participé à la construction de ce géant industriel qu'est le groupe qui contrôle Hachette, Airbus et EADS, et est présent dans *Le Monde*, Canal+, ainsi qu'une foule de journaux, ne prend ce blanc-bec très au sérieux. Il n'a pour lui que d'être le fils de son gascon de père, que ses barons, à la façon de mousquetaires, vénèrent pour son sens des affaires autant que pour son charisme. Mais tous ou presque se disent que ce fils effacé et timide, élevé par ses grands-parents au lendemain du départ de sa mère, n'a hérité ni de l'un ni de l'autre. De surcroît, dans ce milieu de polytechniciens bardés de diplômes, le jeune Arnaud a un CV de garçon de courses. Tout cela aussi le rapproche de Sarkozy, lui aussi le mal-aimé de son milieu, le sans-grade de la politique, qui n'a pas fait l'ÉNA.

Le décès de Jean-Luc Lagardère est annoncé une première fois par erreur. « Chirac m'appelle en me disant : "Alors, ce pauvre Jean-Luc est décédé." Non, non, cher président, mais bon c'est vrai qu'il n'est pas bien », se souvient son fils. « Nicolas a été fantastique à l'hôpital. Il a pris du temps pour moi. Les mauvaises langues disent qu'il récupère une influence dans un groupe de médias, mais j'ai senti une véritable amitié. Dans les moments difficiles, il en a tellement vécu lui-même, il est incomparable. » Après les obsèques de Jean-Luc Lagardère à Saint-François-Xavier, derrière les Invalides, en présence de tout le CAC 40 et d'une partie du gouvernement, Sarkozy cornaque l'héritier : « Il joue d'abord un rôle moral vis-à-vis de moi. Il me dit : "Je sais c'est très difficile, ton père et toi vous aviez une relation fusionnelle, mais ce n'est pas le moment d'y penser. Tu as ta femme, tes enfants." Vraiment, il joue le psy. Il me dit : "Prends du temps, si tu as besoin de pleurer, tu vas chez toi. Mais quand tu es au bureau, tu ne montres rien. Tu montres que tu es le patron." C'est en ça qu'il m'a beaucoup aidé. »

« Montre que tu es le patron », la phrase, rapportée à vingt ans de distance, dit tout de l'enjeu du moment. Car pour ce fils unique, au lendemain du décès brutal du patriarche, rien n'est encore totalement acquis. Jean-Luc Lagardère, qui n'avait pas anticipé le pire avant son opération de la hanche, n'avait pas vraiment mis en ordre ni son héritage ni sa succession. Ses dernières dispositions écrites datent de 1995.

Huit ans plus tôt ! Elles sont ouvertes et lues par Pierre Leroy, un des barons du groupe, lors d'un comité exécutif. Jean-Luc Lagardère avait prévu un triumvirat composé de ses deux bras droits, Noël Forgeard, Philippe Camus, et de son fils Arnaud. « Grand blanc autour de la table », se souvient ce dernier. Camus et Forgeard, de toute éternité, étaient en rivalité[1]. Une rivalité d'ailleurs entretenue par Jean-Luc Lagardère en personne. Mais ses volontés semblent claires : confier à Noël Forgeard le volet industriel et militaire, à l'époque Airbus, EADS, et à Philippe Camus la branche édition et services, notamment Hachette. Avec au sommet, en président, son fils Arnaud. Rien n'est vraiment tranché sur le rôle du fils : président exécutif ou simple potiche royale, chargé de représenter la lignée et de toucher les dividendes ? Mais dès ce premier comité exécutif (Comex), Arnaud Lagardère donne sa lecture des dispositions de son père : il explique aux barons présents qu'il dirigera en personne et qu'il n'entend rien déléguer. Noël Forgeard, qui n'est pas membre du Comex, apprend le tout de façon indirecte. Arnaud Lagardère ne l'a averti de rien. Mais d'entrée, il est écarté.

« Jean-Luc vivait douloureusement la contradiction entre sa volonté dynastique et la gouvernance de l'entreprise. Il était partagé entre cette ambition qu'il avait pour son fils unique, je crois, bien qu'il n'en parlât jamais, et ce qu'il savait être son fils, confie Noël Forgeard, aujourd'hui éloigné de la vie des affaires. Le schéma qu'il avait imaginé

1. Et, avec eux, leurs bras droits respectifs, Jean-Louis Gergorin pour Camus et Philippe Delmas pour Forgeard. Pour la petite histoire, l'affaire des faux fichiers Clearstream qui démarre en janvier 2004 et pour laquelle Jean-Louis Gergorin sera condamné cible en priorité Philippe Delmas. Toute l'affaire peut se lire comme une extension de la lutte entre les anciens barons de Jean-Luc Lagardère.

était cohérent. Il voulait que Philippe Camus et moi, dans nos domaines respectifs, nous l'épaulions. Pas qu'on le remplace. Il n'y a jamais eu de lutte pour qu'on prenne son poste, même si Arnaud a manifestement eu très peur de cela... » De cette peur bleue découle les vingt ans qui suivent.

« J'ai tout de suite dit à Forgeard que ce n'était pas possible et il a accepté », raconte pour sa part le fils Lagardère, qui va se frayer un chemin, profitant d'une cascade de rivalités, d'abord entre Forgeard et Camus, ensuite entre... Chirac et Sarkozy.

C'est l'autre élément de contexte, Jean-Luc Lagardère était plus villepiniste que sarkozyste. La veille de sa mort, Marie-Laure de Villepin, l'épouse de celui qui était alors ministre des Affaires étrangères, avait dîné chez lui, rue Barbet-de-Jouy[1], dans le 7e arrondissement de Paris. Chirac estime que la direction du groupe Lagardère et particulièrement son activité de défense dans les missiles et dans le spatial doivent être confiées à Noël Forgeard, un ancien polytechnicien dont il est proche et qu'il estime.

Alors ministre de l'Économie et des Finances, Francis Mer a pour mission de « traiter » Arnaud. « Chirac voulait mettre Forgeard et il a demandé à Francis Mer de s'en occuper, confirme Arnaud Lagardère. Mer s'est dit ce petit gamin-là, je vais lui tordre le bras. Il m'a fait un chantage dont vous n'avez pas idée... Il a bloqué tout. Il m'a fait un chantage pas possible. » Sa voix s'est faite sifflante. Quand il prononce le mot « Mer », du nom de l'ancien ministre, l'intonation marque encore la colère. Dans ces semaines où se joue son avenir, là encore, le jeune héritier a un allié : « Nicolas ».

1. Un superbe hôtel particulier, avec une grande piscine en sous-sol, qui sera racheté par Bernard Arnault.

Nicolas Sarkozy alors en guerre ouverte avec Villepin et les chiraquiens[1].

Plusieurs bras de fer vont s'emboîter. D'autant que la succession de Jean-Luc Lagardère a aussi son volet fiscal. Betty, la veuve de Jean-Luc, belle-mère d'Arnaud, n'hérite que d'un quart de la fortune de son mari qui n'avait pas vraiment pris de dispositions en sa faveur. L'héritier va méticuleusement s'employer à ce qu'elle ne bénéficie de strictement aucun titre et aucun levier sur l'empire industriel. Elle se plaint auprès de Dominique de Villepin, puis de Bernadette Chirac, avec laquelle elle est très amie, et auprès du président. « À cette période, Nicolas a aussi fait le go-between avec Betty », admet Arnaud Lagardère, sans s'étendre sur les relations aussi complexes que compliquées avec sa belle-mère. Mais là encore, Sarkozy intervient en faveur de son poulain. Les questions de droits de succession nécessitent des arbitrages au ministère du Budget. Arnaud Lagardère jure que Sarkozy ne s'en est jamais mêlé. Betty Lagardère aura de l'argent, rentrera au Brésil, son pays natal. Le fils et lui seul aura les rênes du groupe. Mais Arnaud Lagardère a dû se bagarrer pour qu'il en soit ainsi. « En fait, l'annonce de la succession de Jean-Luc a été faite sur TF1 par Claire Chazal. Tout naturellement, elle a dit : “Arnaud Lagardère prendra la succession.” Rien n'avait été décidé, mais comme elle l'avait annoncé, c'était chose faite », sourit l'héritier, installé aux commandes.

Pour lui, les ennuis ne s'arrêtent pas pour autant. « Là où Nicolas a beaucoup agi, c'est auprès de Forgeard », poursuit Arnaud Lagardère, mélangeant un peu les dates de cette période mouvementée de sa vie. « Par principe, je ne voulais pas céder

1. C'est l'époque où l'affaire Clearstream voit aussi s'opposer sur le terrain judiciaire Sarkozy et Villepin. Une affaire Clearstream qui naît des conflits internes au sein… du groupe Matra, fondé par Jean-Luc Lagardère.

vis-à-vis de Chirac. Celui qui m'avait formé, c'était Philippe Camus. À l'époque c'était lui mon mentor au sein du groupe et il était en bagarre avec Forgeard. » À la une des journaux, pendant des mois, la guerre des deux grognards éclipse les questions de la succession. Au passage, la question de la légitimité du fils, propriétaire des titres, pour diriger l'empire n'est jamais vraiment posée. Mais elle aurait pu l'être… La famille Bettencourt, par exemple, se contente de toucher les dividendes sans se mêler de la gestion, confiant cette tâche à d'autres. Le rôle d'Arnaud Lagardère, alors âgé de 42 ans, en capitaine d'une industrie aussi stratégique n'allait pas de soi. Fin 2004, il lui faut ensuite trancher entre Forgeard et Camus au sein d'EADS, le consortium franco-allemand imaginé par son père. « On a eu pas mal de discussions avec Nicolas là-dessus, se souvient Arnaud Lagardère. À un moment, j'en ai parlé à Philippe… On s'est dit que la bagarre avec Forgeard devait s'arrêter. Il m'a dit : "Je sors." Il en avait marre. » Le fils de Jean-Luc dit alors être « allé voir Nicolas » pour lui annoncer la décision. Sarkozy est ministre de l'Économie et des Finances.

L'héritier raconte la scène de fin 2004 avec aujourd'hui encore un mélange d'admiration mêlée de respect vis-à-vis de son « parrain » en affaires. « Je lui dis on va mettre Forgeard à la tête d'EADS. Il me dit très bien, j'appelle le président. Il appelle le président. » Sous les yeux d'Arnaud Lagardère, le ministre des Finances décroche son combiné et fait sonner la ligne directe avec l'Élysée. On lui passe Jacques Chirac. « Monsieur le président, est-ce que vous avez un instant ? Je voudrais venir avec Arnaud Lagardère », suggère Nicolas Sarkozy. Chirac les invite à les rejoindre. Voilà les deux hommes dans la navette fluviale, ce petit bateau en acier qui assure la liaison entre Bercy, « le péage » comme l'appelait Mitterrand, et le centre de Paris. En moins d'une demi-heure, ils sont à l'Élysée dans le bureau présidentiel. Arnaud Lagardère raconte le voyage comme s'il s'agissait d'une lune de miel à Venise : « Et là, dans le bureau de Chirac, j'assiste à un truc fabuleux. » Deux présidents dans la même pièce. Amis et rivaux.

« Nicolas avait à la fois un respect et un ascendant vis-à-vis de Chirac. Il lui a même un peu fait la leçon. "Vous avez un certain nombre de vos ministres qui n'utilisent pas la bonne méthode... Ce n'est pas en cassant le bras d'Arnaud qu'on obtiendra quelque chose de lui" », lance Sarkozy. Dans le bureau présidentiel, le jeune Arnaud est dans ses petits souliers. Son ami Nicolas vouvoie le chef de l'État mais lui parle d'une voix ferme et assurée. « J'ai senti l'ascendant qu'était en train de prendre Nicolas. Il répétait à Chirac : "La méthode, président, c'est important." » Arnaud Lagardère découvre la complexité de la relation entre les deux hommes : Chirac a une passion pour Sarkozy et en même temps une crainte. « Nicolas avait été avec sa fille, ils avaient été très proches, il y avait une histoire lourde entre les deux, je l'ai sentie. L'animal politique qu'était Nicolas a éclaté là devant mes yeux. Chirac lui a dit : "Nicolas, tu as la main." "Non, non, c'est une question de méthode, et de respect, président", lui répondait tout le temps Sarkozy. C'est un souvenir immortel. »

Il est acté ce jour-là que Noël Forgeard, l'ami du président, sera placé à la tête d'EADS, ce qui sera effectif en juin 2005. À entendre Arnaud Lagardère, l'épisode clôt la séquence de la succession de son père. Le fils a été intronisé durablement à la tête du groupe. Et Sarkozy, en coulisses, a joué un rôle clé.

Depuis, il n'a jamais cessé de parrainer l'héritier. « Il y a toujours eu des gens qui ne nous voulaient pas forcément du bien, qui espéraient nous inclure dans un grand ensemble de médias, confie Arnaud Lagardère. Tout le monde savait que c'était Nicolas le plus proche du groupe. Alors, ils passaient tous par lui. Ensuite Nicolas me disait : "Arnaud, qu'est-ce que tu veux faire ? Est-ce que tu veux changer de vie ? Est-ce que tu veux gagner de l'argent ?" » Le patron du groupe qui porte son nom se souvient des tentatives de Jean-René Fourtou, alors à la tête de Vivendi. Il évoque aussi Patrick Sayer, le président d'Eurazéo, de 2002 à 2018, ancien associé-gérant de Lazard. Ils avaient des visées sur son groupe. « Et beaucoup d'autres, sourit-il. À chaque fois, Nicolas leur disait : "On ne touche pas à Arnaud." Il l'a dit à beaucoup de personnes. » Quelle meilleure définition d'un parrain des affaires ? Arnaud Lagardère veut rester aux commandes. Et pour l'essentiel vend par appartement le fabuleux empire industriel dont il a hérité. Il se sépare d'EADS en 2013, contre 2,5 milliards d'euros. Cette année-là, il vend aussi ses 25 % du groupe Amaury, qui lui permettaient d'avoir un pied dans *Le Parisien* et dans *L'Équipe*. Il vendra aussi ses 20 % dans Canal+…

Avril 2005. Le groupe Lagardère organise son séminaire annuel à Deauville. Autour de l'héritier, tous les cadres importants du géant mondial. Et deux invités politiques, Nicolas Sarkozy et Ségolène Royal, qui a accepté l'invitation que François Hollande avait déclinée avant elle. « Je vous présente mon frère », lance Arnaud Lagardère en introduisant celui qui est président de l'UMP et qui ne deviendra ministre de l'Intérieur qu'en juin. « On m'a beaucoup reproché cette phrase, mais j'étais pris par l'ambiance, les 200 cadres, je n'en pouvais plus, j'étais hors sol. Ça lui a plu, je crois. »

C'est la première fois qu'éclate en public, aussi ouvertement, le lien entre les deux hommes. Il fait jaser d'autant que tout le monde sait que Sarkozy sera candidat en 2007. Mais le 25 août 2005, en couverture de *Paris Match*, Cécilia Sarkozy est prise en photo au pied d'un immeuble de New York en compagnie d'un autre homme, Richard Attias, avec lequel elle consulte les plans d'un appartement. Son amant fait la une…

Arnaud Lagardère se souvient de ce jour comme de « l'horreur absolue ». « Je suis aux États-Unis. C'est Nicolas qui m'appelle. Donc c'est lui qui me l'apprend. Il me dit : "Je ne peux pas imaginer que tu n'es pas au courant." C'est sa première phrase. Il est glacial. Il ne m'en veut pas parce que je l'aurais su, il m'en veut de ne pas tenir les choses assez fermement et de ne pas être au courant de ce genre de choses. Je lui dis : "Je veux que tu me croies, je ne suis pas au courant. – Je te crois, mais dans ce cas-là, c'est de la négligence de ta part. – Oui c'est de la négligence de ma part." C'est l'horreur pour lui à ce moment-là. » À l'évidence, compte tenu de leurs liens, s'il avait été consulté, Arnaud Lagardère aurait empêché la publication de ce qui va être une des meilleures ventes de l'année de son hebdomadaire…

Jusque-là, le Tout-Paris de la politique savait que le ménage Sarkozy battait de l'aile, mais les Français l'ignoraient. À moins de deux ans de la présidentielle, personne ne sait encore quel genre de conséquences une séparation peut avoir. Jusque-là, c'est toujours un couple qui est entré à l'Élysée. Quand il évoque l'épisode aujourd'hui encore, Nicolas Sarkozy se souvient d'une humiliation en place publique. Il mentionne les « regards d'hyène sur lui », en sortant du Conseil des ministres. Cette « image du cocu », dit-il entre les dents, l'œil encore sombre. La blessure, sur le coup, est immense. Outre celle de son amour-propre, il y a aussi les dégâts sur sa famille… Compte tenu des relations qui lient le fils Lagardère et son parrain, qui vient juste de l'aider à prendre les rênes, l'héritier vit la chose comme une énorme faute.

Alors à la tête de *Paris Match*, Alain Genestar, ancien patron du *JDD*, avait jusque-là de bonnes relations avec le fils Lagardère. Lui non plus n'a pas anticipé la foudre que son coup éditorial va provoquer. Non seulement il a fait le choix de la une avec le cliché de l'escapade new-yorkaise, mais en double page intérieure, une photo met en scène Cécilia Sarkozy, Richard Attias et Nicolas Sarkozy, l'air maussade. Tous les proches de ce dernier se souviennent de sa colère noire. « Il imaginait même que Villepin était derrière ça… C'était terrible… En plus, on était obligés de vivre avec Genestar parce que c'était compliqué de le virer tout de suite même si, honnêtement, j'en crevais d'envie. On s'en est séparés un an après », dit Arnaud Lagardère. Pour le remplacer, il choisit Olivier Royant qu'il a rencontré à New York quand ce dernier était correspondant de *Paris Match* pour les États-Unis. Sarkozy ne sera plus jamais malmené. Et quand le *JDD*, l'autre titre du groupe Lagardère, envisage de révéler, au lendemain du second tour de la présidentielle de 2007, que Cécilia Sarkozy n'est pas allée voter, le papier est carrément censuré. À l'époque, une première. Signe assumé que désormais dans le groupe, « on ne touche pas à Nicolas ».

« On est resté fâchés quelque temps, et les choses ont repris leur cours », poursuit Lagardère. Sarkozy remarié avec Carla Bruni est probablement le politique de ces vingt dernières années à avoir fait le plus de couvertures de *Paris Match*… Élu à l'Élysée, il remettra la Légion d'honneur à son « frère » Arnaud dans son bureau. « C'était un dimanche, on était quatre, mes deux aînés, leur mère, et juste Nicolas, c'était un moment inoubliable », se souvient Arnaud Lagardère, qui a retrouvé son mentor. La scène en dit long elle aussi sur leurs relations et la solitude de l'héritier Lagardère. Tant d'autres que lui auraient organisé pour leur remise de Légion d'honneur, de surcroît par le président à l'Élysée, une cérémonie festive avec du monde… Pas lui. Sa famille, c'est Sarkozy.

Pas étonnant qu'une fois dans les affaires l'ancien président rejoigne le groupe qu'il a tant conseillé toutes ces années durant. C'est chose faite en février 2020[1]. Mais en coulisses, alors que le leadership d'Arnaud Lagardère n'a jamais été aussi contesté, l'ancien président va lui sauver la mise.

En 2016, le fonds activiste Amber Capital, dirigé depuis Londres par le financier Joseph Oughourlian, est entré au capital du groupe. Le fonds franchit en février 2020 le seuil de 10,32 % du capital et 7,73 % des droits de vote. Joseph Oughourlian, « l'affreux jojo » comme l'appelle aujourd'hui Arnaud Lagardère, remet ouvertement en cause les « choix stratégiques déplorables » du groupe : « Il est essentiel de revoir la gouvernance actuelle de Lagardère SCA et sa stratégie », martèle-t-il.

La guerre avec le fonds Amber met sur la table vingt ans de gestion de l'héritier. Amber aligne les exemples de déconfiture : le site Doctissimo acheté 140 millions en 2008 et revendu 15 millions dix ans plus tard à TF1. L'agence de marketing sportif Sportfive acquise pour 865 millions d'euros en 2006 – qui a en réalité coûté 1,3 milliard – et cédée pour 110 millions. La décision calamiteuse de sortir d'EADS à 40 euros l'action, beaucoup trop bas, alors qu'elle en vaudra plus de 140…

Joseph Oughourlian compte s'attaquer à la forteresse familiale Lagardère, forteresse car la gouvernance par le biais d'une commandite permet à l'héritier de contrôler le groupe avec 8 % des actions seulement, tout en étant responsable sur ses biens propres. Pour cela, Oughourlian a besoin de voix pour faire élire de nouveaux membres au conseil de surveillance. S'il finit par emporter la majorité au conseil, il peut empoisonner la vie du gérant. Arnaud Lagardère révèle aujourd'hui à quel

1. Emmanuel Lévy et Mathias Thépot, « Acculé par l'un de ses actionnaires, Lagardère appelle Sarkozy à la rescousse », *Marianne*, 19 février 2020.

point il a tremblé : en 2018, un analyste financier proche du fonds qatari, qui contrôle 13 % du capital de son groupe, serait selon lui parvenu à retourner le vote du gestionnaire du Qatar. « Nicolas est alerté aussitôt, mais c'est moi qui appelle Nasser ici », affirme Lagardère. Le patron du PSG, l'homme du Qatar en France, n'est pas au courant d'un éventuel vote hostile. « J'ai ensuite eu un coup de fil avec l'émir : "*Your Highness, what is happening ?*" Il est adorable. Il parle français parfaitement. On termine en français. Il change le vote. Il m'a dit "désolé, je n'étais pas au courant". Le soir même, je résous le truc. » L'année suivante, un autre actionnaire de poids menace de se ranger aux arguments du fonds Amber et de voter contre Lagardère : la Caisse des dépôts. « Le patron de la Caisse, Éric Lombard, a 7 ou 8 % des actions et n'a jamais aimé la commandite », soupire Arnaud Lagardère qui craint alors un vote défavorable de sa part. Il s'en ouvre à Nicolas Sarkozy. « Nicolas est intervenu auprès de Macron et Macron a retourné Lombard », révèle Arnaud Lagardère. Cette année-là, la Caisse des dépôts ne change pas de camp[1]. L'héritier Lagardère gagne un an… sauvé par Macron *via* Sarkozy, à l'écouter.

En février 2020, donc, Nicolas Sarkozy est nommé administrateur du groupe. « Ça faisait longtemps que je voulais le faire entrer, assure le principal intéressé. Je voyais ce qu'il faisait pour le groupe Accor. Sébastien (Bazin) m'a

1. Contacté, Éric Lombard, le directeur général de Caisse des dépôts, affirme qu'il « n'a jamais parlé de ce dossier à l'Elysée ». Il assure encore que « la Caisse n'a jamais envisagé de voter pour Amber, et a décidé de voter pour Arnaud Lagardère car il a pris l'engagement de supprimer la commandite, engagement qui a été tenu ». Cet engagement a cependant été pris publiquement en 2021 seulement. Éric Lombard fait enfin savoir que malgré plusieurs sollicitations du fonds, « Amber n'a jamais été reçu à la Caisse, contrairement à Arnaud Lagardère ». Le haut-fonctionnaire note que « depuis cet épisode, Amber considère que c'est la Caisse qui a fait échouer leur tentative ».

dit : "Tu sais, vis-à-vis des chefs d'État, il est quand même formidablement utile. Il n'est pas là que pour causer dans les conseils. J'ai vu aussi comment il a aidé Desseigne [le P.-D.G. du groupe Barrière], Courbit. Mais c'est vrai que j'en avais besoin pour faire barrage à Joseph qui avait alors 20 %" », assure sans détour l'héritier Lagardère. Avec Sarkozy qui se charge de faire le job auprès du Qatar et de la Caisse des dépôts, Arnaud Lagardère repousse les derniers assauts du fonds Amber Capital.

Et il passe l'année du covid à la tête de sa commandite et avec cette fois, officiellement à ses côtés, un nouveau copilote dans le cockpit. « J'ai sauvé le groupe, insiste-t-il, j'en ai fait deux leaders mondiaux, du *travel retail* (la vente dans les gares et les aéroports) et de l'édition ». Et puis, face aux critiques de ceux qui disent qu'il a vendu par appartement, pierre après pierre, l'empire légué par son père, Arnaud Lagardère a une réponse toute prête : « Le conglomérat qu'était le groupe n'était pas viable. »

Nombreux sont pourtant ceux qui pensent au contraire que sa gestion, conseillée par Sarkozy a été calamiteuse. Noël Forgeard est de ceux-là : « Tous ceux qui ont vécu comme moi l'aventure Jean-Luc sourient… C'était un costume trop grand pour lui. Il ne faisait pas le poids. Dire que Jean-Luc lui aurait laissé un groupe disparate pour finalement avoir remplacé Airbus par davantage de magasins d'aéroport et des spectacles vivants, cela ne peut être qu'une blague », exécute l'ancien bras droit de Jean-Luc Lagardère, pas tendre pour son héritier. Il n'est pas le seul. Quoi qu'il en soit, vingt ans plus tard, et avec l'aide de son parrain, le fils maudit est toujours là. Même si en février 2020, il l'ignore encore, mais son temps seul aux commandes est désormais compté.

Vincent

Il ne faut pas plus de trois minutes à Martin Bouygues pour nous en parler, ce 6 juillet 2023. Assis dans son grand bureau parfaitement rangé au 7e étage du siège du groupe de services, avenue Hoche à Paris, le grand patron a accepté de nous recevoir pour évoquer son ami de quarante ans, Nicolas Sarkozy. Son meilleur ami, a-t-on souvent écrit. Vêtu d'une doudoune sans manches siglée Bouygues, l'entrepreneur commence par un éloge de l'ancien président dont il fut le témoin lors de son mariage avec Cécilia Ciganer-Albeniz, en 1996, puis le parrain de son fils Louis, en 1997 : « C'est quelqu'un pour qui j'ai beaucoup de respect, beaucoup d'admiration. Quelqu'un de très construit, de très intelligent. Quelqu'un qui a une force de caractère exceptionnelle, une force de travail remarquable. »

La suite réserve une surprise. Les deux hommes ne sont plus aussi proches qu'avant. « À dire vrai, pendant son mandat, je l'ai très peu vu. Trois ou quatre fois en cinq ans. J'ai dû le solliciter deux ou trois fois, pour parler de la 5G, d'Areva. Depuis qu'il n'est plus président de la République, j'ai très peu de contacts. On doit se voir ou se parler une ou deux fois par an. Ça n'empêche pas beaucoup d'amitié et de respect, mais il est très occupé et je suis très occupé », expose Martin Bouygues. Pour le moins étonnant pour qui se rappelle ce que déclarait Nicolas Sarkozy juste avant d'être élu président, en février 2007. À cette époque, le ministre liait sa reconversion professionnelle à l'entreprise de « Martin ». « En 2012, j'aurai 57 ans. Je peux encore faire plein de choses. Martin n'a qu'une envie : que je vienne et que je gère pendant que lui s'occupera de ses actions. Vous savez, avec Martin, on s'appelle tous les jours depuis trente ans », confiait-il alors au *Parisien*[1].

À l'arrivée, rien, pas un contact, pas une collaboration, pas un contrat, hormis un partenariat ancien et mineur avec le cabinet d'avocats de Nicolas Sarkozy. « L'occasion ne s'est pas présentée. Je ne l'ai pas sollicité et lui ne m'a rien proposé », commente Martin Bouygues[2]. Voilà une dizaine d'années que l'industriel n'a pas non plus revu son filleul, Louis. Il n'était pas présent à son mariage avec la Monténégrine Natali Husic, le 24 septembre 2022, dans le Vaucluse. Une simple question d'emploi du temps, vraiment ? Il suffit d'une relance pour que le président du groupe Bouygues dévoile le fond de sa pensée sur ses rapports avec Nicolas Sarkozy : « En plus, il travaille avec Bolloré… Je n'ai rien contre. » Évidemment, le ton de sa remarque dénote du contraire.

Depuis 1998, Martin Bouygues et Vincent Bolloré se détestent. À l'automne 1997, le Breton a discrètement acquis 8,7 % du groupe familial, à titre « amical », afin d'éviter une OPA hostile, assure-t-il alors. Bolloré rappelle à Bouygues qu'ils ont été ensemble en classe de 8e, l'équivalent du CM1, à l'école privée Gerson, dans le 16e arrondissement de Paris. Un pacte d'actionnaires est signé. Puis Bolloré tente de déstabiliser son rival, dénonçant publiquement des comptes

1. Ludovic Vigogne, « Le combat d'une vie », *Le Parisien*, 7 mai 2007.

2. L'autorisation d'une quatrième licence de téléphone, accordée à Free en 2009, venant tailler des croupières à Bouygues Télécom n'est peut-être pas étrangère non plus au froid entre les deux hommes.

faussés, des envois de votes d'actionnaires bidonnés. Après une année d'affrontement d'une violence inouïe, il vend ses parts à François Pinault, engrangeant une plus-value de 240 millions d'euros. « Nicolas Sarkozy a été mon avocat contre Bolloré », se souvient Martin Bouygues, qui a la mémoire longue et confirme que Bolloré n'est toujours pas sa « tasse de thé », comme il dit. « Vincent, ça a été une époque très difficile de ma vie. Mais après tout, chacun fait comme il veut. Moi je suis binaire, Nicolas l'est moins que moi », poursuit le propriétaire de TF1. S'ensuivent des propos peu louangeurs sur le supposé rapport lâche à la vérité de Vincent Bolloré, sur ses opinions politiques. « Nicolas sait ce que je pense. Je ne vois pas où est le problème, il peut choisir les amis et les clients qu'il veut, je ne m'offusque pas, il n'a pas de comptes à me rendre, je n'en ai pas à lui rendre », assure aussi Martin Bouygues. Aucune rancœur exprimée, mais la prise de distance est nette.

Au fond, Nicolas Sarkozy a changé de camp. Il a remplacé son « ami Martin » par Vincent Bolloré. « Vincent est un génie », ne cesse d'affirmer Sarkozy en privé. Un génie qu'il défend de façon inconditionnelle, en particulier contre ceux qui le disent d'extrême droite. « L'histoire [selon laquelle] Bolloré soutient Zemmour, c'est une blague, Bolloré soutient l'extrême droite, c'est une blague. Si Bolloré a soutenu quelqu'un, c'est moi », plaide-t-il, comme un avocat le ferait pour son client. À ceci près qu'un avocat ne prendrait pas son propre exemple à témoin.

Bolloré le roublard a toujours su comment parler à Sarkozy l'affectif, le flatter, être présent dans les moments qui comptent. Le 9 mars 2023, l'ancien président enterre son père, Pal. L'église Saint-Jean-Baptiste de Neuilly est à moitié vide. De nombreux amis, connaissant les rapports distendus entre le père et le fils, ne sont pas venus. À un proche qu'il remercie d'être là, et qui lui répond que c'est normal, Nicolas Sarkozy fait part de son dépit : « Pas pour tout le monde. »

La garde rapprochée seulement – Véronique Waché, Pierre Charon, ses anciens conseillers Franck-Philippe Georgin et Camille Pascal, les Balkany, la communicante Patricia Balme et quelques autres – s'est déplacée. Brice Hortefeux aussi, malgré l'interdiction judiciaire qui empêche Sarkozy de le rencontrer. Les grands patrons, Martin Bouygues, Sébastien Bazin, Stéphane Courbit, sont absents. Seul Vincent Bolloré est venu. Vêtu d'un pardessus bleu marine et d'une écharpe passe-partout, il est arrivé parmi les premiers, a attendu la fin de la cérémonie pour s'éclipser. Une marque d'amitié qui touche beaucoup l'ex-chef de l'État.

En avril 2020, Sarkozy a apporté à Bolloré le groupe Lagardère. Le deal a scellé leur alliance indéfectible, une amitié supérieure à toutes les autres, y compris face à la volonté de Bernard Arnault, l'homme le plus riche du monde. Preuve de complicité ultime, Nicolas Sarkozy a accepté, en juillet 2023, de laisser tomber Muriel Beyer, son éditrice historique, directrice des Éditions de l'Observatoire, pour Fayard, le fleuron de Hachette, bientôt contrôlé par Bolloré. « C'est pas Sarko, c'est Bolloré qui le lui a demandé », nous répond Muriel Beyer, désolée de la décision de son auteur, qui avait le bon goût d'être son meilleur vendeur. Relation singulière, qui semble résister à toutes les tempêtes, et dans laquelle Sarkozy paraît jouer au parrain autant qu'au *consigliere*, le conseiller politique du « boss », popularisé par la trilogie de Francis Ford Coppola sur la famille Corleone. Au point d'intriguer jusqu'à Emmanuel Macron, qui interrogera plusieurs cadres de Lagardère sur les contours du partenariat Sarkozy-Bolloré. Le président tentera même de s'immiscer, selon plusieurs acteurs du dossier, dans le rachat du groupe propriétaire de *Paris Match* et du *Journal du dimanche*. « Sarkozy et Bolloré se voient tous les samedis matin, chez l'un ou chez l'autre, ils habitent en face [l'un de l'autre] dans le 16e arrondissement de Paris. Ils prennent le café et font un tour d'horizon », croit savoir Jacques Séguéla, pas le plus mal placé pour apprécier leur relation, en tant qu'administrateur de Havas, contrôlé par Bolloré et entremetteur historique du couple Sarkozy-Bruni, dont il reste proche. Lorsqu'on le questionne sur la fréquence de ces rencontres, Nicolas Sarkozy tempère : « Avec Vincent, on déjeune ensemble une fois par mois. » Peu importe au fond, tant leur lien est constant.

Quelque chose entre eux s'est cimenté la nuit du Fouquet's, le 6 mai 2007, lorsque Nicolas Sarkozy remporte l'élection présidentielle mais semble sur le point de perdre son épouse Cécilia. À l'époque, Vincent Bolloré est un ami de l'homme politique, mais légèrement de deuxième rang. Arrivé dans l'entourage de Sarkozy dans le sillage du banquier Antoine Bernheim, vingt ans auparavant, même s'ils se sont rencontrés lors d'un dîner chez Laurent Burelle, le patron du groupe Plastic Omnium, Bolloré est alors le copain un peu sulfureux, le Némésis breton de son quasi-frère Martin Bouygues. Le politique ambitieux et l'entrepreneur madré avaient déjà failli réaliser un coup ensemble, la privatisation de la SEITA, l'entreprise nationale de fabrication de tabac, en février 1995, lorsque le maire de Neuilly était ministre du Budget. Le Breton, trop endetté, n'avait finalement pu prendre que 1,5 % de l'ensemble. Les années suivantes les avaient maintenus complices, de loin en loin. Bolloré est à l'époque une petite planète dans la galaxie des grands patrons, le propriétaire de Direct 8, une toute petite chaîne de la TNT à 0,2 % d'audience, quand Martin Bouygues dirige la première chaîne d'Europe, TF1, 32 % d'audience tous les jours.

Mais Vincent Bolloré a un sens instinctif des opportunités. Le soir du Fouquet's, il saisit la détresse de son ami, il entend surtout Cécilia Sarkozy dire qu'elle n'ira pas en Corse, où le couple a préalablement prévu de se ressourcer quelques jours. Lorsque Nicolas Sarkozy vient les saluer, il réitère la proposition qu'il a déjà faite à plusieurs reprises. « Si vous voulez le *Paloma* pour vous reposer quelques jours… » Le *Paloma*, son yacht de 65 mètres, ses dix-sept membres d'équipage. Il mouille à Malte. Le président élu est d'accord. La croisière de la famille Sarkozy durera trois jours et sera commentée cinq ans. Le maelström médiatique, la loyauté de Vincent Bolloré, le goût du contre-pied du président, aussi, tout cela rehausse le niveau de leur amitié. Petit à petit, Bolloré devient un proche du premier cercle. Après être allé à Kinshasa, en République démocratique du Congo, Nicolas Sarkozy fait une escale au Congo-Brazzaville, le 26 mars 2009, il apostrophe Jean-Jacques Bouya, le président du conseil d'administration du port de Pointe-Noire, qu'il n'a jamais vu de sa vie : « Jean-Jacques, tu ne vas tout de même pas le donner aux Chinois. Il faut que tu le donnes à Vincent[1] ! » Les concessions portuaires ont considérablement enrichi le groupe Bolloré.

Quand Nicolas Sarkozy prend sa seconde retraite politique, en novembre 2016, il retrouve un Vincent Bolloré transformé. Plus puissant. Le voilà désormais premier actionnaire et président du conseil de surveillance de Vivendi, c'est-à-dire le patron effectif de Canal+ ou de Havas, le premier groupe de communication français. La multinationale emploie 81 000 personnes, se plaçant dans les deux cents premiers conglomérats du monde. « Vincent est admirable et je l'admire », répète autour de lui Nicolas Sarkozy, qu'on sait fasciné par le succès entrepreneurial. Dès lors, l'ancien président accepte quelques missions pour le groupe Bolloré, qui dispose d'un contrat avec son cabinet d'avocats.

En juin 2017, il présente Cyrille Bolloré, le fils de Vincent, patron de la branche spécialisée dans la gestion des ports, à

1. Airy Routier, « Ses vrais alliés – Sarkozy et les grands patrons », *Challenges*, 8 avril 2010.

son ami Alassane Ouattara, le président de la Côte d'Ivoire, à l'occasion d'un déplacement effectué pour le compte du groupe Accor. À la manière d'un parrain et de son filleul. Lorsque le groupe Bolloré entre en négociations exclusives avec le groupe suisse MSC pour la vente de l'ensemble de ses activités portuaires en Afrique, le président Ouattara est mécontent. Nicolas Sarkozy joue encore une fois les médiateurs les 24 et 25 janvier 2022 en accompagnant Cyrille Bolloré et son collaborateur Philippe Labonne auprès du chef d'État ivoirien. En janvier 2018, même opération auprès de Paul Kagame, le président du Rwanda, un autre homme important de la galaxie Sarkozy en Afrique. Cette place de tuteur que Martin Bouygues aurait pu avoir pour son fils Louis, Nicolas Sarkozy l'occupe auprès de la famille Bolloré.

Loin de lui déplaire, l'abnégation de Vincent Bolloré à transformer Canal+ et à faire d'Itélé, qu'il renomme Cnews, un Fox News français, l'électrise. Là où l'intelligentsia y voit un danger démocratique, lui salue le brio industriel. « Canal+ qui était en grande difficulté est redevenu un groupe mondial qui fait l'essentiel de ses profits à l'étranger. Que vous le vouliez ou non, qu'on aime ou pas Bolloré », pointe Nicolas Sarkozy lors de l'entretien du 27 juin 2023. Puis vient le pacte. Une partie de poker menteur impliquant les personnages les plus puissants de la société française. Emmanuel Macron, Bernard Arnault, Nicolas Sarkozy et Vincent Bolloré. Un jeu de dupes capitaliste dans lequel le rôle de Sarkozy apparaît central.

Le prologue de ce feuilleton se fait jour à l'automne 2019. Emmanuel Macron a déjà un demi-œil rivé vers la présidentielle de 2022. Parmi ces mini-mouvements d'influence qu'il sait repérer immédiatement, le président de la République a remarqué deux urticants potentiels. Le 14 octobre 2019, Éric Zemmour a débarqué sur Cnews. Son discours d'extrême droite est un succès d'audience. Bolloré semble assumer de plus en plus ouvertement de transformer sa chaîne en tribune pour la droite nationaliste, façon Fox News. Le cas de *Paris Match* est encore plus inquiétant aux yeux du président – et à ceux de son épouse Brigitte. Le 22 octobre 2019, Hervé Gattegno, le directeur du *Journal du dimanche*, a été nommé également directeur de cet autre journal du groupe Lagardère. Un problème pour les Macron. D'une part, Gattegno est alors, aux yeux du Château, l'homme de Sarkozy. Ne le défend-il pas avec ardeur dans l'affaire libyenne ?

C'est d'ailleurs effectivement Nicolas Sarkozy qui annonce à Hervé Gattegno sa promotion. « Félicitations », lui dit-il au téléphone, expliquant tenir l'information d'Arnaud Lagardère, qui a donc informé Sarkozy de son choix avant même l'intéressé.

Cette promotion signifie surtout la rétrogradation d'Olivier Royant, le directeur de la rédaction de *Paris Match*. Or le journaliste est devenu un intime du couple Macron, leur porte-bonheur depuis qu'il a placé la photo d'eux à la plage en une du journal, en août 2016. Royant vit d'autant plus mal cette disgrâce qu'il est atteint d'un cancer depuis plusieurs mois. Toute la rédaction est au courant. « Brigitte était furieuse, elle m'a appelé. Ils adoraient Royant car ils pensent que Royant a fait leur élection. Olivier allait tout le temps les voir, il était très proche », nous affirme Arnaud Lagardère, le 2 juin 2023. Bolloré-Zemmour-Lagardère-Gattegno… À l'époque, aucun trait d'union entre ces noms. Le rapprochement a lieu en avril 2020.

La crise du covid a placé Arnaud Lagardère en situation désespérée. Les recettes des boutiques Relay dans les gares et les aéroports, un des joyaux du groupe, sont au plus bas, sa dette au plus haut. Fin 2019, le fils de Jean-Luc Lagardère doit 164 millions d'euros au Crédit agricole. Le 17 mars 2020, l'action de la société se rétracte sous les 8,50 euros. À cet instant, la valeur du patrimoine en actions d'Arnaud Lagardère est largement inférieure à la valeur de la dette. Le gérant est virtuellement en faillite. Dans le même temps, Amber Capital tente une nouvelle fois de peser sur la composition du conseil d'administration, conteste encore et toujours les décisions du P.-D.G.

Nicolas Sarkozy a été désigné administrateur par un communiqué le 27 février, mais cette nomination doit encore être entérinée formellement à l'assemblée générale du 5 mai 2020. Depuis le cap Nègre, où il s'est confiné, il se décarcasse déjà pour rallier à la cause d'Arnaud Lagardère les principaux actionnaires, qu'il connaît presque tous. Il appelle Éric Lombard, le patron de la Caisse des dépôts, Nasser al-Khelaïfi, le président du PSG, pour le Qatar, ou Jean-François Cirelli, le président du fonds Blackrock. Il rassure aussi Xavier Musca, le directeur général du Crédit agricole, encore un ami de quarante ans, et surtout son secrétaire général de l'Élysée de 2011 à 2012. Ça aide. L'attelage peut encore emporter le vote cette année, obtenir un sursis pour la dette d'« Arnaud », mais il faudra trouver des solutions à plus long terme, l'ancien président le sait bien.

De retour à Paris pour quelques jours, début avril 2020, Nicolas Sarkozy voit Arnaud Lagardère, à son domicile rue Pierre-Guérin, dans le 16e arrondissement, nous indique l'entrepreneur. Leur rendez-vous va engendrer une des batailles capitalistes les plus fiévreuses de ces dix dernières années. « Si j'étais toi, je supprimerais la commandite. C'est la ligne Maginot en pire. La preuve, Oughourlian te déstabilise. Donc je pense qu'il faut défaire la commandite, la vendre. Et puisque tu as besoin d'argent, chercher un actionnaire », conseille Nicolas Sarkozy au gérant du groupe Lagardère. À cet instant, les deux hommes établissent une première liste de partenaires potentiels, avec des plus et des moins, comme on le ferait d'un bachelier hésitant entre des études de droit et des études de psychologie. « Je veux que le groupe reste français, et donc l'adosser à un groupe familial, qui me fout la paix. On dresse une liste de gens. Il y a Vincent Bolloré, Marc Ladreit de Lacharrière, Bernard Arnault, Martin Bouygues. C'est moi qui fais le choix. Martin, je ne suis pas très proche de lui. Je n'ai pas beaucoup d'atomes crochus. Ceux avec qui j'ai des atomes crochus, c'est Bernard et Vincent. Bernard m'a mis dans son conseil, je l'ai mis dans mon conseil. On joue au tennis de temps en temps. Vincent, je le vois quatre fois par semaine, on habite à côté, et je connais bien son fils Yannick. Tout cela a pris un mois, Nicolas est parfois venu ici, rue de Presbourg. Ça s'est décidé à l'assemblée de mai 2020 », nous restitue Arnaud Lagardère. À cet instant, le destin de trois des médias les plus importants de France, *Paris Match*, le *Journal du dimanche* et Europe 1, semble donc se jouer au statut de voisins d'Arnaud Lagardère et Vincent Bolloré, à la villa Montmorency, dans le 16e arrondissement de Paris.

« Est-ce que tu m'autorises à en parler à Vincent ? » demande Nicolas Sarkozy à Arnaud Lagardère, selon ce dernier, une fois le nom de Vincent Bolloré sorti du chapeau, lors de ces rendez-vous d'avril 2020. Sarkozy fait-il pression pour que le repreneur soit Bolloré ? Nos deux interlocuteurs assurent que non. Mais, première constatation, les médias du groupe Lagardère (*Paris Match*, le *Journal du dimanche*, Europe 1) intéressent beaucoup Sarkozy. Trois médias pour lesquels il a toujours eu un œil et une oreille plus qu'attentifs. « Nicolas Sarkozy considère que le *JDD* c'est un peu son journal. Il a une relation unique, très spécifique, avec ce canard[1] », déclarait par exemple Franck Louvrier, conseiller médias de Sarkozy, en mars 2012. « Le *JDD*, c'est le journal

1. Frédéric Martel. « Le JDD de Sarkozy ». Blog de lexpress.fr « Sarkozysme culturel ». Le 2 mars 2012.

de Nicolas, et *Paris Match*, c'est mon journal », répète aussi Carla Bruni devant ses amis. Depuis les années 1990, le poids des mots et surtout le choc des photos accompagnent sa trajectoire de mannequin puis de chanteuse.

Deuxième constatation, parmi les quatre noms cités, Vincent Bolloré est, en 2020, le plus proche de Nicolas Sarkozy. Avec Marc Ladreit de Lacharrière, les relations se sont certes réchauffées, depuis que l'ancien chef d'État l'a rejoint au conseil d'administration du groupe Barrière, en avril 2019. « En fait, c'est Sarkozy le bon », finira même par dire l'homme d'affaires. Mais une poignée de déjeuners ne peuvent suffire à faire des adversaires d'hier des complices d'aujourd'hui. Entre 2012 et 2017, Ladreit a soutenu François Fillon contre lui, allant jusqu'à fournir un emploi de complaisance à son épouse Pénélope à la *Revue des Deux Mondes*. Quant à Bernard Arnault, sa qualité de témoin lors du mariage de Nicolas Sarkozy avec Cécilia Ciganer-Albeniz, en 1996, est un trompe-l'œil. Voilà plusieurs années que le politique et le grand patron ne se fréquentent plus que de loin. Lorsque l'ancien président tente de joindre directement l'homme le plus riche du monde, celui-ci ne répond pas. Il le fait rappeler par Nicolas Bazire, le directeur du développement de LVMH, un des « meilleurs amis » de Nicolas Sarkozy, c'est lui qui nous l'assure – et le témoin de son troisième mariage, avec Carla Bruni, en 2008. Une petite vexation que ne goûte guère l'impétueux retraité.

Troisième constatation : c'est bien Nicolas Sarkozy qui joue l'entremetteur initial entre Vincent Bolloré et Arnaud Lagardère. Signe de sa place centrale dans l'équation. Il a joint son « ami Vincent » ; celui-ci est évidemment d'accord pour investir dans Lagardère. À terme, la question d'un rachat se posera forcément. Bolloré deviendrait alors l'un des hommes les plus influents de France, en créant un groupe de médias à la puissance de feu considérable. Il posséderait aussi Hachette, troisième groupe d'édition mondial, propriétaire des éditions Grasset, Fayard, Calmann-Lévy. Des marques qui comptent à Paris. « Moi je veux le faire avec toi », dit alors Bolloré à Sarkozy, nous confirme ce dernier. La phrase semble sceller, depuis, un partenariat inébranlable, au nom duquel ils se rendent des services à tour de rôle. Dans un premier temps, Bolloré approche Lagardère, l'entente est facile. « Vincent m'appelle, il me dit : "Si tu as besoin je suis là. À un moment, j'ai failli crever et Jean-Luc a été là. Donc demande-moi ce que tu veux, comme tu veux, quand tu veux, je le fais." Je lui dis : "Ce serait bien que tu rentres dans le groupe pour faire peur à Joseph." Il me répond : "À chaque fois que je passe un seuil d'actions, je t'appelle et tu me dis si ça te convient." À 4,99, à 5,99, etc. Il m'appelle effectivement. "J'y vais ?" Je lui dis oui. Ça se passe comme ça et ça se passe très bien », détaille Arnaud Lagardère sur ces premiers échanges avec Vincent Bolloré, dans le courant du mois d'avril 2020, alors que la France est parfaitement confinée.

En quelques jours, Lagardère et Bolloré se rencontrent plusieurs fois, en présence de Nicolas Sarkozy. « Ils ne se rencontrent pas dans le métro », a l'habitude d'ironiser l'ancien président, en évoquant avoir « joué un petit rôle de création de confiance » entre les deux entrepreneurs. Le 21 avril 2020, Vivendi annonce publiquement avoir acquis 10,6 % de Lagardère. Le 5 mai, Arnaud Lagardère écarte une fois de plus la menace d'Amber Capital lors de l'assemblée générale de son groupe. La commandite demeure. L'histoire aurait pu s'arrêter là. Elle va encore se compliquer, pendant dix-huit mois furieux, au cours desquels Sarkozy et Bolloré se soutiendront à chaque instant.

Le 25 mai 2020, Vivendi est déjà monté à 16,4 % des parts, avec l'accord d'Arnaud Lagardère. Ce jour-là, Bernard Arnault annonce qu'il rachète… 25 % de Lagardère Capital Management (LCM), sa holding personnelle, pour moins de 100 millions d'euros. L'investissement est stratégique. LCM supporte la dette colossale d'Arnaud Lagardère mais gère aussi son statut de gérant commandité, ce mode de gestion si spécifique qui lui assure les pleins pouvoirs dans la conduite de l'entreprise et empêche toute offre publique d'achat (OPA). En clair, le grand patron pose un premier pied sur la direction du groupe. Arnaud Lagardère, lui, est financièrement soulagé. Le risque de faillite personnelle s'éloigne. Quelle meilleure caution que l'homme le plus riche du monde ? Lorsqu'il nous reçoit, rue de Presbourg, Arnaud Lagardère nous relate en détail l'épisode. Il dit avoir été avisé de l'opportunité par Grégoire Chertok, associé de la banque Rothschild, et star parmi les stars dans le monde de la banque d'affaires : « Grégoire Chertok me dit : "J'ai vu mon copain Bazire, Bernard est prêt à vous aider sur votre dette." Cela se passe au moment de l'assemblée générale, quand Vincent commence à monter. Forcément, moi ça m'aide. Notre deal est scellé, il vient en appui du groupe. Il n'a pas envie de prendre la majorité. » Le 12 mai 2020, une réunion a eu lieu au 22, avenue Montaigne à Paris, le siège de LVMH. Arnaud Lagardère rencontre Bernard Arnault, son fils Alexandre et Nicolas Bazire, membre du comité exécutif de LVMH. Deux autres réunions se tiennent, une en présence de Nicolas Bazire, l'autre avec Bernard Arnault seul, nous affirme le P.-D.G. de Lagardère. L'accord parallèle est entériné.

Ni Vincent Bolloré, ni Nicolas Sarkozy, le parrain de leur rapprochement, ne sont prévenus de la manœuvre. Arnaud Lagardère les appelle au dernier moment. Bolloré affecte de comprendre l'opération, ne laisse rien paraître. Nicolas

Sarkozy non plus ne s'offusque pas, mais il s'agacera, en privé, du culot de son « frère » Arnaud. « Je lui sauve son poste, son argent, et lui… », glisse-t-il devant des proches. L'initiative peut étonner ceux qui ne connaissent pas le fils de Jean-Luc Lagardère. En réalité, l'entrepreneur a toujours su profiter des rivalités autour de lui. S'il a pu prendre le contrôle du groupe Lagardère, après la mort de son père en 2003, c'est, on l'a vu, grâce à la guerre que se sont menée les dirigeants Philippe Camus et Noël Forgeard.

Arnaud Lagardère tient à nous renseigner sur l'importance d'un autre acteur de ce dossier, qui n'apparaît pas dans les rapports annuels d'entreprise : Emmanuel Macron. Selon l'homme d'affaires, le président de la République serait intervenu auprès de Bernard Arnault pour qu'il investisse à ses côtés. Et il considère que cet activisme est lié à Nicolas Sarkozy : « Bernard n'a pas forcément envie de venir. Il vient sur instruction de Macron, c'est la vraie histoire. Pour faire barrage à Bolloré, et à Sarko, je pense. Il se dit que Bolloré va aider Sarko. » Arnaud Lagardère nous raconte son entrevue avec le président de la République à un moment qu'il ne date pas mais qui se situe avant l'automne 2020. Au cours de ce rendez-vous, Emmanuel Macron aurait reconnu être intervenu personnellement : « Il me reçoit, il me dit : "Tu sais que Bernard Arnault, c'est moi qui lui ai demandé, c'est plus sûr vis-à-vis d'Oughourlian, on ne sait jamais." Et il a en tête le reste. Il ne veut pas que Sarko soit trop aidé par le groupe, il ne me l'a pas dit mais j'en ai plus que la quasi-certitude. »

Au passage, Arnaud Lagardère suggère qu'une lettre de Jean-Yves Le Drian, le ministre des Affaires étrangères, demandant au groupe LVMH de différer le rachat du joaillier américain Tiffany, le 31 août 2020, pourrait être lié au dossier Lagardère : « N'oubliez pas que quelques mois après,

Bernard Arnault obtient cette lettre invraisemblable sur Tiffany qui vient de nulle part[1]. » Drôle d'insinuation, qui sous-entend l'existence d'un pacte secret entre Arnault et Macron pour barrer la route au tandem Sarkozy-Bolloré en échange d'un traitement de faveur.

Dès juin 2020, l'ancien président endosse un des costumes qui lui plaisent le plus : celui de pacificateur entre les puissants. En ce mois de juin 2020, il participe à un dîner à l'Élysée avec Emmanuel Macron, Vincent Bolloré et leurs compagnes. Objectif, crever les abcès. Mais les sujets qui fâchent ne sont pas abordés, la conversation demeure bourgeoise, on devise sur les batteries électriques, et à la fin les méfiances subsistent. L'épisode semble avoir laissé un froid passager entre Macron et Sarkozy. Entre juillet et novembre 2020, ils ne se voient pas, alors qu'ils séjournent à deux pas l'un de l'autre, dans le Var, en août.

Entre Vincent Bolloré et Bernard Arnault, aussi, il faut recoller quelques morceaux. « Une querelle se crée malgré eux entre Vincent et Bernard », se souvient Arnaud Lagardère.

1. À l'époque, cette lettre arrange le groupe LVMH, qui s'est engagé, en novembre 2019, à racheter la marque de luxe avant le 24 novembre 2020, moyennant 16,6 milliards de dollars. Mais entre-temps, Tiffany a connu des résultats catastrophiques. En théorie, LVMH ne peut ni renégocier la vente ni l'abandonner, sauf à s'exposer à des pénalités faramineuses. Or Jean-Yves Le Drian demande à LVMH de « reporter la fermeture de la transaction Tiffany en cours jusqu'au 6 janvier 2021 », date d'entrée en vigueur de droits de douane sur les produits français. L'intérêt supérieur de la nation justifierait d'inclure le rachat de Tiffany dans une sorte de négociation globale entre la diplomatie française et son homologue américaine. Le 9 septembre 2020, LVMH se réclame de la lettre de Jean-Yves Le Drian pour annuler l'opération, tout en refusant de payer les pénalités. Tiffany ouvre une procédure en justice, puis cède. Le joaillier accepte *in fine* de revoir légèrement à la baisse le prix de vente, à 16,2 milliards de dollars. La lettre a permis à LVMH d'économiser 390 millions d'euros.

Le 24 septembre 2020, la Financière Agache, filiale familiale de Bernard Arnault, a finalement racheté 27 % de la holding personnelle du gérant en commandite, contre environ 80 millions d'euros, tout en prenant une participation directe de plus de 5 % dans le groupe Lagardère. « Arnaud Lagardère et groupe Arnault agiront de concert », avec 12,77 % du capital, annonce un communiqué. Malgré tout, le fils de Jean-Luc Lagardère affirme ne pas avoir changé de champion. « Je n'ai jamais voulu les opposer, c'est le meilleur moyen de se faire bouffer par les deux. Tous mes œufs étaient chez Bolloré. C'était, entre guillemets, mon successeur », certifie Arnaud Lagardère. Mais entre-temps, Vincent Bolloré renoue avec la stratégie de pression qu'il a assumée auprès de Bouygues, vingt-deux ans plus tôt. Il signe avec Amber Capital un pacte d'actionnaires : si l'un des deux groupes vend ses parts, l'autre sera prioritaire pour les racheter. Et il continue de multiplier les actions, jusqu'à monter à 26 % des parts en octobre 2020.

En vertu de ce pacte, la nouvelle alliance Amber-Bolloré attaque en justice Arnaud Lagardère pour demander quatre sièges au conseil de surveillance – la justice leur donnera tort. Le plan Sarkozy paraît sur le point de capoter. Mais l'homme de la rue de Miromesnil a de la ressource. Il s'assure au préalable de la loyauté d'Arnaud Lagardère au camp Bolloré, malgré la cachotterie de mai 2020. Le gérant, qui a senti l'équipe Arnault moins motivée, moins combative, moins prête à lui négocier des contreparties, aussi, adresse les signes qu'il faut. « Je fais tout pour que ce soit Vincent », répète alors l'ex-président autour de lui. Nicolas Sarkozy s'emploie à trouver une solution qui contente chacun, et en premier lieu Vincent Bolloré. « Si la question est pourquoi j'ai soutenu Vincent à l'époque, c'est parce que je n'aime pas le conflit d'intérêts. J'avais choisi Vincent, j'avais un engagement avec lui, je ne le quitte pas en route. Si vous pouvez rentrer dans une cage avec deux tigres, ou dans une cage avec un tigre, il vaut mieux rentrer avec un tigre », ne cesse alors d'expliquer Nicolas Sarkozy à ceux qu'il reçoit dans ses bureaux. Avec Nicolas Bazire, ils échangent quasi quotidiennement afin d'aboutir à un armistice. À la mi-février 2021, Sarkozy partage aussi le petit déjeuner avec Bernard Arnault. Le revoilà courtisé, dans ce nouveau rôle de conciliateur.

Son choix de Bolloré est un pari sur la fidélité tout autant qu'un calcul lucide. Vincent Bolloré lui offre une place centrale dans son projet, quand Bernard Arnault l'a très peu consulté, nous fait remarquer un ami de l'ancien président. Surtout, l'alliance signée entre Vivendi et Amber Capital place le groupe du Breton en position de force. À court terme, un enjeu met d'accord tout le monde : la fin de la commandite. « En économie de marché, une entreprise qui n'a pas d'actionnaires, c'est un problème », fait savoir Nicolas Sarkozy. Bernard Arnault et Vincent Bolloré sont également pour ; le démantèlement de ce mode de gestion particulier est le seul moyen d'acheter certaines entités du groupe Lagardère, par exemple Hachette, *Paris Match* ou le *Journal du dimanche*. Bernard Arnault est intéressé par les deux journaux du groupe.

Le 28 avril 2021, la commandite tombe. En échange, Arnaud Lagardère a négocié la possibilité d'obtenir des actions du groupe. Sa part individuelle passe à 14 %, le groupe Arnault reprenant sa liberté, avec ses 7 % – en septembre, il échangera ses parts dans la holding du P.-D.G. contre 3 % supplémentaires. Le gérant a aussi obtenu d'être révocable à la majorité des deux tiers du conseil d'administration, soit huit voix sur onze. Or sa composition est assez bien verrouillée. Elle reflète désormais le rapport de force au sein de l'actionnariat, avec trois sièges pour Arnaud Lagardère, trois sièges pour Vivendi, un pour le Qatar, un pour Amber Capital et un pour Bernard Arnault, ainsi que deux représentants salariés. Il suffit à Arnaud Lagardère de se trouver un allié pour survivre. Nicolas Sarkozy est désigné en tant que représentant d'Arnaud Lagardère, mais, on le sait, il se veut tout aussi loyal envers Vincent Bolloré.

Une OPA est désormais possible, elle ne tarde pas. En septembre 2021, Amber Capital, qui peut dorénavant faire fructifier au mieux sa participation, propose de revendre son capital à Vivendi. Le groupe de Vincent Bolloré lance immédiatement son OPA sur Lagardère. Reste encore à convaincre la Commission européenne et sa Direction de la concurrence, qui contrôle les rachats de grands groupes européens de manière à éviter la formation de mastodontes susceptibles d'abuser ensuite de leur position dominante. Un actif pose particulièrement question. *Paris Match* est le magazine people numéro un en France. Et Vivendi possède déjà le numéro deux, *Gala*. Bernard Arnault espère alors, croit savoir l'un de ses interlocuteurs, pouvoir récupérer le journal à la faveur du dispositif européen anticoncurrence. Vincent Bolloré lui a-t-il laissé entendre qu'il lui vendrait ce média ? Nicolas Sarkozy et Arnaud Lagardère assurent que non. Preuve que l'hypothèse a été sur la table, le cabinet Ricol Lasteyrie est alors chargé d'une évaluation du prix de ce magazine, du *Journal du dimanche* et d'Europe 1. « *Paris Match* seul valait à notre sens 80 millions d'euros et l'ensemble quelque chose comme 250 millions d'euros, car c'est un écosystème unique en son genre », nous révèle l'expert-comptable René Ricol, à la fois l'ami proche de Nicolas Sarkozy et celui de Vincent Bolloré.

Dans les médias du groupe Lagardère, un étrange climat éditorial se met peu à peu en place.

Le 18 octobre 2021, Hervé Gattegno est évincé de son poste de directeur de *Paris Match* et du *Journal du dimanche*.

Un mois auparavant, il a fait paraître en une de *Paris Match* une photo d'Éric Zemmour, la figure de proue de Vincent Bolloré sur Cnews, barbotant dans l'eau avec sa collaboratrice Sarah Knafo, qualifiée de « très proche conseillère ». Mais Arnaud Lagardère, tout en glissant au passage que Gattegno est « plus proche d'Antoine Arnault », le fils de Bernard, « que de Bolloré », jure qu'il faut chercher ailleurs les raisons de son départ. Du côté d'Olivier Royant, décédé le 30 décembre 2020, avec lequel la cohabitation à la tête du journal – voulue par Arnaud Lagardère lui-même – s'était révélée difficile. L'attitude de Gattegno faisait souffrir Royant, ce dont l'homme d'affaires s'était aperçu. « Le départ d'Hervé Gattegno n'est pas à chercher du côté de Bolloré, comme j'ai pu le lire. C'est plutôt le résultat de mon erreur de l'avoir placé à la tête des deux rédactions, ce qui a déstabilisé Olivier qui luttait courageusement contre la maladie », affirme Arnaud Lagardère. D'ailleurs, aux obsèques d'Olivier Royant (décédé le 30 décembre 2020), sa famille avait jugé préférable qu'Hervé Gattegno soit tenu à une certaine distance. Il a ainsi été placé à l'écart de la rangée où se tenaient les proches et les membres de la rédaction de *Paris Match*.

L'explication avancée a le chic d'envoyer un signe amical aux Macron. Arnaud Lagardère nous assure qu'il aurait ressenti un déclic à l'enterrement d'Olivier Royant, quand Brigitte Macron l'a interpellé : « À l'enterrement, Emmanuel et Brigitte sont au premier rang, il y a Nicolas, Carla. Je suis au deuxième rang. "C'est terrible, hein, Arnaud", me dit Brigitte. Je pense que c'est un commentaire ironique. Ils sont persuadés que c'est moi qui l'ai tué. J'ai senti qu'un fil avait été coupé. Maintenant, je ne vois plus Macron. Ça nous a un peu fâchés. »

Arnaud Lagardère pourrait-il donner une autre justification ? Les règles européennes au sujet de la concurrence lui interdisent de se comporter comme un membre du groupe Vivendi tant que la vente n'a pas été homologuée. Toute consigne venue de Vincent Bolloré est proscrite. Cette pratique, nommée *gun jumping*, c'est-à-dire « faux départ », est sévèrement sanctionnée, jusqu'à 10 % du chiffre d'affaires des sociétés concernées. Soit, dans le cas de Vivendi et Lagardère, une somme autour de 1,5 milliard d'euros. Autant dire une déflagration.

Sollicité sur son départ et un éventuel lien avec Olivier Royant, Hervé Gattegno conteste avoir eu une attitude équivoque avec le directeur de la rédaction de *Paris Match* et évoque par écrit une autre version de son départ, liée à Vincent Bolloré : « Olivier Royant (qui a travaillé à mes côtés à *Paris Match* à partir d'octobre 2019 sans le moindre incident) est décédé en décembre 2020. J'ai quitté la direction des journaux du groupe bien plus tard, en octobre 2021, mais fort peu de temps après la prise de contrôle effective de Lagardère par Bolloré. Ce que *Paris Match* et le *JDD* sont devenus depuis lors suffit, me semble-t-il, à éclairer le contexte de mon éviction sans qu'il soit besoin d'en dire davantage. » Dans cette missive, Gattegno suggère donc que le propriétaire de Vivendi contrôle bien *Paris Match* et le *JDD* depuis 2021, une affirmation qui abonde dans le sens d'un « gun jumping ».

Derrière le choix d'une une de *Paris Match* consacrée au cardinal Robert Sarah, égérie des catholiques conservateurs, en juillet 2022, ou la décision de nommer Geoffroy Lejeune, l'ex-patron de *Valeurs actuelles*, directeur du *JDD*, pour ne citer que les arbitrages les plus voyants, beaucoup voient la main de Vincent Bolloré. Arnaud Lagardère réfute, tout en confirmant s'inspirer de la vision industrielle de son partenaire : « Je peux faire des choses par amitié, ou par signe, mais ce n'est pas Vivendi qui me le demande. Ce n'est pas pareil. Il y a des choix que je peux faire parce que j'estime qu'ils sont plus en ligne avec le média Europe 1 nouveau qu'on veut faire, une radio Europe 1 de droite, positionnée différemment. Avoir des journaux plus en synergie avec ça, c'est vrai, je l'assume. J'ai compris qu'il fallait une cohérence qui ne peut pas être centriste, et donc qu'il fallait droitiser. Ce n'est pas idéologique, c'est industriel. Et ça va à Vincent. »

Ça va aussi à Nicolas Sarkozy, malgré le cordon sanitaire qu'il a toujours maintenu envers l'extrême droite. Dans ses bureaux de Miromesnil, l'ancien président défend la nomination de Geoffroy Lejeune à la tête du *JDD* : « Une fois que la décision est prise, elle devient notre décision. C'est la loyauté. Donc si la question est : est-ce que vous soutenez cette décision, la réponse est oui[1]. » Il n'apprécie pourtant pas l'ancien directeur de la rédaction de *Valeurs actuelles*. En autres griefs, celui-ci a publié un entretien avec Patrick Buisson en septembre 2016, au moment de la primaire de la droite. L'ancien conseiller de Nicolas Sarkozy détaillait pourquoi il ne fallait surtout pas voter pour lui. Le 18 avril 2019, Sarkozy croise justement Lejeune à la remise de la Légion d'honneur de l'écrivain Michel Houellebecq, à l'Élysée. Il l'invective, l'injurie. Charlotte d'Ornellas, journaliste à *Valeurs actuelles*, est également présente. Sarkozy s'explique ensuite de son emportement auprès de Bruno Roger-Petit, conseiller d'Emmanuel Macron, et lui intime : « Restez à côté de moi, je ne veux pas être avec ces gens-là. »

Nicolas Sarkozy se souvient de l'épisode. Le voilà qui défend pourtant désormais « ces gens-là ». Il n'est pas très à l'aise, mais il assume. Le respect du projet industriel Lagardère-Bolloré passe avant. « Avec Geoffroy Lejeune, on a eu des démêlés. Mais je n'accepte pas le procès d'intention. Dire,

1. Conversation avec les auteurs, le 27 juin 2023.

parce que vous avez été à *Valeurs actuelles*… À lui de prouver qu'il peut faire un journal de grande qualité. Il est talentueux, jeune, il a du potentiel[1] », dit-il. Lui aussi revendique le changement de ligne éditoriale d'Europe 1, mais conteste toute radicalisation : « Il est parfaitement exact de dire qu'Europe 1 a changé. Ça baissait depuis l'époque de Jean-Luc Lagardère. Des changements forts ont été faits comme l'arrivée de Pascal Praud[2], le groupe a beaucoup investi dans la station. Mais ce n'est pas une radio d'extrême droite. » Une radio où, dès mai 2021, le directeur de l'information Donat Vidal Revel a déclaré devant ses équipes : « Vous êtes déjà des salariés de Vincent Bolloré dans les faits[3]. »

Geoffroy Lejeune recruté, Hervé Gattegno viré… On pourrait imaginer l'influence de Nicolas Sarkozy déclinante au sein du groupe Lagardère, et sa loyauté une pure façade devant des décisions qu'il ne maîtrise pas. Mais l'ancien président, s'il ne décide pas de tout, trouve aussi son compte dans le fonctionnement du conglomérat. Particulièrement en ce qui concerne la branche médias. Depuis l'OPA de Vivendi, les directeurs de *Paris Match* et du *Journal du dimanche* semblent se succéder selon un principe simple : si l'un est un ami de Nicolas Sarkozy, l'autre est proche des options de Vincent Bolloré. En octobre 2021, Patrick Mahé, réputé Bolloré-compatible – voilà vingt ans qu'il siège au prix Bretagne dont l'entrepreneur est le mécène –, est nommé directeur général de *Paris Match*. En janvier 2022, Jérôme Béglé, proche des Sarkozy,

1. Entretien avec les auteurs, le 27 juin 2023.

2. Entretien avec les auteurs, le 27 juin 2023. À noter qu'au moment de cette déclaration, l'arrivée de Pascal Praud sur Europe 1 n'est pas encore officielle. Nicolas Sarkozy est informé en direct des négociations en cours, il a même reçu Pascal Praud pour en discuter.

3. Raphaël Garrigos et Isabelle Roberts, « Europe 1 : “Vous êtes déjà salariés de Vincent Bolloré dans les faits” », Les Jours, 11 mai 2021.

est nommé directeur du *Journal du dimanche*. L'ex-chef d'État ne cache aucunement ses liens « d'amitié » avec le journaliste, même s'il affirme, comme toujours dans ces cas-là, qu'il a été recruté avant tout pour ses qualités professionnelles. « Je l'ai appelé une demi-heure après avoir licencié Gattegno. Il me dit : "C'est ta décision." Deux ou trois jours après, je le vois, il m'en parle. "Alors, qui tu vas mettre ?" Je lui dis Béglé. Ça le rassure », nuance Arnaud Lagardère, qui semble oublier qu'il a d'abord nommé Jérôme Bellay – après avoir songé à Jérôme Béglé – d'octobre 2021 à janvier 2022. Le gérant de Lagardère assure ne jamais consulter Nicolas Sarkozy sur ses choix d'hommes, et le contacter seulement une fois sa décision entérinée. Il est alors le premier informé, reconnaît toutefois le P.-D.G. Lorsque Geoffroy Lejeune est propulsé à la tête du *JDD*, Jérôme Béglé est d'ailleurs transféré *illico* à la direction de *Paris Match*. Comme si l'équilibre Bolloré-Sarkozy se devait d'être conservé.

Nicolas Sarkozy est bien traité par le groupe Lagardère, y compris éditorialement. Le 28 juillet 2022, il figure avec Carla Bruni en une de *Paris Match*. « Odyssée amoureuse en Grèce », titre l'hebdomadaire. Les photos du reportage ont été réalisées directement en bonne intelligence avec le couple. Le 18 août 2022, un article de la journaliste Sophie des Déserts sur la campagne de Valérie Pécresse n'a pas l'heur d'être publié, lui. Il ne le sera pas non plus dans le numéro du 25 août. Ni jamais. Avant de partir en vacances, Bruno Jeudy, le chef du service politique, qui sera bientôt licencié pour s'être opposé à une couverture du magazine sur le cardinal Sarah, a pourtant validé l'article. Trop dur sur Sarkozy, justifie Patrick Mahé, le directeur du journal, dans une boucle de messages internes, selon un de ses destinataires d'alors. Dans le même temps, le traitement d'Emmanuel Macron devient moins favorable. La couverture du numéro du 28 avril 2022, le premier après à la réélection du président de la République, n'est pas consacrée à l'homme politique, mais au décès de Jacques Perrin. Une première dans l'histoire du magazine. Deux semaines auparavant, le chef de l'État figurait en une du journal, mais seulement à la faveur d'une photographie en compagnie de Nicolas Sarkozy, à l'occasion du ralliement du membre des Républicains au fondateur d'En Marche.

Autre indice de l'influence de Nicolas Sarkozy, la création du *JDD Magazine*. Le 23 octobre 2022, le groupe Lagardère lance son supplément mensuel haut de gamme, à dominante littéraire, avec reliure à dos carré et papier de qualité. Une idée originale de Sarkozy, nous affirment plusieurs sources. Devant Hervé Gattegno à Miromesnil, en fin d'année 2020, puis devant le conseil de surveillance de Lagardère, en 2021, l'ancien président a plaidé deux fois pour la création de cet objet. À chaque fois, l'exposé commence de la même façon. « Vous avez vu les journaux new-yorkais du dimanche ? » demande l'ancien président. Question rhétorique purement sarkozienne. « Ils sont comme ça », ajoute-t-il rapidement, en mimant avec le pouce et l'index les dimensions d'un pavé. Lorsqu'il lui déroule son plan, Gattegno n'est pas convaincu. Il lui oppose les coûts du papier qui explosent et la difficulté d'acheminer ce beau livre dans les mêmes conditions que le papier journal. Sans compter les différences de lectorat entre les journaux new-yorkais et le toujours relativement populaire *JDD*. Mais le conseil de surveillance, lui, ne pipe mot.

Aujourd'hui, Nicolas Sarkozy préfère relativiser son importance dans ce projet de supplément. Il en attribue la paternité à Jérôme Béglé, successeur d'Hervé Gattegno au *JDD*, tout en confirmant avoir réfléchi à l'hypothèse, comme Vincent Bolloré : « Le supplément du *JDD* qui a été fait par Jérôme

Béglé et auquel moi j'ai toujours cru, Vincent Bolloré l'a voulu. Je connais peu de propriétaires qui acceptent de faire un supplément qui perd la moitié de ce qu'il coûte. C'est un investissement et il y en aura d'autres[1]. »

Nicolas Sarkozy s'est donné une ultime mission auprès de Vincent Bolloré. Il aimerait le réconcilier définitivement avec Emmanuel Macron, histoire d'éviter que les états généraux de l'information ne débouchent sur une loi anti-Bolloré. Or les mots de l'actuel président de la République se font de plus en plus sévères. « Le projet Bolloré, c'est le projet RN », a cinglé Emmanuel Macron lors d'une réunion de cabinet à l'Élysée, le 17 décembre 2022, selon un participant. Quelques mois après sa nomination comme conseiller en communication du président, en septembre 2022, Frédéric Michel a pris rendez-vous avec Bolloré. Celui-ci n'a pas nié que les médias du groupe Lagardère sont désormais plus offensifs à l'endroit du chef de l'État – mais il a contesté y être pour quelque chose. Mes journalistes me défendent quand ils me pensent attaqué, aurait affirmé la 12e fortune de France. Pour aplanir les relations, le businessman a proposé de rencontrer Emmanuel Macron à l'Élysée…, et que, ensuite, l'entrevue fuite dans la presse, afin de démontrer qu'il n'existe aucun contentieux entre les deux hommes. Dans le *JDD* ou dans *Paris Match* ?

1. Conversation avec les auteurs, le 27 juin 2023.

Sébastien, Stéphane, Alassane et les autres

Il n'avait pas menti. Lorsqu'il était président de la République, Nicolas Sarkozy prévenait qu'il se lancerait dans le business après la politique. Et pas pour des clopinettes. « Pour l'instant, je fais président, mais un jour j'irai faire du fric », déclarait-il en 2008 devant quelques journalistes, selon *L'Obs*. « Après, je ferai de l'argent : du *gros* argent », répétait-il, raccord, à d'autres visiteurs, selon François Bayrou, qui rapporte cette phrase dans *Abus de pouvoir*, son pamphlet d'avril 2009. Quatorze ans plus tard, Sarkozy fait effectivement du *gros* argent. Entre 2013 et 2019, ses revenus calculés selon une synthèse policière ont atteint 234 000 euros mensuels en moyenne. Cette estimation comprend notamment 8 450 euros de retraite moyenne mensuelle, 105 000 euros issus de son cabinet d'avocats, 9 000 euros de droits d'auteurs et 64 000 euros issus des conférences que donne l'ancien président. Le reste des revenus de Nicolas Sarkozy, environ 50 000 euros mensuels, correspond à des remises de chèques ou des virements personnels.

Un traitement de joueur de football de Ligue 1 confirmé. Ou de banquier d'affaires vedette – Emmanuel Macron touchait à peine plus du tiers de cette somme chez Rothschild, selon sa déclaration d'intérêts.

Sa retraite de président, de député et d'élu local, elle, pèse bien peu dans le train de vie actuel de l'ex-chef de l'État, devenu un *businessman* accompli. Dans le temps qui lui reste en sus de ses rendez-vous politiques et de son prenant mandat d'administrateur de Lagardère, le parrain de la rue de Miromesnil parvient à multiplier les contrats, sous des casquettes diverses. Il est un conférencier à la Bill Clinton, un super-consultant du capitalisme français façon Alain Minc, un écrivain à succès comme Jacques Attali, un intermédiaire auprès de chefs d'État étrangers comme Gerhard Schröder, un avocat des puissants comme Jean Veil... Fil conducteur de cette boulimie d'affaires, le commerce de son influence. Ce que vend Sarkozy, c'est son CV, sa faconde, et, souvent, son carnet d'adresses. Un business discret, sur lequel il accepte rarement de s'étendre. « Sans problème, mais ne parle pas d'argent », glisse ainsi sa conseillère Véronique Waché à l'entrepreneur Laurent Abitbol, un de ses clients, qui lui demande s'il peut s'exprimer sur le sujet.

À l'Élysée, son ami d'enfance Jean-Marie Chaussonnière, devenu avocat à Cergy-Pontoise, avait l'habitude de le narguer. « Je suis plus riche que toi », riait-il. Et pourtant, Nicolas Sarkozy s'était augmenté de 140 %, faisant passer le traitement de chef d'État de 7 984 euros net mensuels à 21 300 euros net. Depuis sa première retraite politique, de 2012 à fin 2014, l'ami ne peut plus fanfaronner. Sarkozy découvre les conférences, et les virements à six chiffres qui vont avec. Pendant vingt-quatre mois, l'ancien président accumule une vingtaine de prestations, à New York, au Qatar, à Singapour, au Brésil, à Londres, à Las Vegas, au Nigeria, en Corée du Sud, au Congo, en Suisse, en Israël, à Abou Dhabi... Le cachet avoisine souvent les 100 000 euros, parfois plus. La synthèse d'enquête effectuée dans le cadre de l'affaire libyenne chiffre à quelque 5,39 millions d'euros ses revenus issus de ses conférences, entre 2013 et 2019. Soit, on l'a vu, une moyenne de plus 64 000 euros par mois pendant sept ans. Les policiers notent que sur cette somme, 4,5 millions d'euros proviennent du groupe Omnicom et de sa filiale Washington Speakers Bureau[1], spécialisée dans l'organisation de conférences de personnalités. Sa meilleure année est 2013, où il perçoit plus de 1,4 million d'euros pour ces exposés. Il touche 1,2 millions d'euros en 2014, puis ses revenus de conférencier déclinent pendant deux ans. Ils remontent à plus de 900 000 euros en 2017 et rechutent à 533 000 euros en 2018. Devant son public, souvent un parterre de financiers ou l'élite occidentalisée d'un pays du Sud, Sarkozy discourt pendant une heure, presque toujours sur les mêmes sujets. La mondialisation, la place de l'Europe dans la nouvelle économie, la démographie, l'importance du leadership – souvent l'occasion de louer les États forts et d'éreinter les démocraties. Le tout parsemé de quelques anecdotes. « Comme je le disais à Barack Obama… » ; « avec Mme Merkel, nous n'étions pas toujours d'accord… », répète-t-il. Afin de pouvoir reprendre certains passages ultérieurement, et pour que l'auditoire se sente, à chaque conférence, privilégié, les allocutions ne sont presque jamais enregistrées.

Surprise, pendant sa période de retour en politique, entre septembre 2014 et novembre 2016, Nicolas Sarkozy poursuit une partie de son activité de conférencier. En 2015, alors qu'il est président de l'UMP, qu'il renomme cette année-là Les Républicains, il touche ainsi, selon les calculs des policiers de l'affaire libyenne, 667 000 euros pour des conférences. Cette même année, le patron du parti perçoit plus de 1,5 millions d'honoraires de sa société d'avocat. « Il est cash et touche le

1. Comme le révélait Laurent Léger dans *Libération*, le 2 février 2023, dans un article titré « Nicolas Sarkozy, multimillionnaire aux crochets de l'État ». Il chiffrait à 18 millions d'euros la somme totale engrangée entre 2013 et 2019.

cœur des gens », loue l'entrepreneur Mohed Altrad, 22e fortune de France avec 5,4 milliards de patrimoine professionnel. Le président du groupe éponyme a tellement apprécié le « show Sarko » qu'il l'a fait intervenir trois années de suite devant ses cadres réunis à Montpellier, entre 2017 et 2019.

Pourtant, l'engouement général décline peu à peu. Dans ce microcosme, les années d'éloignement du pouvoir provoquent une décote progressive. Les discours en français, avec la traduction simultanée qu'ils supposent, sont moins recherchés. Sarkozy se met alors à l'anglais avec un professeur particulier, à raison d'une heure par jour. Mais les cachets deviennent plus aléatoires. Si ses passages devant les cadres d'Altrad, leader mondial des services industriels, sont rémunérés environ 100 000 euros pièce, certaines allocutions sont moins bien payées. En mars 2019, il intervient à Budapest devant le Mathias Corvinus Collegium, une fondation proche du président hongrois Viktor Orban, pour seulement 17 000 euros. Au congrès de l'entreprise de tourisme Selectour, en décembre 2017, il s'est déplacé pour 35 000 euros. Sa prestation débouche sur une standing ovation. Le marché des conférences pâtit ensuite du covid. Se retrouver à 200 personnes pour écouter un homme de pouvoir devient moins tendance. Le moment Sarkozy est passé. Qu'importe, l'ex-chef de l'État a depuis développé d'autres sources de revenus. De *gros* revenus, comme il dirait.

Le business de Nicolas Sarkozy repose sur un principe simple. Il s'agit de monnayer ses conseils et son entregent auprès de grands patrons et de dignitaires étrangers. L'ancien président entretient ces relations *via* des missions pour des entreprises amies qui lui versent des sommes symboliques. C'est ensuite à un second cercle d'entrepreneurs, moins proche, qu'il facture lucrativement ses services. Le premier pilier de ce système s'appelle Sébastien Bazin. Comme

Martin Bouygues dans les années 2000, le P.-D.G. de la chaîne d'hôtels Accor a souvent tanné l'ancien président de la République pour qu'il vienne travailler à ses côtés. Le lien entre les deux hommes remonte au 13 mai 1993, lorsqu'un forcené, autosurnommé « Human Bomb », prend une classe de maternelle en otage, à Neuilly. Parmi les enfants se trouve la fille de Bazin. Nicolas Sarkozy, le maire de la ville, parviendra à faire sortir sept bambins dans ses bras. Lorsque l'entrepreneur, devenu directeur général de Colony Capital Europe, rachète le PSG, en 2006, ils se rapprochent. En 2007, Bazin ne fait pas partie des invités du Fouquet's, mais leurs nombreux intérêts communs les amènent à développer une amitié toujours plus proche. Lorsqu'il perd la primaire de la droite, Nicolas Sarkozy bascule donc immédiatement. Sa conseillère Véronique Waché s'en souvient encore. Le lundi 21 novembre 2016, au lendemain du scrutin perdu, il la convoque dans son bureau, rue de Miromesnil. « On va partir chez Accor, ça va être formidable », lui annonce-t-il. Trois mois plus tard, le 21 février 2017, l'ancien président est nommé administrateur d'Accor et président d'un comité de stratégie internationale créé spécialement pour lui.

Au sein de la chaîne d'hôtels, Nicolas Sarkozy gagne en réalité peu d'argent – 80 000 euros par an environ. En revanche, sa fonction lui confère un statut qu'il valorise indirectement. Son poste de président du comité de stratégie internationale lui permet de maintenir le contact avec les chefs d'État qu'il avait l'habitude de croiser du temps de sa splendeur politique. Il est l'« ouvreur de portes » attitré du groupe, au point que le nouveau directeur des relations institutionnelles d'Accor, comprendre le lobbyiste en chef, nommé en octobre 2017, n'est autre que Pierre Régent, le conseiller diplomatique de Sarkozy.

Le 20 juin 2017, deux jours après les élections législatives en France, Nicolas Sarkozy montre l'étendue de son réseau.

Il se rend en Côte d'Ivoire avec Sébastien Bazin et Lionel Zinsou, l'ancien Premier ministre du Bénin, qui conseille Accor dans ses investissements africains. Les trois hommes sont accueillis à Abidjan par le président Alassane Ouattara, un autre pivot de la PME Sarkozy. Les deux présidents sont amis depuis les années 1990, c'est Martin Bouygues qui les a présentés. Lors de la crise ivoirienne de 2010-2011, le dirigeant français pèse de tout son poids pour permettre à Ouattara de résister au président sortant Laurent Gbagbo. Il encourage l'ONU et l'Union européenne à s'engager vivement derrière lui. « Quand je passe à Paris, je vais le voir. À vrai dire, si j'ai cinq ou six vrais amis dans le monde, il en fait partie », déclare alors Alassane Ouattara à *L'Express*. Réélu à deux reprises depuis, le président ivoirien n'a jamais oublié ce soutien. « Ouattara est reconnaissant envers Sarkozy, et c'est normal. Ils disent que sans lui, c'était la guerre civile. Désormais, en Côte d'Ivoire, quand on peut, on a envie de lui faire plaisir », détaille Jean-Marc Simon, ambassadeur à Abidjan de 2009 à 2012, devenu consultant en affaires internationales, notamment en Côte d'Ivoire. C'est-à-dire… un concurrent de Nicolas Sarkozy. « Il a des atouts que je n'ai pas », sourit ce diplomate proche de LR, pas jaloux.

Devant la présidence ivoirienne, les trois cadres d'Accor sont reçus avec les égards conférés à un chef d'État en fonction. La scénographie de la rencontre dit tout : l'ancien président français est assis sur un canapé avec Ouattara, tandis que Bazin et Zinsou doivent se contenter d'un canapé latéral, à la droite de Nicolas Sarkozy. Pendant une heure, l'ex-chef de l'État entre dans le détail des projets du groupe hôtelier, évoque les zones de chalandise, l'emplacement idéal du prochain palace… Le porte-parole idéal. Sur un canapé encore un peu plus loin est assis… Cyrille Bolloré, le fils de Vincent, directeur général délégué du groupe Bolloré, qui n'a aucun intérêt chez Accor. Mais le cabinet d'avocats de Nicolas Sarkozy travaille en revanche pour le groupe Bolloré. La méthode de l'homme d'affaires Sarkozy est résumée là : il fait profiter ses nombreux clients de ses contacts avec des dignitaires étrangers. « Nous avons décidé de faire de la Côte d'Ivoire le porte-avions, le hub d'Accor en Afrique. Et à partir de là, de rayonner », lance Sarkozy depuis le perron du palais présidentiel. Bazin et Cyrille Bolloré sont chacun invités à dire un mot, à s'engager pour le développement de la Côte d'Ivoire. Cela tombe bien, le président Ouattara tente de relancer le tourisme dans son pays. Opération gagnant-gagnant-gagnant.

Durant ce séjour ivoirien, Sarkozy assiste également à l'inauguration de l'Éléphant d'Or, le premier casino du groupe Barrière en Afrique subsaharienne, situé… au Sofitel Ivoire, où réside l'ancien chef de l'État, dans une suite dite « Signature », habituellement louée 3 000 euros la nuit. Il est proche de Dominique Desseigne, le P.-D.G. du groupe, qui le cooptera comme administrateur de Barrière, de 2019 à 2023. À l'hôtel Ivoire, alors l'unique cinq-étoiles du pays, Sarkozy s'entretient également avec le Premier ministre, Amadou Gon Coulibaly, ainsi qu'avec le ministre chargé des Infrastructures. Il s'agit de s'assurer des derniers détails, pousser quelques demandes supplémentaires. Entre 2019 et 2021, Accor ouvre quatre nouveaux hôtels de luxe à Abidjan, dont deux cinq- étoiles. Deux ouvertures supplémentaires sont prévues pour 2024.

En Afrique, Nicolas Sarkozy est devenu un personnage incontournable, dans un rôle flou, entre intermédiaire d'affaires et médiateur officieux des conflits locaux. Le 22 mars 2023, il se trouve à Kinshasa, en République démocratique du Congo, pour rencontrer le président Félix Tshisekedi[1]. Objectif, amorcer un dialogue entre le Congo-

1. Un déplacement révélé par le média spécialisé Africa Intelligence.

Kinshasa et le Rwanda, sur la question épineuse du M23, cette armée de rebelles congolais que le pays des mille collines soutient en sous-main. Mais aussi, plus prosaïquement, obtenir une licence d'exploitation pour l'entreprise de paris en ligne Betclic. En juin 2020, Sarkozy a intégré le conseil d'administration du groupe Lov, dont le P.-D.G. est son ami Stéphane Courbit, 54e fortune de France avec 2,2 milliards de patrimoine professionnel, rencontré au détour d'une demande de permis de construire à Neuilly, à la fin des années 1990. Lov chapeaute plusieurs entreprises, dont Banijay, producteur de Cyril Hanouna ou de « Koh-Lanta », et Betclic. À Kinshasa, il a emmené Julien Brun, le directeur général adjoint de Betclic, qui participe à des rendez-vous avec le Premier ministre, Jean-Michel Sama Lukonde Kyenge, et avec le ministre des Finances. En 2022, il a déjà obtenu l'autorisation de Betclic en Côte d'Ivoire et au Bénin, où il entretient des relations amicales avec le président Patrice Talon.

Là où il passe, Sarkozy tisse des liens en faveur de ses clients. Auprès de plusieurs d'entre eux, il occupe un rôle qu'il décrit comme celui d'un *advisor*, d'un conseiller, matérialisé par un contrat entre son cabinet d'avocats et l'entreprise. Il est ainsi l'*advisor* de Michael Fribourg, le P.-D.G. du groupe Chargeurs, spécialisé dans les textiles techniques, un ancien conseiller d'Éric Besson pendant son mandat élyséen. En avril 2019, il l'invite au Sénégal, à l'occasion de l'investiture du président Macky Sall. Fribourg peut ainsi rencontrer de nombreux officiels avec le meilleur entremetteur qui soit. Depuis 2019, il est également membre de l'International Advisory Network de Natixis, filiale du groupe bancaire BPCE, qu'il conseille notamment pour ses investissements dans le Golfe. À l'époque, le directeur général du groupe financier n'est autre que François Riahi, un ancien conseiller de Nicolas Sarkozy à l'Élysée. Il quitte la société en 2020 pour rejoindre Lov, et devenir le bras droit de Stéphane Courbit. Le monde de Nicolas Sarkozy est décidément petit.

Parmi ses clients, un de ceux pour qui Nicolas Sarkozy a le plus d'affection est sans doute Hassanein Hiridjee. Cet entrepreneur franco-malgache dirige le groupe Axian, leader des télécoms, des services financiers et de l'énergie dans l'océan Indien. C'est Xavier Niel, associé d'Axian au Sénégal, qui les a présentés, nous précise l'ancien président, ce qui ne doit pas lui déplaire, lui qui demeure friand de liens avec des patrons de presse. « Il a besoin de conseils, de discussions. Par exemple, il veut investir dans tel pays, il me demande ce que j'en pense, comment on fait. Je ne pense pas qu'il ait dit que je le volais », plaisante Sarkozy. Hiridjee décrit une relation fructueuse, grâce au « souci du détail » de son *advisor* de luxe : « On se parle toutes les deux semaines, il me donne des contacts, des relais, des conseils, avec un côté sage du village. Ce qui lui plaît, je pense, c'est que je veux changer le narratif du continent africain. »

L'ancien président se démène également pour Laurent Abitbol, le président du groupe de tourisme Marietton-Selectour, qu'il conseille depuis sa conférence réussie de décembre 2017. « Il m'aide pour des clients supplémentaires », explique l'entrepreneur. Il lui a présenté Stéphane Courbit, Sébastien Bazin, Yannick Bolloré, l'a emmené en voyage d'affaires en Côte d'Ivoire, ainsi qu'au Rwanda, où l'homme d'affaires s'est fait représenter par son adjoint. Dans le pays présidé par Paul Kagame, un autre ami, on l'a vu, de Nicolas Sarkozy, Accor a décuplé son offre hôtelière, notamment *via* Kasada, sa filiale partagée avec le fonds souverain qatari.

Ces contrats d'*advisor* permettent au cabinet d'avocats Realyze, dont Nicolas Sarkozy détient 34 % des parts, de réaliser de bons résultats. Maître Sarkozy lui-même perçoit des émoluments confortables. En 2017, il touche 1,9 million d'euros issus de son cabinet, et encore 1,5 million d'euros en 2018. En 2021, le bénéfice de la société a légèrement reflué, à 564 000 euros, mais il ne faut pas forcément y voir une crise du business pour Sarkozy : l'ancien président a d'autres canaux de revenus.

L'intermédiaire Sarkozy se plaît en tout cas dans cette zone grise entre le business, l'amitié et la diplomatie parallèle. Le 22 janvier 2020 à Paris, l'ancien président a aussi rencontré Umaro Sissoco Embalo, le président de la Guinée-Bissau, par l'intermédiaire de l'avocat Robert Bourgi[1]. À l'époque, le dirigeant de ce petit pays est pressenti pour prendre à moyen terme la présidence de la CEDEAO, la Communauté économique des États de l'Afrique de l'Ouest, qu'il dirigera effectivement à partir de juillet 2022. L'intermédiaire Kamal Benali, cité en février 2023 dans une affaire d'ingérence étrangère sur BFMTV, participe au rendez-vous. Nicolas Sarkozy l'a déjà croisé puisqu'il a été le vice-président du forum Crans Montana, à Dakhla, au Sahara occidental, où Sarkozy a donné une conférence en mars 2018, devant le Premier ministre du Maroc. L'ancien président entretient les meilleures relations avec le royaume chérifien. Il y séjourne tous les ans, est logé dans une somptueuse villa mise à disposition par le roi Mohammed VI. Lorsque le monarque était encore marié à la princesse Lalla Salma, le couple royal recevait régulièrement Nicolas Sarkozy et Carla Bruni. « La princesse aimait beaucoup Carla. Le roi et Nicolas continuent aujourd'hui à s'inviter, il y a une proximité », dévoile Jean-Marie Chaussonnière, l'ami d'enfance, propriétaire d'une résidence au Maroc. Selon Lionel Zinsou, l'ancien chef d'État joue un rôle majeur dans la relation économique entre la France et le Maroc :

1. Une rencontre révélée par le média spécialisé Africa Intelligence.

« Nicolas Sarkozy est très utile au Maroc, où les patrons ne voient pas le roi, hormis lui. »

Ses relations avec l'ex-président guinéen Alpha Condé, déchu en septembre 2021, présentent également plusieurs facettes. Le 15 août 2019, à Saint-Raphaël (Var), Nicolas Sarkozy passe la matinée en compagnie d'Emmanuel Macron, d'Alassane Ouattara et d'Alpha Condé, pour commémorer les 75 ans du débarquement en Provence. Il se rend ensuite à Mougins, dans la demeure azuréenne d'Alassane Ouattara, en compagnie du président de la Guinée. Selon un ancien chef de gouvernement africain, c'est dans ce cadre décontracté que Sarkozy et le président ivoirien tentent de convaincre leur ami de 81 ans de ne pas briguer un troisième mandat à la tête de la Guinée. Las, Condé se présentera quand même. À peine six mois plus tôt, le 21 février 2019, Nicolas Sarkozy rencontrait le président de la Guinée, à Conakry, sous un tout autre prétexte. Il s'était alors déplacé dans le jet privé du diamantaire franco-israélien Beny Steinmetz, 217e fortune de France avec 600 millions d'euros de patrimoine professionnel. Enjeu de la visite, obtenir un accord du président guinéen pour régler le litige qui oppose l'entrepreneur et la Guinée pour le contrôle du site minier de Simandou. Encore une fois, l'ombre d'Alassane Ouattara plane. Plusieurs réunions ont été préparées à Paris en présence d'Hamed Bakayoko, alors ministre ivoirien de la Défense. Un accord global pourrait inclure le renoncement d'Alpha Condé d'accueillir Laurent Gbagbo en Guinée ainsi que la fin de la bienveillance ivoirienne envers Cellou Dalein Diallo, chef de l'opposition guinéenne. En fin de journée, Condé accepte de signer un accord amiable. Toutes les procédures contre Steinmetz sont abandonnées.

Sans s'aventurer sur le cas Steinmetz, l'entourage d'un grand patron proche de Nicolas Sarkozy chiffre ce type d'intervention ponctuelle à « 500 000 euros ». Le prix du soufre. Car en janvier 2021, Steinmetz sera condamné par la justice suisse à cinq ans de prison ferme et à 46 millions d'euros d'amende pour corruption d'agents publics en Guinée dans cette affaire Simandou – un jugement confirmé par la chambre d'appel, en 2023, la peine étant réduite à trois ans de réclusion dont dix-huit mois ferme. L'accord amiable de Condé ne s'imposait pas aux juges helvétiques. « À l'époque, il n'y avait pas ça... Ce n'est pas Al Capone », se justifie Sarkozy lorsque nous le rencontrons. Affirmation discutable : l'enquête suisse contre Beny Steinmetz a été ouverte dès 2013 et le FBI s'y est rapidement associé. « C'est un des hommes les plus riches d'Israël », pointe aussi Nicolas Sarkozy. Un argument qui lui vient souvent. C'est que l'ancien président admire les trajectoires de succès, dont la fortune est un des aspects. François Baroin s'en est aperçu un jour qu'ils discutaient littérature. « Je remarque qu'il défend Marc Lévy. Je lui demande : tu aimes Marc Lévy ? Il me dit "non, mais il a un succès formidable. Ça se respecte". »

Ce qui vaut pour les autres vaut bien sûr pour lui-même. Dans ses échanges avec ses rivaux, Nicolas Sarkozy aime à comparer leur confort matériel, leur réussite. « Tu es dans quel hôtel ? » demande-t-il à François Fillon, qui l'appelle de Moscou, le 5 décembre 2018, pour lui transmettre les amitiés de Vladimir Poutine[1]. « Combien t'as négocié, comme pourcentage ? » questionne-t-il Alain Juppé, lorsque les deux prétendants à l'élection présidentielle sortent un livre en même temps, en janvier 2016[2]. Devant la réponse du maire de Bordeaux – 12 % – Sarkozy jubile : « Moi, c'est 20 % !

1. Grégoire Biseau et Solenn de Royer, « Loin des siens, près d'Emmanuel Macron, Nicolas Sarkozy en rupture de camp », *Le Monde*, le 10 juin 2022.
2. *Canard enchaîné* du 24 février 2016.

Je vais m'en faire du fric. » À son ancien conseiller Camille Pascal, devenu romancier à succès, il pose la même question, et triomphe : « Vous vous êtes fait avoir ! » Lui, Sarkozy, négocie au mieux, en effet, ses droits d'auteur. Auprès de Muriel Beyer, la directrice des Éditions de l'Observatoire, il a obtenu de ne pas toucher d'à-valoir, c'est-à-dire de somme garantie quel que soit le succès du livre, mais d'être intéressé à hauteur de 20 % hors taxe sur chaque vente. Quand l'ouvrage est un best-seller, comme c'est le cas de *Passions*, en 2019, ou du *Temps des tempêtes, I*, en 2020, Sarkozy décroche le jackpot. Selon nos calculs fondés sur son pourcentage d'intéressement et ses chiffres de vente certifiés par Edistat, il aurait ainsi pu toucher 1,7 million d'euros de droits d'auteur entre 2019 et 2023. Avant impôts, là encore.

À Alain Minc qui lui reproche, un jour, de traiter avec des aventuriers comme Beny Steinmetz, Nicolas Sarkozy répond : « Tu es snob ! Pas moi. » Il refuse rarement la proposition d'une personnalité fortunée, ce qui, on l'a vu, constitue à ses yeux un gage de bonne réputation. Début 2020, il a ainsi reçu un virement en provenance de Russie. Le montant ? 500 000 euros. Ce paiement est lié à un contrat de 3 millions d'euros signé en juillet 2019 entre Nicolas Sarkozy et la société Reso-Garantia, assureur numéro deux de Russie. Sarkozy s'engage à devenir conseiller spécial et président du conseil stratégique de la société. Une prestation dont on ne sait rien de plus, si ce n'est qu'elle a pris fin à l'automne 2021. On connaît en revanche le profil des actionnaires de Reso-Garantia : Nikolaï Sarkisov et son frère sont des financiers, dont la fortune s'élève à 1,7 milliard de dollars, selon Forbes. Nikolaï Sarkisov possèderait un impressionnant parc immobilier estimé à 500 millions d'euros : un appartement avenue Foch, un château et plusieurs propriétés à Saint-Tropez, et deux des plus beaux chalets de Courchevel, le Black Pearl

(40 millions d'euros à lui tout seul) et la Croix du Sud (70 millions d'euros). Le Parquet national financier (PNF) a ouvert une enquête préliminaire pour « trafic d'influence » concernant ce contrat en 2020[1].

L'année précédente, Reso-Garantia souhaitait démêler ses liens financiers avec Axa, actionnaire indirect du groupe à hauteur de près de 37 %. En 2008, la compagnie d'assurances française avait prêté un milliard à l'entreprise et disposait d'une option d'achat des titres de la société russe. Selon une source proche des frères Sarkisov, ceux-ci voulaient alors « divorcer » d'avec Axa tout en rentrant dans leurs fonds. Cette source affirme que Sarkozy serait intervenu pour faciliter les discussions entre la compagnie française, pour laquelle travaille par ailleurs le cabinet d'avocats de Nicolas Sarkozy : « Trois millions d'euros d'honoraires, cela correspond forcément à une grosse opération ». Une explication que réfute Nikolaï Sarkisov : « Monsieur Sarkozy s'est occupé pour moi d'une opération internationale. En 2019, une société étrangère a voulu racheter ma compagnie d'assurances, mais finalement l'affaire ne s'est pas faite. Sarkozy est resté deux ans en contrat avec moi ». Il ajoute : « Votre président est une personne très professionnelle ». En octobre 2018 et en février 2019, Nicolas Sarkozy a aussi reçu deux virements d'un montant total de 300 000 euros de RS Capital Limited, le nom d'une filiale du fonds souverain russe. Or le 22 novembre 2018, il déclarait son amitié à Vladimir Poutine devant le Russia Direct Investment Fund (RDIF), à Moscou : « Je veux dire que j'ai toujours été un ami de Vladimir Poutine car c'est un homme avec qui on peut parler, y compris quand on a des désaccords. »

1. Dans *Marianne* du 25 avril 2022 (Laurent Valdiguié, « Nikolaï Sarkisov, un oligarque russe proche de Sarkozy dans le viseur de la justice »).

Tout aussi troublante est l'affaire dite « Peninsula ». Le 10 août 2018, Nicolas Sarkozy reçoit deux virements d'un montant total de 3,15 millions d'euros, suivis d'un troisième virement de 152 164 euros en avril 2019, en provenance d'un fonds luxembourgeois nommé Peninsula Capital. Son fils Jean Sarkozy y travaille depuis 2017. Selon cette entreprise, l'ancien président l'a conseillée avec succès en 2017 pour un investissement dans le secteur ferroviaire, l'opérateur privé italien NTV, racheté par un fonds américain un an plus tard. Cette somme est un intéressement sur plus-value. Sauf que l'ancien président est devenu conseil de Peninsula seulement en 2018. Selon Mediapart[1], l'argent appartiendrait en partie à un des actionnaires secrets de Peninsula, la famille régnante des Émirats arabes unis. Pour quelle raison rétribuerait-elle Nicolas Sarkozy ? Là encore, mystère. À moins qu'un autre pays du Golfe soit concerné. En avril 2023, les policiers de l'Office central de lutte contre la corruption et les infractions financières et fiscales (OCLCIFF), mandatés par le juge d'instruction Serge Tournaire, ont perquisitionné les locaux de Peninsula Capital. Un acte ordonné dans le cadre de l'enquête sur les conditions de l'attribution de la Coupe du monde au Qatar.

Dans le clair-obscur du commerce d'influence, les apparences sont parfois trompeuses. Depuis octobre 2022, Nicolas Sarkozy est consultant pour Serge Varsano, le P.-D.G. de Sucres et Denrées, spécialisé dans le négoce de sucre, de café et de cacao, notamment en Afrique. L'homme est aussi la 67e fortune de France, avec 1,7 milliard d'euros de fortune professionnelle. « Il me renvoie la balle sur un

1. Fabrice Arfi, Yann Philippin, Begoña Perez Ramirez et Stefano Vergine, « Nicolas Sarkozy : et maintenant, les millions des Émirats arabes unis », Mediapart, le 26 janvier 2023.

peu tous les sujets, il me parle de la Russie, de la Chine, de ses visions de la finance, de la baisse des taux. Il pense qu'il y a un risque de hausse, de resserrement du crédit », nous confie le chef d'entreprise, qui nous reçoit dans ses locaux parisiens le 6 juin 2023. Il assure voir l'ancien président toutes les deux semaines, moyennant rémunération, et le considère comme un *sparring-partner*, une relation professionnelle qu'il a expérimentée il y a quelques années, avec Jacques Attali. « Je ne sais pas si un jour ça m'amènera quelque chose… Mais en tout cas, je n'ai pas besoin de lui pour traiter avec les pays africains. Ça ne se passe pas comme ça », nous affirme-t-il. Toujours est-il que le 3 juillet 2023, Nicolas Sarkozy et Serge Varsano se sont rendus en Côte d'Ivoire et que l'entrepreneur a été reçu par le Premier ministre Patrick Achi ainsi que par le directeur de Conseil Café Cacao, l'organe chargé de la régulation de la filière du cacao en Côte d'Ivoire.

Ces derniers temps, Nicolas Sarkozy pousse Serge Varsano à monter avec lui un fonds d'investissement, à destination de jeunes entrepreneurs. « Il voudrait qu'on soit un club d'une dizaine d'investisseurs, on mettrait chacun deux ou trois millions », détaille le P.-D.G. de Sucres et Denrées. Parmi les entreprises dans lesquelles il conseille d'investir, Homer Lobster, une chaîne de sandwichs au homard à emporter lancée par Moïse Sfez, un jeune *start-upper* de 28 ans. « C'est vrai, j'ai eu l'occasion de rencontrer le président Sarkozy en avril 2023 », confirme Moïse Sfez, qui projette d'étendre sa marque. L'ancien chef d'État lui a alors conseillé de livrer un sandwich… à son grand ami Stéphane Courbit. « J'ai rencontré le bras droit de M. Courbit », indique le président de Homer Lobster.

Un gage de confiance. Selon plusieurs proches de l'ancien président, le propriétaire des émissions « Koh-Lanta » et

« Touche pas à mon poste » *via* sa société Banijay est le meilleur ami de Nicolas Sarkozy. « Ce sont deux contraires qui s'attirent », témoigne Charles Villeneuve, qui a vu débuter Stéphane Courbit à TF1. L'éditorialiste d'Europe 1 les croise parfois au Parc des Princes. « Sarkozy est énergique, sur les nerfs, tandis que Courbit est toujours calme, toujours discret, il ne montre jamais aucune ostentation », décrit le journaliste. Les deux hommes partagent en revanche une ambition presque sans limites. Entre 2012 et 2013, ils ont été à deux doigts de créer ensemble un fonds d'investissement très sérieusement doté. Sarkozy profitait de ses conférences dans le monde pour solliciter les plus grandes fortunes locales. Et ça semblait marcher. « Le Qatar et les Émirats arabes unis étaient d'accord pour investir », se souvient Alain Minc, lui aussi partie prenante du projet, nommé Columbia. À hauteur de 200 millions d'euros, concernant le fonds souverain du Qatar. Finalement, la double mise en examen de Stéphane Courbit et de Nicolas Sarkozy dans l'affaire Bettencourt, en février et mars 2013, met fin au fonds Columbia avant même qu'il ne soit lancé. « L'emballement judiciaire de l'affaire Bettencourt a tué le projet », se souvient Minc.

L'ancien président a tout de même fini par s'associer à Stéphane Courbit, dans le secteur du vin. Il ne boit pourtant aucun alcool. « Mais il renifle le parfum », sourit Jean-Guillaume Prats, l'ancien président de la division vins de LVMH, troisième associé de cet étonnant projet. Le déclic a lieu à la fin de l'année 2020, dans les bureaux parisiens de Lov, la holding de Courbit. L'entrepreneur a une proposition, non pas pour l'ancien président, mais pour Carla Bruni, également présente autour de la table. En juillet 2020, il a acquis le Château d'Estoublon, un domaine situé à Fontvieille, dans les Bouches-du-Rhône, comprenant une demeure du XVIIIe siècle de 1 500 mètres carrés, 18 hectares de vignobles et 120 hectares d'oliviers. Jean-Guillaume Prats investit avec lui. Les deux hommes d'affaires veulent lancer une nouvelle marque de rosé. Ils aimeraient faire de la chanteuse l'égérie du produit, à la façon d'Angelina Jolie ou de George Clooney, eux aussi propriétaires de vignobles. Sarkozy écoute attentivement les deux hommes d'affaires, puis déroule sa contre-proposition : « C'est pas avec Carla qu'il faut faire ça, c'est avec nous deux. » Banco. Nicolas Sarkozy et Carla Bruni acquièrent 25 % des parts, une opération estimée à environ 10 millions d'euros.

La Estoublon Holding constitue, à 66 ans, la première aventure entrepreneuriale de Nicolas Sarkozy, si l'on met de côté son activité d'avocat. Début 2023, les quatre actionnaires s'associent à la famille Guénant, propriétaire du Château Beaulieu, un domaine médiéval près d'Aix-en-Provence, entouré de 157 hectares de vignes. Ils prennent également une participation dans le domaine de Cantarelle, situé dans le Var, doté de 170 hectares de vignobles. L'idée ? Proposer une seule marque de vin rosé et ainsi réaliser des économies d'échelle. Roseblood est le nom retenu. Carla Bruni s'occupe de toute la dimension marketing, la forme de la bouteille, son emblème – un serpent – et le storytelling qui va avec. Dans *Le Figaro* et dans *Paris Match*, elle vante les mérites de sa boisson. « Ses arômes sont fantastiques et j'aime beaucoup sa légèreté », loue-t-elle.

Nicolas Sarkozy, lui, sait ce qu'il sait faire de mieux : du lobbying. En février 2023, au salon Vinexpo organisé à la porte de Versailles, c'est lui qui présente Roseblood au dîner des distributeurs. « C'est lui qui a fait en sorte qu'on ait un partenariat avec Paris Society », salue aussi Jean-Guillaume Prats. Au sein des établissements du groupe Paris Society, qui gère une cinquantaine de lieux branchés en France, Roseblood est le seul rosé proposé depuis l'été 2022, à 12 euros le verre au restaurant Maison Revka, à Paris, par exemple. Surprise, en novembre 2022, l'entreprise a été rachetée par le groupe Accor, pour 330 millions d'euros. L'administrateur Sarkozy ne s'y est pas opposé. Ce rapprochement n'a pas nui au développement de Roseblood, également à la carte des établissements du groupe Bourdoncle et du groupe Moma. « On partait d'une feuille blanche il y a trois ans, et nous allons maintenant être distribués aux États-Unis, au Canada, au Brésil, au Royaume-Uni, en Allemagne, en Grèce, en Turquie et en Espagne », savoure encore Jean-Guillaume Prats. En déplacement à New York, en avril 2023, pour accompagner Carla Bruni au gala du Met, le 1er mai, Nicolas Sarkozy en a profité pour rencontrer des distributeurs. Faire d'une pierre plusieurs coups, toujours.

Au Château d'Estoublon, où le couple Sarkozy séjourne de vingt-quatre à quarante-huit heures tous les deux mois, l'irruption d'un novice dans le domaine viticole donne parfois lieu à des scènes amusantes. Quand il n'anime pas une réunion commerciale, Nicolas Sarkozy se balade dans les vignes, pose des questions aux artisans : « Expliquez-moi pourquoi vous coupez comme ça. » Ou alors, devant un jeune vigneron : « Comment tu t'appelles ? Moi c'est Sarkozy. » Le domaine peut désormais être loué à la nuit, moyennant 15 000 euros pour l'ensemble des dix chambres.

Si Nicolas Sarkozy s'est lancé à corps perdu dans le business, ses dépenses ont également explosé. Il est récemment devenu propriétaire de son logement, un hôtel particulier situé rue Pierre-Guérin, 16e arrondissement, à deux pas de la Villa Montmorency, le quartier privé où résident Vincent Bolloré, Arnaud Lagardère ou Xavier Niel. « C'est un petit hôtel particulier de 400 à 450 mètres carrés, avec trois étages, plus le jardin, qu'ils ont fini par racheter à la famille d'un notaire », révèle Jacques Séguéla. Le communicant connaît parfaitement ce bien puisqu'il a été locataire des lieux avant Carla Bruni. « Le jour où on quittait la maison, elle nous a demandé de la lui garder », sourit le fondateur d'Havas. Nicolas Sarkozy l'y a rejoint à leur mariage mais le couple était resté jusque-là locataire, pour un loyer de près de 10 000 euros par mois. Une société civile immobilière, codétenue par Sarkozy et Bruni, créée en février 2022, matérialise cet achat. Sur le site la-loupe.immo, qui répertorie les transactions immobilières, une vente au numéro habité par le couple Sarkozy apparaît justement au mois de mars 2020. Le bien de 430 mètres carrés s'est vendu à 5,05 millions d'euros. L'ancien président a immédiatement lancé d'importants travaux, si bien qu'il a reçu un temps ses visiteurs, entouré d'échafaudages.

Les murs sont tapissés de lettres d'écrivains. Depuis une quinzaine d'années, et singulièrement depuis sa retraite, Nicolas Sarkozy collectionne les autographes, ces écrits manuscrits de personnages illustres. Son domaine de prédilection ? Les romanciers du XIXe siècle. En toute discrétion, il est devenu l'un des principaux collectionneurs français de lettres de Guy de Maupassant, de Victor Hugo, d'Honoré de Balzac ou d'Émile Zola. Une passion qu'il partage avec Pierre Leroy, le P.-D.G. de Hachette, et qui lui coûte plusieurs milliers d'euros par mois en moyenne auprès de son fournisseur, le marchand d'art Julien Paganetti. « Je le vois une fois par trimestre, dans ses bureaux de Miromesnil, à midi ou 18 heures. Je viens avec des pièces qu'il m'a demandées ou que j'ai repérées pour lui. Il choisit », décrit le fondateur d'Autographes des siècles, son entreprise basée à Lyon, avec qui Nicolas Sarkozy a rédigé *Promenades*, un beau livre publié en septembre 2021, autour de ses passions artistiques.

Rue Pierre-Guérin, les autographes sont placés dans des cadres, une pratique généralement déconseillée par les experts car elle risque de laisser pourrir le papier. Ce dont s'amuse Nicolas Sarkozy. « Je sais qu'il ne faut pas les laisser sous verre, mais je le fais quand même », dit-il. L'ancien président collectionne également les dessins, toujours fournis par Julien Paganetti, ainsi que les peintures et les sculptures. « Chez lui, il y a des tableaux d'Ahmed Cherkaoui, de Georges Mathieu, de Soulages, des bronzes », a remarqué Hassanein Hiridjee. Depuis quelques mois, Sarkozy insiste pour que Paganetti installe une galerie à Paris. « Je le fais si vous lancez l'affaire avec moi », lui a retorqué le marchand d'art. « Arrêtez, il serait capable de dire oui », l'a coupé Carla Bruni. Cela signifierait toujours plus d'autographes sur les murs ; et donc toujours plus de contrats pour les financer ?

Nasser

Sans Nicolas Sarkozy, le Brésilien Neymar n'aurait peut-être jamais joué au Paris Saint-Germain. L'affaire remonte à la deuxième quinzaine du mois de juillet 2017. Le grand public n'y voit encore qu'une rumeur mais le club de football s'active pour faire signer la star du FC Barcelone. Nasser al-Khelaïfi, le président du PSG, ami de jeunesse de l'émir Tamim et ministre sans portefeuille du Qatar, multiplie les rendez-vous avec les agents, assisté de Jean-Claude Blanc, le directeur général du club. La manœuvre est ultra-secrète mais Sarkozy est dans la confidence. Et pour cause. Lui aussi va se démener. L'attaquant demande des sommes folles. Il veut qu'on lui garantisse 30 millions d'euros net d'impôts chaque année, *via* une clause dans son contrat. Charge au PSG de gérer l'aspect fiscal et d'adapter le montant du salaire brut. Le club donne son accord de principe. Mais l'opération est tellement hors normes que le montage juridique s'avère compliqué.

Il y a d'abord la question du régime d'impatriation. Cette niche fiscale permet à un riche travailleur venu de l'étranger de déduire de ses impôts la différence entre ce qu'il gagnait avant et ce qu'il gagne en France. La limite ? Son salaire imposable doit rester égal à une « rémunération de référence » correspondant aux habitudes du secteur pour un salarié dans sa situation. Mais pour Neymar, que peuvent bien vouloir dire ces règles administratives ? Un joueur n'a jamais été aussi bien payé dans le championnat français. Dès lors, faut-il retrancher 5, 10 ou 15 millions d'euros du calcul de ses impôts ? Problème technique, mais d'importance. Si le PSG se trompe dans son interprétation, il devra régler la différence. Un montant pouvant s'élever jusqu'à plus de 10 millions d'euros par an. C'est déjà arrivé. Le fisc a contesté le régime d'impatriation accordé par le PSG à Claude Makélélé, au moment de son transfert de Chelsea, en 2008.

L'autre point est encore plus épineux. Le recrutement ne repose pas sur une négociation entre le FC Barcelone et le PSG. Il faut régler le montant de la clause libératoire de Neymar prévue dans son contrat, 222 millions d'euros. Le transfert le plus cher de tous les temps. Or techniquement, c'est le joueur qui doit régler la somme pour se libérer. Le Paris Saint-Germain se charge de lui transmettre l'argent au préalable. Et si cette transaction était qualifiée de rémunération cachée par le fisc ? Le PSG devrait régler une addition pouvant s'élever jusqu'à près de 200 millions d'euros supplémentaires. Impensable. Et c'est bien ce qui met en alerte Nicolas Sarkozy. « Vous ne pouvez pas faire ça sans avoir un blanc-seing de l'administration, un rescrit. Et ça peut mettre deux ans ou deux semaines », conseille alors l'ancien président au PSG.

Le principe du rescrit fiscal ? Tout contribuable peut poser une question sur l'interprétation de la loi, le fisc répond. Le championnat de France reprend le 4 août. Il faut aller vite. Le club sollicite discrètement l'Élysée. Mais c'est Nicolas Sarkozy qui va faire avancer les choses. L'ancien président a les meilleures entrées à Bercy. Gérald Darmanin, le nouveau ministre, est un ami. Il s'occupe d'accélérer la procédure auprès de son protégé et de son directeur de cabinet, Jérôme

Fournel. Le 3 août, le blanc-seing est obtenu. Les 222 millions ne seront pas qualifiés de rémunération. Neymar signe au PSG. « C'est l'attractivité. Oui c'est une bonne nouvelle », salue Emmanuel Macron le jour-même. La régime d'impatriation de la star brésilienne n'a jamais fait l'objet du moindre redressement.

L'épisode montre l'étroitesse des liens entre Nicolas Sarkozy et les dirigeants du PSG. L'ancien président est alors la seule personne extérieure au club et à l'administration avisée de l'opération. Une sorte de lobbyiste de luxe. Bénévole, en plus. Sarkozy n'a jamais touché le moindre euro du club. Son partenariat avec le propriétaire de l'équipe, le Qatar, est en revanche suivi. Depuis 2010, l'homme politique et l'émirat du Golfe ont tissé un réseau impressionnant de relations d'affaires, dans lequel les coups de pouce succèdent aux renvois d'ascenseur. Sans tenir le moindre rôle officiel, Sarkozy est associé à l'ensemble des projets de l'État gazier en France. Comme un parrain, encore une fois.

Au Parc des Princes, le stade du PSG, Nicolas Sarkozy est chez lui. Il ne vient pas à chaque match, mais presque. Rien à voir avec sa proximité d'avec le Qatar, nous assure l'ancien chef d'État. Juste une habitude de supporter inconditionnel. « Je vais au Parc des Princes depuis l'âge de quinze ans, aux matchs du PSG depuis l'époque Hechter, les années 1970. Si vous parlez à d'anciens joueurs, Daniel Bravo, David Ginola, ce sont des amis, ils vous le diront, j'ai toujours été là. Qu'elles que furent mes responsabilités, je suis toujours là. Dès que mes enfants ont trois ans et demi ou quatre ans, ils viennent avec moi », détaille-t-il.

Le 6 novembre 2019, bien que sa belle-sœur Consuelo Remmert organise une soirée dédiée à ses anciens collaborateurs de l'Élysée, au restaurant La Gare, dans le 16e arrondissement de Paris, Sarkozy s'éclipse peu après 20 heures :

ce soir-là, le PSG affronte Bruges en Ligue des champions. Sa passion est même devenue l'objet d'un gimmick avec un autre mordu du club parisien, Bruno Roger-Petit, le conseiller mémoire d'Emmanuel Macron, qu'il croise parfois en déplacement. Le numéro commence par une interpellation sur son appartenance passée à la « presse bien-pensante de gauche » – Roger-Petit a été chroniqueur à *L'Obs* et à *Challenges*. Puis, Sarkozy enchaîne : « Sur le football, vous êtes irréprochable. »

Reste que le retraité de la rue de Miromesnil est le seul supporter à prendre autant ses aises. Évidemment, il ne paye plus son billet depuis longtemps. Une place lui est dévolue d'office au sein du carré, la tribune présidentielle du Parc des Princes. À lui et ses invités. Les jours de match, Nicolas Sarkozy arrive avec trente à quarante minutes d'avance, parfois seul, le plus souvent accompagné de son fils Pierre ou d'une à cinq personnes. L'entrepreneur Stéphane Courbit est un convive régulier. Le consultant Sarkozy fait aussi bénéficier ses clients de ses entrées. Ou comment mêler le business au loisir. Laurent Abitbol, le président du groupe Marietton, spécialisé dans le tourisme, l'y a déjà accompagné. En 2019, il emmène aussi avec lui Jean-Charles Naouri, le P.-D.G. du groupe Casino, et son fils Gabriel. L'entrepreneur est un important client de son cabinet d'avocats, sa fortune est alors estimée à 220 millions d'euros.

Dans le salon du carré, une loge fermée où les VIP peuvent se restaurer avant et après la rencontre, Nicolas Sarkozy se rend en territoire conquis. Il connaît tout le monde ou presque. Il salue les joueurs blessés, devise avec les entrepreneurs ou les dirigeants qu'il connaît. Lorsqu'il y croise François Hollande, qu'il déteste, l'ancien chef d'État frime un peu. « Tu connais Naomi ? » lui glisse-t-il en désignant Naomi Campbell, l'ancienne mannequin, amie de Carla Bruni. Il montre aussi du doigt Sébastien Bazin, le P.-D.G. du groupe

Accor, dont il est administrateur. « C'est mon patron[1] », plaisante-t-il. Auprès de l'autre président, Sarkozy pointe encore les petits fours servis dans le salon : « Potel et Chabot. C'est nous ça. » En 2017, le groupe Accor a acquis 40 % des actions de Potel et Chabot, le traiteur haut de gamme. En juillet 2023, la multinationale hôtelière est entrée en négociations exclusives pour racheter l'ensemble des parts.

Quand Nicolas Sarkozy souhaite un peu d'intimité avec ses invités, la loge de l'émir est même mise à sa disposition. Il s'agit d'un petit espace privé de huit mètres carrés, situé au-dessus du salon VIP. Le « bureau de Sarkozy », l'ont rebaptisé certains officiels du PSG. Durant le match, l'ancien président occupe encore une fois une place de choix, à gauche ou à droite de Nasser al-Khelaïfi. Une fois de plus, le symbole parle. Alors qu'il fait rarement les déplacements à l'extérieur, Nasser, comme l'appellent tous ses collaborateurs, lui a expressément demandé de venir à ses côtés pour la finale de la ligue des champions PSG-Bayern, le 23 août 2020, à Lisbonne. Covid oblige, la délégation du club comptait seulement vingt-cinq personnes, salariés compris.

Après les matchs, Nicolas Sarkozy bénéficie encore d'un traitement de faveur. En mars 2017, à la suite de la « remontada », cette incroyable défaite 6-1 encaissée par le PSG à Barcelone en Ligue des champions, les dirigeants décident de durcir les règles encadrant l'équipe. Plus aucune personnalité extérieure n'est autorisée à pénétrer dans les vestiaires. Plus aucune, sauf Sarkozy. À la fin de chaque rencontre, le conseiller officieux et ses invités se rendent à l'entrée des vestiaires, où ils peuvent saluer les joueurs, prendre des photos et échanger quelques mots. C'est ainsi que le parrain du

1. Solenn de Royer et Vanessa Schneider, « Hollande et Sarkozy, unis par les liens du protocole », *Le Monde*, le 24 janvier 2020.

Qatar est devenu ami avec Marco Verratti, le milieu de terrain italien du PSG. « Où habites-tu, Verratti ? » demande Nicolas Sarkozy lorsqu'il le croise, à son arrivée, en 2012. « Rue boulevard », baragouine le joueur. « Bon, va falloir que t'apprennes le français », conclut Sarkozy, comme il le raconte onze ans plus tard dans ses bureaux de Miromesnil. À la fête de mariage de Verratti, auquel est invité l'ex-président, le 15 juillet 2021 à l'hôtel Crillon, Carla Bruni donne un mini-concert privé.

« On ne refuse rien à Sarko » est la consigne qui circule au sein du club parisien. S'agit-il vraiment d'un privilège ? Nicolas Sarkozy rend de nombreux services. Lorsque Christophe Galtier, l'entraîneur du PSG, est en passe d'être licencié, il déjeune avec lui, la semaine du 12 juin 2023. L'occasion de le soutenir moralement mais aussi de se tenir informé des revendications du dirigeant. Outre le cas Neymar, il s'est aussi montré utile au moment de la fin de contrat de Kylian Mbappé, en mai 2022. À l'époque, l'attaquant vedette du PSG hésite à rejoindre gratuitement le Real Madrid. Il en discute avec Emmanuel Macron, mais aussi avec Sarkozy, comme il l'explique sur TF1, le 23 mai 2022. L'ex-président croise depuis longtemps la mère du joueur dans les salons du Parc des Princes, et il a noué une relation cordiale avec le buteur. Le champion et le politique ont déjà conversé plusieurs fois au téléphone. Sarkozy se mue alors en entremetteur entre le PSG et Mbappé. « Je pensais que laisser partir Mbappé l'année de la Coupe du monde, c'est une folie[1] », expose-t-il le 27 juin dernier. La Coupe du monde au Qatar a lieu en novembre 2022. Sarkozy plaide donc pour que le club propose des conditions salariales ultra-avantageuses au joueur. Auprès de Mbappé, il vante l'intérêt de la stabilité

1. Conversation avec les auteurs.

à quelques mois du tournoi international, et le challenge de gagner la Ligue des champions avec le PSG. « Tu as tout le temps de réaliser ton rêve », lui dit-il, à savoir de jouer au Real Madrid. L'international français suivra ce conseil et prolongera.

À force de l'entendre parler de son influence au sein du club parisien, certains amis de Nicolas Sarkozy se mettent à le taquiner. « Tu vas finir président du PSG », plaisante Jean-Guillaume Prats, son associé dans le vin rosé. L'expert viticole lui a même trouvé un statut imaginaire : le « *shadow* président ». L'intéressé en sourit, mais pas tant que ça. Il juge le qualificatif exagéré. « Je ne suis en rien président du PSG. Quand ils me demandent mon avis, je leur donne… Point », dit Sarkozy. Et d'ajouter : « Je n'ai pas quitté la politique pour entrer dans le football. » À le croire, un tel poste ne lui conviendrait pas vraiment, car il supposerait de mettre un terme à ses autres activités. Or l'ancien président s'épanouit et s'enrichit dans ce rôle de mise en relation, d'échange de bons procédés entre ses multiples partenaires. Surtout, Sarkozy ne veut pas faire d'ombre à Nasser al-Khelaïfi, devenu avec les années un allié proche. Il ne se passe pas une semaine dans l'année sans que les deux hommes ne s'écrivent, ne s'appellent, ou ne se voient. « Avec Nasser, on se voit, on se parle comme des amis, c'est vrai », confirme l'ancien président. Pour ses 60 ans, le 28 janvier 2015, Sarkozy a inclus le ministre qatari parmi sa cinquantaine d'invités, chez lui.

Leur lien remonte au rachat du PSG par le Qatar, en juin 2011. Nasser, alors le « monsieur chaînes sportives » du Qatar, ne connaît personne en France. Il est bombardé président du conseil de surveillance du club parisien. Au même moment, Al Jazeera Sports, qu'il dirige, achète les droits du championnat de football parisien à l'international ainsi que la diffusion de deux matchs en France, contre 285 millions d'euros. Lors d'une de leurs premières entrevues, en juillet 2011, le chef d'État lui conseille de racheter Orange Sport, la chaîne thématique de l'entreprise du même nom – dirigée par son ami Stéphane Richard, l'ancien directeur de cabinet de sa ministre Christine Lagarde –, devenue inutile depuis qu'elle a perdu les droits de diffusion. Autant commencer par un premier arrangement. Nasser refuse ; le Qatar lancera sa propre chaîne de sports en 2012, BeIn Sports, ce qui suffit au plaisir de Sarkozy : il cherchait un concurrent à opposer à Canal Plus, dont il ne supporte plus l'émission « Les Guignols ».

À cette époque, Nicolas Sarkozy a déjà largement ouvert l'ère des aides mutuelles entre la France et le Qatar. Dès le 30 mai 2007, l'émir Hamad a été reçu à l'Élysée. Dans la foulée, le Qatar a annoncé commander quatre-vingts Airbus A350 pour 16 milliards de dollars. En juillet 2007, Hamad a aussi accepté d'avancer les 452 millions d'euros promis par l'Union européenne à la Libye en contrepartie de la libération des infirmières bulgares. En contrepartie, Sarkozy annonce le 14 janvier 2008, en voyage à Doha, la capitale de l'État du Golfe, une nouvelle convention fiscale entre les deux pays. Validée par le Parlement un an plus tard, elle prévoit des exonérations d'impôts exceptionnelles pour les résidents qataris en France.

En 2010, le partenariat entre les deux pays s'est encore intensifié. Le président de la République a pesé de toutes ses forces pour que le Qatar obtienne l'organisation de la Coupe du monde de football 2022, au point d'organiser, le 23 novembre 2010, un déjeuner à l'Élysée en compagnie de l'émir et de Michel Platini, le puissant patron de l'UEFA, l'association des fédérations européennes. Au cours de ce déjeuner, le prince héritier Tamim confirme que le Qatar voudrait être le premier pays arabe à organiser la compétition. Il prêche un convaincu : le chef de l'Etat est déjà défenseur de ce projet, puisque le repas a pour objectif de convaincre l'ancien numéro dix de l'équipe de France. Mission accomplie le 2 décembre. Le Qatar obtient la Coupe du monde, et Platini vote en sa faveur. Ce déjeuner intriguera la justice au point de justifier l'ouverture d'une information judiciaire pour corruption du PNF.

Le 21 janvier 2020, la police anticorruption rend un rapport dans lequel elle note que le publicitaire François de la Brosse a reçu, en septembre 2011, 600 000 euros de Q. Media, une société qatarie dirigée par « le neveu du Premier ministre » du Qatar, selon l'homme d'affaires. Celui-ci a refondu le site de l'Élysée, pendant l'été 2007, sans être payé, assure-t-il. Or des courriers envoyés par de la Brosse à Claude Guéant, secrétaire général de l'Élysée, et à Nicolas Sarkozy suggèrent que le contrat qatari avec Q. Media pourrait avoir un lien avec des prestations jamais facturées. En avril 2023, l'association Anticor a porté plainte contre Nicolas Sarkozy, Claude Guéant et François de la Brosse pour ces faits, qu'elle qualifie de « trafic d'influence », « corruption d'un agent public étranger », « association de malfaiteurs » et « financement illégal de campagne électorale ». Contacté, François de la Brosse ne souhaite pas s'exprimer, si ce n'est pour dire que le montant versé par Q. Media a bien donné lieu à la réalisation de vidéos pour le Qatar. Il affirme aussi avoir obtenu ce contrat après que Claude Guéant a téléphoné à l'ambassadeur qatari en France pour vanter ses mérites. Le signe de l'influence de l'Élysée auprès de l'État du Golfe. Il ajoute que si Nicolas Sarkozy avait mis « autant de fougue » à son profit qu'à « celui du PSG », il aurait obtenu la vente de son entreprise au Qatar, contre 8 millions d'euros, comme il le souhaitait.

Le rachat du PSG a lui aussi souvent été qualifié de contrepartie à l'obtention de la Coupe du monde par le Qatar. Plusieurs éléments indiquent que l'Élysée s'est investi dans le dossier, comme des SMS envoyés par Sébastien Bazin, président du PSG jusqu'en juin 2011 et ami intime de Nicolas Sarkozy. « Le prince T doit décider de faire ou pas dans les prochaines heures. [...] Si vous pouviez donner un dernier coup de pouce c'est le moment[1] ! » écrit Bazin à Claude Guéant, le 20 janvier 2011. Quand on évoque le sujet, l'ancien président se récrie. Grotesque, selon lui, d'imaginer une exigence de sa part, alors que le Qatar avait tout intérêt à investir dans le PSG, acheté pour seulement 70 millions d'euros. Y compris dans l'espoir d'une plus-value. En 2021, le magazine *Forbes* valorisait le PSG à 3,2 milliards d'euros.

Lorsqu'il quitte l'Élysée, Nicolas Sarkozy poursuit sa relation d'affaires avec le Qatar. Le 11 décembre 2012, il obtient un accord écrit du fonds souverain qatari pour apporter 200 millions d'euros à un fonds d'investissement qu'il doit créer avec Stéphane Courbit et Alain Minc. Le projet capotera. Mais l'ancien président donne aussi plusieurs conférences rémunérées à Doha. Même la passation de pouvoir au Qatar, où l'émir Tamim succède à son père Hamad, en juin 2013, n'altère pas son entregent. « Si le président Sarkozy veut parler à l'émir, il peut l'avoir dans la journée. C'est un privilège rare », témoigne Teni Yerima, un agent de joueurs camerounais proche de Doha, consultant du comité olympique du Qatar de 2000 à 2010. En revanche, l'État gazier ne lui demande pas de jouer un rôle diplomatique entre Doha et Paris, de peur de froisser ses successeurs, François Hollande puis Emmanuel Macron. *Only business.*

1. Yann Philippin, « Rachat du PSG par le Qatar : l'étonnant rôle du DJ Pierre Sarkozy », Mediapart, le 19 octobre 2022.

En parallèle, le nouvel organigramme qatari profite à Nasser. Ami proche du cheikh Tamim, le président du PSG prend de l'importance au point de devenir le représentant officieux du Qatar en France. Il est avisé de toutes les opérations financières de l'émirat dans l'Hexagone. Même boulimie de *business*, même sens des opportunités… Sarkozy et Nasser constatent qu'ils ont tout intérêt à se rapprocher.

Avec Nicolas Sarkozy, les affaires fonctionnent toujours en réseau, autour d'un noyau de cinq à six personnes clés. Grâce à Nasser et au soutien lointain de l'émir, l'ensemble des partenaires habituels de l'ancien chef d'État vont participer au projet PSG, quand ce n'est pas le Qatar qui investit dans le business des amis du politique. En février 2014, Sébastien Bazin est nommé P.-D.G. du groupe Accor. À l'été, il prend comme prestataire le cabinet d'avocats de Nicolas Sarkozy. En décembre 2015, QIA, le fonds souverain du Qatar, dépasse les 10 % au capital d'Accor et devient le deuxième actionnaire de l'entreprise. En 2018, un an après l'arrivée de Sarkozy dans le groupe hôtelier, QIA et Accor s'associent pour lancer Kasada, un fonds d'investissement à destination de l'Afrique, nanti de 500 millions de dollars. Depuis la fin de l'année 2017, Sarkozy a également été discrètement chargé par le président ivoirien Alassane Ouattara, avec lequel il entretient les mêmes échanges de bons procédés, de fluidifier les rapports entre la Côte d'Ivoire et le Qatar. Début 2021, huit hôtels africains d'Accor sont rachetés par Kasada, dont quatre en Côte d'Ivoire, notamment le célèbre Sofitel Ivoire, où l'ancien président séjourne lorsqu'il se rend à Abidjan. En février 2019, surtout, le groupe Accor est devenu le sponsor maillot du PSG, pour plus de 50 millions d'euros par an. « C'est Sébastien qui a eu une idée géniale[1] »,

1. Conversation avec les auteurs, le 27 juin 2023.

affirme Sarkozy, pas désireux de prendre la lumière dans cet épisode. Selon un ancien dirigeant du club, l'ex-chef d'État a en tout cas participé aux négociations.

Surprise, l'autre sponsor principal du PSG a également un lien avec Nicolas Sarkozy. Depuis décembre 2019, le slogan « Visit Rwanda » s'affiche au dos des maillots d'entraînement de l'équipe, moyennant près de 10 millions d'euros par an. On l'a vu, le président rwandais, Paul Kagame, est un proche de Sarkozy. Celui-ci confirme d'un mot avoir participé à cette opération. Accor et le Qatar investissent également au Rwanda. Le 9 décembre 2019, l'émir Tamim s'est rendu à Kigali, la capitale du pays des mille collines, pour annoncer la participation de son pays à hauteur de 60 % dans le projet local d'aéroport international, évalué à 1,2 milliard d'euros.

Arnaud Lagardère, lui, n'a jamais acquis le moindre intérêt dans le PSG. Historiquement, son père a investi dans le club rival de la capitale, le Matra Racing, sans succès. Lors des galas de la Fondation PSG, l'entrepreneur s'est tout de même signalé par des chèques spectaculaires, au bénéfice d'actions caritatives. Le 15 mai 2018, il dépense 760 000 euros afin d'obtenir l'organisation d'un match entre amis au Parc des Princes, un maillot de Neymar et deux autres lots mineurs. Une façon de se faire bien voir du Qatar ? On l'a vu, QIA possède 13 % des actions du groupe Lagardère et a hésité, en cette année 2018, à s'allier au fonds Amber contre le gérant. Bien qu'il n'ait aucune fonction dans le fonds souverain, c'est Nasser qui gère ce dossier pour l'émirat. Quant à Sarkozy, avant d'entrer au conseil de surveillance de Lagardère, en février 2020, il a été l'avocat du groupe *via* son cabinet. En juillet 2012, un dossier « consultations sportives » dans lequel son nom et celui de son cabinet apparaissent a été ouvert au sein de la multinationale. En octobre 2012, un deuxième dossier porte la mention

« Groupe Lagardère/QIA[1] ». Maître Sarkozy est le responsable de la mission. Dès janvier 2013, le média France Football avait révélé que lors du fameux déjeuner du 23 novembre 2010 à l'Élysée, la montée du Qatar dans l'actionnariat de Lagardère avait été évoquée. À cette période, la société d'Arnaud Lagardère vient d'être déstabilisée une première fois par un fonds activiste, Guy Wyser-Pratt, lequel a tenté de renverser la gestion par commandite, en avril 2010. Entre décembre 2011 et mars 2012, QIA est monté au capital de l'entreprise, passant de 7,5 % des parts à 13 %.

Les trois entreprises dans lesquelles Nicolas Sarkozy est administrateur – Accor, Lagardère et Barrière, il quitte ce dernier conseil en juin 2023 – comptent d'ailleurs toutes trois QIA dans leur conseil d'administration. Tout sauf un hasard, bien sûr. Les trois P.-D.G. sont des amis du politique, le fonds souverain y a investi en bonne intelligence avec leur parrain en France.

L'*advisor* Sarkozy s'est même invité dans les relations commerciales entre Vincent Bolloré et le Qatar. De 2012 à 2019, Canal Plus et BeIn Sports s'affrontent pour les droits de diffusion de la Ligue 1 de football. Le 12 février 2020, les deux firmes annoncent un « partenariat stratégique historique ». Au lieu de proposer des offres concurrentes, les deux chaînes s'allient. BeIn revend aussi à Canal Plus une partie des droits de diffusion obtenus. L'ex-chef d'État est passé par là pour aplanir les différends entre ses deux amis, Vincent Bolloré et Nasser al-Khelaïfi. Dans son bureau, Nicolas Sarkozy confirme avoir joué un rôle de pacificateur. « Est-ce qu'il faut faire une guerre frontale ou bien une alliance ? » a-t-il

1. Yann Philippin et Antton Rouget, « Mondial 2022 au Qatar : les intérêts personnels de Sarkozy au cœur de l'enquête », Mediapart, le 7 juin 2020.

plaidé auprès des deux protagonistes, insistant pour sa part sur l'avantage d'un accord de distribution exclusif entre BeIn Sports et Canal. « Vous ne serez plus adversaires frontaux, mais partenaires », vante Nicolas Sarkozy.

Même Carla Bruni s'inscrit dans cette synergie particulière. Le 27 mars 2019, la chanteuse a donné un concert à Doha, à l'occasion de l'inauguration du musée national du Qatar, conçu par l'architecte Jean Nouvel. Devant une centaine de personnes, dont son mari, elle a livré une prestation d'une quinzaine de minutes. Un déplacement rémunéré.

Seul le temps pourrait finir par briser l'incroyable système Sarkozy. Jusqu'à la Coupe du monde de décembre 2022, une prise de distance était impossible, tant le Qatar avait la crainte d'éventuelles déclarations polémiques de l'ancien président, affirme un membre de l'entourage de l'émir. Désormais, une partie de l'état-major du souverain aimerait lier l'État gazier à une nouvelle génération, sans dépendre d'un seul homme. À l'automne 2022, Nicolas Sarkozy a essuyé un premier revers. Le 14 octobre, il a organisé un rendez-vous dans ses bureaux de la rue de Miromesnil entre Nasser et Clément Leonarduzzi, l'ancien conseiller d'Emmanuel Macron, devenu vice-président de Publicis[1]. Le communicant a proposé de gérer les relations médias du PSG. Pour l'ancien président, le scénario était idéal. Il agrandissait encore son réseau, tout en rendant service à un proche du président de la République. Un prêté pouvant susciter un rendu. Mais le Qatar n'a pas voulu. Nasser l'a signifié directement à Nicolas Sarkozy, après avoir pris ses instructions auprès de l'émir et de son entourage. Comme un rappel de qui décide vraiment à Doha.

1. Une rencontre révélée par la Lettre A.

QUATRIÈME PARTIE

La Libye

Mouammar Kadhafi

Un Himalaya judiciaire l'attend encore. Le procès de sa vie. Probablement le procès de la Ve République. Un procès à côté duquel Bismuth et Bygmalion resteront des hors-d'œuvre : le procès libyen. L'audience devrait durer trois mois, à partir du 6 janvier 2025. Elle plongera l'auditoire dans les basses-fosses de l'histoire tant l'argent noir de l'ancien dictateur libyen transpire à chaque page du dossier. Plusieurs morts suspectes, un noyé dans le Danube, et un avocat dont la voiture a sauté quand il a allumé le contact, sont autant de fantômes dans ce labyrinthe.

Personnage clé, Ziad Takieddine, celui qui reçoit les virements occultes en provenance de Tripoli et manipule ensuite les fonds aux usages suspects. Réfugié au Liban, où il a été le personnage central d'une opération de subornation de témoin sur laquelle la justice enquête encore, il est peu probable qu'il revienne à Paris tant son risque judiciaire est important.

Mais comme dans tout procès, les seconds rôles auront une place majeure. Ils sont des dizaines à avoir été entendus par les enquêteurs français. Anciens interprètes, anciens diplomates, anciens policiers, anciens hommes d'affaires, autant de petites mains ayant été sur scène à des moments clés. Mais de tous ces témoignages, consultés dans le dossier judiciaire, ce sont ceux de quatre ex-épouses, entendues comme témoins, qui colorent probablement au mieux l'ambiance de ces années de splendeur parisienne de Ziad Takieddine. L'ex-Mme Takieddine, mais aussi les ex-femmes de Thierry Gaubert, de Brice Hortefeux et de Nicolas Sarkozy ont été auditionnées. Elles parlent de leurs anciens maris comme personne. Et restituent mieux que quiconque l'ambiance de ces années-là. Loin d'être le paria qu'il est devenu, le Libanais aujourd'hui honni était un personnage fréquentable et très fréquenté. Un seul exemple : son ex-femme s'est souvenue d'un appel de condoléances de Nicolas Sarkozy, alors président de la République, le jour des obsèques de sa mère. « Ziad avait été très touché. » C'est exactement à ce genre de détail, pourtant périphérique et en apparence anodin, que se jaugent, lors des audiences, les vérités contradictoires de chaque camp. À la façon d'une balance qui se garnit de simples grains de sable et dont un côté, à l'arrivée, pèse plus lourd que l'autre…

Nicolas Sarkozy clame depuis toujours son innocence et la totale absence de preuve d'un quelconque financement de sa campagne de 2007. Rien ne l'accable directement, mais de nombreux témoignages, notamment de Libyens, l'accusent. Les juges d'instruction Aude Buresi et Virginie Tilmont ont été suffisamment convaincues par les éléments de l'enquête pour le renvoyer devant le tribunal correctionnel pour « recel de détournement de fonds publics », « corruption passive », « financement illégal de campagne électorale » et « association de malfaiteurs ». Il risque jusqu'à dix ans de prison. « La manière dont Nicolas Sarkozy a cru subitement renouer des liens avec un régime aussi controversé que celui du colonel Kadhafi, alors qu'il n'était encore que ministre de l'intérieur et pas ministre des affaires étrangères, et bien plus encore les conditions dans lesquelles cette relation s'est développée, avec l'omniprésence d'un affairiste, homme de l'ombre rompu depuis des années aux négociations parallèles en marge des gros contrats d'import-export, comme l'était Ziad Takieddine, les déplacements multiples sans but discernable des plus proches collaborateurs du futur président de la République, les rencontres secrètes organisées sur place, est très difficilement compréhensible, sauf à considérer que cette activité dissimulait un secret et qu'il s'agissait en réalité d'obtenir des financements occultes pour la future campagne, comme l'ont ensuite dénoncé nombre de protagonistes de cet épisode », écrivent les juges dans leur ordonnance, le 24 août 2023. Dans ce dossier et ses ramifications, il apparaît comme un fantôme, une entité supérieure pour laquelle se démène une microsociété souterraine de petites mains dévouées, d'aventuriers et d'intermédiaires sulfureux. Mais qu'a-t-il fait lui ? Et quelle vérité judiciaire sortira de ces audiences ? Ce procès à l'issue incertaine ne pourra pas se terminer par un match nul.

Si son innocence est reconnue, pour absence de charge ou au bénéfice du doute, il pourra se dire victime d'un acharnement commencé entre les deux tours de la présidentielle de 2012, quand Mediapart a publié le premier document faisant état d'un financement occulte de Kadhafi. « Un faux », a-t-il toujours prétendu. Sans cette affaire, le parcours politique de Nicolas Sarkozy depuis 2012 aurait certainement été différent. Aurait-il gagné la présidentielle de 2012 ? Aurait-il emporté la primaire de 2016, quand, au tout début du premier débat, le journaliste David Pujadas l'interroge au préalable sur les fonds en espèces qu'il aurait reçus de Takieddine ? Il faut revoir la scène. Son visage qui se ferme, quand ceux d'Alain Juppé et de François Fillon, à ses côtés, même chemise bleu ciel et cravate bordeaux, esquissent un léger sourire. Ses yeux à lui lancent un regard noir : « Quelle indignité. Nous sommes sur le service public. Vous n'avez pas honte de donner écho à un homme qui a fait de la prison et qui a été condamné à d'innombrables reprises pour diffamation. Qui est un menteur. Ce n'est pas l'idée que je me fais du service public. C'est une honte », improvise-t-il. La suite est connue. Sarkozy termine troisième de la primaire, derrière Juppé et Fillon, et quitte la vie politique sans pouvoir se présenter à l'Élysée. Le sparadrap Kadhafi collé au front.

En revanche, s'il est reconnu coupable à l'issue du procès libyen, au nom d'un faisceau d'indices, il risque gros. Il le sait. Probablement davantage que lors de ses condamnations précédentes. Lui comme ses proches l'ont bien compris. Tous savent, après l'étalon judiciaire que constitue la peine de trois ans de prison dont un ferme du procès Bismuth, que son risque pénal dans le volet libyen, en cas d'éventuelle condamnation, est plus élevé. Comme une épée de Damoclès.

Il y a tant d'enjeux à l'évocation de ce dossier que l'air de son bureau de la rue de Miromesnil, ce 27 juin 2023, se charge en ions négatifs. Comme au bord d'une falaise, quand le sol, à l'approche du vide paraît instable. Comme s'il était pris de vertige devant l'enjeu. Sa tirade initiale claque d'un coup. Il évoque un monstrueux mensonge. Aucune trace d'argent de Kadhafi. Les folies de Takieddine. Les folies de Kadhafi. Ses mots se bousculent, cinglants. C'est fou, répète-t-il trois fois, de plus en plus fort, de plus en plus intensément.

Il faut lui reconnaître sa façon habituelle de parler avec ses tripes. Il est seul sur le canapé en cuir beige de son bureau, mais il serait devant 10 000 personnes à la tribune d'un stade, qu'il serait le même. Il serait sur la scène du Royal Albert Hall de Londres à jouer du Shakespeare, il serait le même. Il est habité par ce personnage de roman, comme un autre lui-même, qu'il campe dans toutes les affaires : il est cet « innocent perpétuel », victime successive d'une machination judiciaire, mais qui reste debout parce qu'il est persuadé à la fin de remporter la partie. Il harangue : « Pas d'argent liquide. Pas d'argent tout court. C'est pas mes explications, c'est des faits ».

Dans un message ultérieur, il insiste : « Après sept ans d'instructions et des commissions rogatoires lancées partout dans le monde pour chercher un supposé argent libyen, pas un seul centime n'a été retrouvé. Je vous rappelle qu'on parlait de dizaines voire de centaines de millions. Les comptes de mes campagnes de 2007 et 2012 ont été passés au crible ainsi que tous mes comptes personnels, ceux de ma femme, de ma mère, et de mes enfants. Le dossier est vide. D'anciens responsables libyens avaient promis des preuves : ils n'en ont apporté aucune. Ils m'en veulent car j'ai été le chef de la coalition qui a mis à bas le système Kadhafi – et j'en suis fier. Le témoin clé, Ziad Takieddine, a changé de version à sept reprises, on ne retient que celles, loufoques, qui me sont défavorables. En revanche quand il affirme qu'il n'a jamais donné un centime pour ma campagne, on n'en tient pas compte. »

Voilà pour la première partie. Il est innocent parce qu'on n'a rien trouvé. Innocent faute de preuve(s). Faute de charge(s). Les juges d'instruction ont passé quatre jours entiers face à lui sur ce mode. Quatre jours d'échanges de fond de court rugueux, où il n'a cédé que sur quelques millimètres, se démarquant à peine de Guéant et d'Hortefeux, pour leurs curieux voyages en Libye. Son innocence est posée comme une certitude première.

Dans un deuxième temps, après son postulat d'innocence, il cherche de l'approbation. Du soutien. Est-il malhonnête ou est-il innocent ? C'est aux juges du procès libyen d'en décider et ce procès s'annonce dangereux. Ce n'est pas du tout la réponse qu'il attend. Il veut tout résumer à une équation simple, pas d'argent, pas de condamnation. Il veut connaître notre conviction. Il insiste.

Thierry Herzog a une phrase pour le décrire : « Il n'est pas comme nous. » La phrase colle à la scène qui se déroule ce 27 juin dans son bureau-mausolée. Après la démonstration d'innocence, puis la demande d'approbation, il entame une troisième étape dans la discussion. Il recrute. Pour cela, il change de registre. Il ne parle plus de lui. Il ne plaide plus. Son ton change. Sa voix se pose davantage. Ses yeux l'accompagnent. Maintenant, il prêche, dans un mélange de séduction et de menaces voilées. Lui est innocent, ça ne fait aucun doute, à l'entendre. La question qu'il pose : quand va-t-on finir par faire notre travail honnêtement ? Et non pas s'inscrire dans un courant de facilité, dit-il. Il se bat car il n'a rien fait, revendique-t-il encore une fois. Il ressasse les milliers d'heures d'interrogatoire, et la conclusion, évidente selon lui, qu'il faudrait en tirer : « Il n'y a pas d'affaire libyenne. » Dans un écrit ultérieur, il enfonce le clou : « Je vous demande à vous, journalistes, de faire preuve d'objectivité dans votre traitement de cette affaire et d'enfin avoir le courage d'écrire la vérité : il n'y a pas d'affaire libyenne. » Au fond, il nous a fait venir pour ça. Cet unique message, policé à l'écrit mais brut à l'oral : « Le pognon Kadhafi, soit on le trouve dans ma campagne, soit dans mes comptes. Sinon, merci, au revoir. C'est ça, la vie. » La vie. Ce fluide grouillant. Ce souffle qui anime. Qui permet de combattre et d'avancer. « Soyez mon Zola », demande-t-il, se campant en Dreyfus du PNF, sur le seuil de sa porte. Il a dit cela avec la certitude qu'il reviendra un jour du bagne, mais aussi avec le ventre noué à l'idée de s'y rendre.

Les deux « Claude »

Il a été le plus proche. Le plus fidèle. Le plus dévoué. Le plus secret. Il faut l'avoir croisé au sommet de sa destinée pour mesurer l'amplitude de sa chute. Il a connu la prison, la Santé un soir de Noël. La ruine. La déchéance, si profonde que plus personne ne le sollicite pour la moindre interview ou le moindre avis… Claude Guéant est devenu le paria du sarkozysme. « Monsieur Guéant », le désigne Nicolas Sarkozy dans son bureau, le 23 mai 2023, lui qui l'a toujours appelé « Claude » pendant les dix ans où ils ont travaillé quotidiennement ensemble. Il était la pièce maîtresse de son dispositif. Aujourd'hui, il sent le soufre.

Un déjeuner de printemps 2007. La scène se déroule au huitième étage de l'immeuble Lagardère News à Levallois, le grand bâtiment de verre qui regroupe encore, à l'époque, tous les fleurons de l'empire de presse fondé par Jean-Luc Lagardère. Ce dernier étage abrite une cuisine et des salons de restaurant privés, vestiges d'une époque de la presse aujourd'hui révolue. Il fait un temps superbe. Le soleil inonde la pièce. Claude Guéant s'installe face à la fenêtre et la vue sur Paris. Il pose délicatement un téléphone portable à gauche de son assiette. Il est radieux. Détendu. À l'aise. Ce préfet passe-muraille, longtemps dans l'ombre de Charles Pasqua, est devenu au fil des années le bras droit incontournable de

Nicolas Sarkozy, d'abord à l'Intérieur, puis au ministère de l'Économie et des Finances, et maintenant à l'Élysée. Ses mains sont fines, son sourire délicat, ses gestes comptés, sa politesse un peu désuète. La comparaison saute aux yeux, ce préfet est une sorte d'antithèse de celui qui vient d'être élu président de la République. À l'inverse de son mentor, toujours en mouvement, « Claude », comme l'appelle le président, semble d'un calme olympien. En ce printemps 2007, Nicolas Sarkozy vient juste de le nommer au poste stratégique de secrétaire général de l'Élysée, la tour de contrôle de la République, le poste occupé par Balladur sous Pompidou et par Kohler sous Macron. C'est dire si le nouveau président a confiance en cet homme qui n'a jusque-là jamais fait de politique, ni ne s'est présenté à la moindre élection et que les Français ne connaissent pas vraiment. À 62 ans, Claude Guéant, qui vient de diriger la campagne présidentielle victorieuse, connaît aussi les rouages de l'État et le fonctionnement de la machine administrative. Tout chez lui transpire la loyauté. Bref, Sarkozy a trouvé son Bernardo, ce fidèle dans l'ombre de Zorro, serviteur muet certain de ne jamais trahir.

Le téléphone de Claude Guéant ne cesse de vibrer. Il jette de rapides coups d'œil en direction de l'écran, sans intervenir, fronçant à peine les sourcils. Une marque de courtoisie, là encore. Ce téléphone posé sur la nappe beige a quelque chose d'hypnotique. Une sorte de cœur battant de l'État. Il sonne encore. Cette fois-ci, son propriétaire le saisit d'un geste souple en s'excusant. « Oui, monsieur le président. » La conversation ne dure que le temps de quelques phrases à peine. Le secrétaire général donne son avis sans marquer d'hésitation. Guéant raccroche dans un sourire silencieux. Moins d'une demi-heure plus tard, la même scène se répète. « Il m'appelle souvent », s'excuse presque le convive. À deux reprises, une même impression. Ce préfet affable n'est pas un simple exécutant. Il conseille. Tranche. Commande… Avec lui, les apparences sont donc trompeuses. Deux Guéant cohabitent, celui d'allure placide, et un autre, autoritaire.

« Le Cardinal » du quinquennat de 2007 est aussi le premier de cette équipe, fin 2021, à avoir franchi le seuil de la prison de la Santé. Comment, lui, le fonctionnaire blanchi sous le harnais de la préfectorale sans la moindre ombre au tableau, devenu la soixantaine passée secrétaire général de l'Élysée, a-t-il pu concentrer par la suite autant de dérapages judiciaires ?

Octobre 2021, salle Victor Hugo du palais de justice de Paris. Le tribunal correctionnel juge l'affaire des sondages de l'Élysée, concernant, entre autres, les paiements du conseiller de l'ombre Patrick Buisson. L'ancienne directrice de cabinet de Nicolas Sarkozy, Emmanuelle Mignon, renvoyée en correctionnelle aux côtés de l'ancien secrétaire de l'Élysée, semble avoir attendu ce moment depuis longtemps. Elle raconte « l'autre Guéant », pas celui des apparences douces. « Claude Guéant est un homme de pouvoir absolu, il a exercé ses fonctions en pouvoir absolu, il a veillé à ne laisser émerger aucun pôle. Le président le savait parfaitement », lance Emmanuelle Mignon au tribunal présidé par Benjamin Blanchet. Ce 21 octobre 2021, à un mètre d'elle, l'intéressé prend des notes sur ses genoux sans vaciller. Emmanuelle Mignon, sur sa lancée, évoque « la violence » des relations au sein du cabinet présidentiel d'alors. Le « discrédit » dont elle a été l'objet, téléguidé par celui avec lequel elle ne s'est jamais entendue. Un portrait acide de Claude Guéant, aux antipodes de l'image de calme et de gentillesse du personnage.

Le procès des sondages est d'ailleurs la seule fois où les coulisses du cabinet présidentiel de 2007 sont livrées au public. Parfois au bord des larmes, maîtrisant son émotion, Emmanuelle Mignon semble intarissable. « Au début, j'ai dédramatisé, je me suis dit, ce n'est pas grave. Puis j'en ai parlé au président et les choses se sont un peu arrangées. Et puis ça a continué », soupire-t-elle, évoquant ses difficultés avec celui qu'elle dépeint en homme fort de la machine élyséenne. « Claude Guéant a été un grand préfet, un grand directeur de cabinet du ministre de l'Intérieur, mais c'est un homme de pouvoir… », dit-elle, se retenant à l'évidence d'aller plus loin. Elle se souvient de la présidentielle comme d'une époque heureuse, « exemplaire ». « Le président a espéré que cette belle équipe de gens si différents autour de lui, qui avait mené campagne, allait pouvoir travailler à la présidence. Mais cela a éclaté. » En cause, selon elle, Guéant lui-même, son mode de commandement, violent et froid… Mais aussi, Emmanuelle Mignon le glisse, la personnalité du président de la République. « Il déteste les conflits entre ses collaborateurs », confie celle qui travaillait à ses côtés, d'abord à l'Intérieur, puis à Bercy, depuis 2002. Fin 2009, *exit* Emmanuelle Mignon, fin de partie pour elle à l'Élysée. « J'y ai été très malheureuse, et après mon départ, j'ai retrouvé le sourire, cela a été un soulagement », conclut-elle devant le tribunal correctionnel silencieux.

« L'autre Guéant », l'homme de pouvoir absolu, qu'elle vient de décrire, semble aux antipodes du Guéant public, qui lui succède à la barre, s'y approchant à petits pas, comme avec timidité. Il plaide « un souci de cohérence » dans son mode de gestion. Il va même jusqu'à contester la moindre rivalité avec Emmanuelle Mignon. « Le secrétaire général ne fait pas tout, ne contrôle pas tout ! De toute façon il n'en a pas la possibilité matérielle », susurre-t-il pour contrebalancer l'image désastreuse de cet « autre Guéant » que vient de dresser son ancienne collaboratrice. À l'issue de ce procès, il est condamné à un an de prison dont huit mois ferme. Emmanuelle Mignon, elle, écope de six mois avec sursis. Une échelle de responsabilité claire de la part du tribunal correctionnel.

Ses ennuis judiciaires remontent tous au 27 février 2013. Une date de bascule dans la vie du « Cardinal ». Ce jour-là, Claude Guéant, devenu avocat après la défaite de 2012, écope d'une bordée de perquisitions, à son cabinet et à son domicile parisien. La cheffe de la section financière du parquet de Paris accompagnée de la commissaire, cheffe de la DNIF (Division nationale d'investigations financières et fiscales), et de trois policiers sonnent à l'interphone d'un immeuble haussmannien du 16e arrondissement de la capitale. Situé derrière l'Étoile, entre l'avenue Foch et la porte Maillot, l'immeuble où habite Me Guéant compte sept niveaux. Il a acheté le 4e gauche en 2008. C'est dans ce « F4 de 80 mètres carrés » que les cinq fonctionnaires entament une perquisition en règle. Dans la salle à manger, en évidence sur la table, une chemise jaune a été préparée à leur intention. Elle contient un courrier manuscrit daté de 2004 concernant un projet d'équipement « des frontières de l'Arabie Saoudite dans la perspective d'un entretien avec Ziad Takieddine ». Le méticuleux Claude Guéant imaginait bien que les enquêteurs s'intéresseraient tôt ou tard à ses relations avec le sulfureux Takieddine, au centre de cette affaire dite de « financement libyen » qui couve. Il a donc anticipé leurs souhaits et a préparé cette petite chemise jaune que les policiers placent sous scellés. Les choses, espère-t-il, auraient pu en rester là...

Mais ces policiers sont curieux. Dans le couloir de l'appartement, ils ouvrent un secrétaire où sont rangés des documents administratifs. Le meuble contient une foule de relevés bancaires et de factures apparemment sans importance. De la simple paperasse comme chaque foyer en compte, plus ou moins rangée. Celle de Claude Guéant est parfaitement en ordre. Les enquêteurs parcourent ces papiers, et se focalisent assez vite sur des mentions manuscrites du propriétaire des lieux, « paiement en espèces », portées sur certaines factures :

Maison de la literie, 28 juin 2008, 7 900 euros – « paiement en espèces », a-t-il été écrit sur la facture. Esprit maison, 9 septembre 2008, 1 300 euros, payés en espèces. Cuisine Chartier, 25 juin 2008, espèces 3 000 euros. Bang & Olufsen, 29 mars 2009, 3 040 euros en espèces. Dumartin Antiquités, 26 janvier 2009, 5 000 euros en espèces. BHV, 14 juin 2008, 2 000 euros. Fichet, 26 novembre 2009, 1 490 euros en espèces. Darty, 21 octobre 2006, 1 627,90 euros… Les policiers recensent vingt factures réglées en liquide. Il y en a exactement pour 49 642 euros. « S'agissant des paiements en espèces que j'ai pu faire, ces paiements tiennent à une facilité qui consistait en ce que le ministère de l'Intérieur payait les primes de cabinet en espèces », se défend Claude Guéant sur le procès-verbal de perquisition, tentant de désamorcer dans l'œuf ce qui va devenir une première « affaire Guéant », celle dite des « primes de cabinet ».

Mais dans la foulée de cette perquisition du 27 février 2013, les enquêteurs tiquent sur autre chose. En épluchant la déclaration fiscale de l'ancien secrétaire général de l'Élysée, le capitaine de police Frédéric Vidal n'en croit pas ses yeux. Quand Claude Guéant a été nommé ministre de l'Intérieur, en février 2011, les services fiscaux s'étaient étonnés que l'achat de son appartement du 16e arrondissement, en 2008, ait eu lieu sans faire appel à un crédit bancaire. Sur en-tête du ministère, le premier flic de France leur avait répondu qu'il avait financé ce bien par la vente de deux tableaux du peintre hollandais Andries van Eertvelt. Pour justifier cette vente, le ministre avait même produit aux impôts un document rédigé en anglais émanant d'un avocat, résident fiscal en Malaisie, intervenant pour le compte d'un client anonyme. Montant de la transaction, avec des fonds en provenance de Kuala Lumpur, 500 000 euros. C'est-à-dire les deux tiers de l'appartement achetés 717 000 euros dans la même période. Recevant ces « explications » en 2011, l'administration fiscale, sous les ordres du ministre du Budget François Baroin, en était restée là…, et avait accepté l'explication de ces 500 000 euros tombés du ciel de Malaisie. Mais en janvier 2013, la donne a changé. Cette fois-ci, les policiers épluchent les législations sur la vente d'œuvres d'art à l'étranger. Or avec la « vente » de ces deux tableaux hollandais, tout cloche… Aucune déclaration d'exportation n'a été faite. L'affaire dite « des tableaux hollandais » commence.

Celle-là vaudra à Claude Guéant d'être rattrapé dans l'affaire du financement libyen. Les enquêteurs en sont persuadés, ces fonds en provenance de Malaisie sont en réalité des fonds liés à un intermédiaire sulfureux, Alexandre Djouhri. Guéant et lui sont mis en examen dans le volet libyen. Nombreux sont ceux qui en sont persuadés, Guéant a « beaucoup changé » à l'Élysée, notamment sous l'influence de Djouhri. Un exemple parmi d'autres : en mars 2011, alors qu'il est devenu ministre de l'Intérieur, Claude Guéant intime à la DGSE d'organiser la défection de Moussa Koussa, le ministre des Affaires étrangères de la Libye, raconte Jean-François Lhuillier, alors chef de poste du service secret extérieur à Tripoli[1]. Koussa est l'auteur présumé de la fameuse « note » publiée par Mediapart sur un accord de financement de la campagne présidentielle de Nicolas Sarkozy en 2007, qui lancera toute l'affaire. L'opération échoue, Koussa préfère se réfugier au Royaume-Uni ; puis en septembre 2011, Guéant pilote l'exfiltration vers la France de Bechir Saleh, le directeur de cabinet de Kadhafi. Celui-ci, note Lhuillier, est en contact régulier avec Alexandre Djouhri. Bechir Saleh niera puis affirmera, notamment devant des journalistes de

1. Jean-François Lhuillier, *L'Homme de Tripoli. Mémoires d'agent secret*, Paris, Mareuil Éditions, 2023.

France 2, qu'un financement libyen était prévu pour la campagne de Sarkozy.

« Guéant, il a passé sa vie en vieux loden vert à la mode dans les années 1980, avec à la main un sac en cuir de contrôleur SNCF, et du jour où il s'est mis à fréquenter Djouhri, on l'a vu arriver avec des manteaux en cachemire et des sacs Hermès à 5 000 euros », rigole un habitué de l'Élysée sous Chirac et Sarkozy, l'avocat Robert Bourgi, l'homme qui s'y connaît en cadeau pour avoir offert ses costumes à François Fillon. Autre constat, Guéant s'est trouvé à la croisée des chemins entre deux intermédiaires, Ziad Takieddine d'abord puis Alexandre Djouhri ensuite. Des « hommes d'affaires » qui, vivant d'intermédiations en marge de contrats internationaux, ont pour point commun de savoir se montrer généreux. Alexandre Djouhri a la réputation d'inviter dans les meilleures tables, de boire les meilleurs vins, avec une préférence pour le Château Cheval Blanc. Autre argument pour cette thèse d'une « dérive » du secrétaire général, la mort brutale de sa femme, en 2008. Une explication un peu courte, d'autant que l'affaire du financement libyen se noue en 2006, deux ans auparavant. Et que Guéant jure n'avoir jamais fait le moindre business avec Djouhri.

Chronologiquement, c'est l'affaire des primes de cabinet, perçues entre 2002 et 2003, qui lui vaut son premier procès, en 2015. Après enquête, la justice a montré qu'il a vécu des années durant sans jamais retirer d'argent liquide à la banque ou dans le moindre distributeur bancaire. Entre mai 2003 et fin 2012, selon une première synthèse de police, Claude Guéant n'aurait retiré en tout et pour tout que 800 euros. Soit moins de 100 euros par an. Une misère de 8 euros par mois… Devant le tribunal correctionnel, l'ancien secrétaire général de l'Élysée écope d'une première condamnation à deux ans de prison avec sursis, 75 000 euros d'amende, et cinq ans d'interdiction d'exercer toute fonction publique. Ayant fait appel, il est condamné à une peine encore supérieure. En janvier 2017, il hérite cette fois de deux ans de prison dont un an ferme, de la même amende et de la même durée d'interdiction d'exercer toute fonction publique qu'en première instance… Il doit en outre rembourser les 105 000 euros de fonds en espèces prélevés sur le budget de la police.

Sauf que Guéant est fauché. Dans un premier temps, devant le juge d'application des peines, affable et calme comme à son habitude, il produit un contrat de travail d'ambassadeur auprès d'une organisation internationale (l'Organisation internationale de développement économique, OIDE) qui promet de lui verser 228 249 dollars annuels. Convaincu, le juge accepte d'échelonner le remboursement de sa dette judiciaire. Mieux, il le dispense carrément de bracelet électronique pour lui permettre de mener à bien les nombreuses missions à l'étranger que l'ancien secrétaire général de l'Élysée va devoir mener auprès de l'OIDE. Mais les mois passent et aucun fonds ne rentre en paiement de l'amende pénale. Guéant jure avoir distribué ses économies à ses enfants en difficulté financière. Troublé, le juge d'application des peines lance une enquête sur l'OIDE… et tombe de sa chaise. Le rapport de police conclut à « une coquille vide, sans activité réelle ». Cette fois-ci, le juge voit rouge. « Claude Guéant a toujours cherché à retarder le recouvrement de la somme », cingle le magistrat. Convoqué le 13 décembre 2021 devant le service de l'exécution des peines, l'ancien bras droit du président est transféré aussitôt à la prison de la Santé. Il a un an de prison à effectuer.

Une date importante. Pour la première fois, un des hommes du président de 2007 est en détention. Claude Guéant hérite d'une cellule dans le quartier QB4 de la prison parisienne, celui des VIP et des détenus particulièrement surveillés. Il y côtoie Georges Tron, l'ancien maire de Draveil et secrétaire d'État en charge de la Fonction publique de Sarkozy, incarcéré après sa condamnation pour viol et agressions sexuelles ; Jean-Luc Brunel, l'ex-agent de mannequins, complice présumé de l'Américain Jeffrey Epstein ; le chanteur Jean-Luc Lahaye, lui aussi détenu pour une affaire de mœurs ; et le marchand de biens Pierre Reynaud, empêtré dans la fausse rétractation Takieddine, une des autres affaires gigognes du sarkozysme. Le soir de Noël 2021, Reynaud, généreux avec certains surveillants, fera porter à ses compagnons d'infortune, Guéant en tête, un peu de caviar et de foie gras. Fermeture des cellules à 17 h 30. La nuit du réveillon est longue et triste. « C'est la deuxième fois que Claude Guéant passe Noël loin des siens, réagit son avocat, Me Philippe Bouchez-El Ghozi. La première fois, ç'avait été lors de l'assaut de l'Airbus sur le tarmac de Marseille, le 24 décembre 1994. » Les deux Guéant, encore…

Autre constat, l'ancien bras droit est incarcéré dans un silence politique quasi complet. Aucun signe public de l'ancien président. Aucune indignation chez les LR ni dans les rangs des anciens ministres du quinquennat. Ce silence en dit long sur son isolement. Il témoigne aussi du fait qu'au lendemain du quinquennat de 2007, la greffe Guéant en politique n'a jamais pris. Fin 2011, alors qu'il était ministre de l'Intérieur, à la recherche d'une circonscription des Yvelines pour se présenter en mai 2012, il est tombé dans le guêpier de Boulogne-Billancourt, dans les Hauts-de-Seine. Le député sortant et maire de Boulogne-Billancourt, Pierre-Christophe Baguet, qui veut conserver sa mairie, lui propose de prendre sa place à l'Assemblée, lui pronostiquant une campagne facile. Sauf que Baguet ne dit pas à Guéant que son ancien premier adjoint, Thierry Solère, entré en dissidence, va aussi se présenter aux législatives… Le maire de Boulogne-Billancourt diffuse début janvier 2012 une « lettre aux Boulonnais », dans laquelle il annonce la candidature de Claude Guéant à la députation pour la 9e circonscription des Hauts-de-Seine. L'opération, confiée en urgence à un imprimeur ami, sera très mal comptabilisée dans les comptes de campagne… Elle vaudra au « Cardinal » une nouvelle condamnation en première instance à six mois de prison ferme[1]. Il a fait appel de cette décision et reste présumé innocent.

En janvier 2022, son avocat Me Bouchez-El Ghozi se démène pour le faire sortir de la Santé. Il sait que s'il veut espérer une libération, il doit commencer par régler sa dette judiciaire. Mais les comptes bancaires de Me Guéant sont vides. À l'évidence, comme le montre la comptabilité de son cabinet d'avocats, personne ne s'est vraiment bousculé pour bénéficier de ses conseils. D'autres politiques se sont reconvertis, partiellement ou complètement, dans le métier d'avocat. Avec succès. Ce n'est pas le cas de Claude Guéant.

Rue de Miromesnil, l'ancien président n'a pendant toutes ces années jamais tendu la main en direction de son ancien bras droit. La règle, avec Guéant comme avec tant d'autres, ressemble à celle de la série *Mission impossible* juste avant que la bande s'autodétruise dans les cinq secondes après l'écoute : « […] Comme toujours, si vous ou l'un de vos agents étaient capturés ou tués, le département d'État nierait avoir eu connaissance de vos agissements. » Pis, Sarkozy semble avoir dressé une cloison étanche entre Guéant et lui : « Vous saviez que Claude était un homme d'argent ? » demande-t-il à ses visiteurs, les yeux écarquillés, signe chez lui d'un effarement… et d'une distance.

1. Tribunal correctionnel de Nanterre, jugement du 22 novembre 2022.

Sauf qu'en ce Noël 2021, tous les signaux qui parviennent au « Boss » sont affolants. En prison, l'ancien secrétaire général « déprime ». Il sort très peu de sa cellule. Il est malade.

En coulisses, cette fois, Sarkozy bouge. Les deux hommes n'ont pas le droit de se parler du fait de leur contrôle judiciaire dans l'affaire libyenne. Pas question de discuter avec « Claude » *via* son téléphone de détention, évidemment sur écoutes. Mais un message est envoyé. Sarkozy lui propose de l'aider, même si les deux hommes démentent tout accord financier entre eux. À cette époque, c'est le préfet Alain Gardère qui fait notamment le lien entre Claude Guéant et Michel Gaudin, le directeur de cabinet de Sarkozy. Gardère a été directeur de cabinet de Gaudin à la Direction générale de la police nationale, puis directeur adjoint de cabinet de Guéant au ministère de l'Intérieur. « Je ne suis pas missionné pour ça, mais je vois Claude, et quand je vois Michel, il me demande des nouvelles de Claude », indique le préfet Gardère[1], lui aussi aux prises avec la justice. Il est actuellement mis en examen pour corruption et détournement de fonds publics dans une affaire de faveurs obtenues auprès de sociétés de sécurité.

Quoi qu'il en soit, en quatre jours, plus de 233 000 euros parviennent chez l'avocat de Claude Guéant. Les donateurs affluent, dont deux apporteraient 135 000 euros. « J'aurais pu rassembler plus d'un million d'euros ! » assure Me Bouchez-El Ghozi. Le « Guéanthon » va lui permettre de régler cette ardoise qui l'a envoyé derrière les barreaux.

Sarkozy a-t-il passé des consignes ? Comment imaginer que l'ancien président ne réagisse pas alors que son ancien

1. Entretien avec un des auteurs, 27 juin 2023. En août, il a été renvoyé devant le tribunal correctionnel pour corruption et détournement de fonds publics dans une affaire de faveurs obtenues auprès de sociétés de sécurité.

directeur de campagne de 2007, celui qui a loué ce fameux coffre bancaire grand comme une pièce, simplement pour entreposer ses discours, a-t-il toujours soutenu devant les juges de l'affaire libyenne, se morfond en prison pour une dette de 200 000 euros ?

Le 9 février 2021, Guéant est dehors. Marqué à jamais, mais dehors. Pour autant, il n'en a fini qu'avec une de ses quatre affaires judiciaires, celle des primes de cabinet, qui est désormais derrière lui. Il lui reste l'affaire de Boulogne, et ses six mois ferme dont il fait appel. L'affaire des sondages, et ses huit mois ferme aussi en appel. Et l'affaire libyenne bien sûr, qui le menace d'un procès aux côtés de Djouhri et Sarkozy en personne cette fois. Cela serait une première de les voir assis sur un même banc. Face à des mêmes juges.

Ziad et les ex

Le point zéro de ce qui va s'appeler l'affaire libyenne est une cassette de vidéosurveillance. Un enregistrement de mauvaise qualité capté dans le *pool house* de la piscine de Ziad Takieddine à Antibes. Le gardien de la somptueuse villa a pris sur lui d'apporter cette cassette à son patron. Il ne lui en dit pas plus, lui remet l'objet précautionneusement et file sans demander son reste. Ziad Takieddine l'ignore, mais sa vie va basculer. Et avec elle, beaucoup d'autres…

D'origine druze, ce Libanais au sourire carnassier s'est fait tout seul, grâce à son bagout et son sens du risque. Le voilà d'abord à Isola 2000, la station de ski du sud des Alpes la plus proche des villes de la Côte. Son entregent aurait fait de lui un majordome hors pair, le patron d'un Club Med ou le capitaine d'un bateau de pirates. Il y a chez lui un mélange de charme et de brutalité, dans les extrêmes à chaque fois. Docile, il est le plus prévenant des hôtes, connaissant les goûts de chacun et anticipant leurs désirs. En colère, son visage peut brutalement changer de physionomie, regard sombre, et d'un seul geste de la main, il sait congédier domestiques ou indésirables[1].

1. « Vous êtes une des saletés les plus performantes dans la saleté » a-t-il lancé un jour à Karl Laske, un des deux journalistes de Mediapart, avec Fabrice Arfi, à l'origine du scandale libyen.

Un personnage à cheval entre plusieurs cultures, plusieurs époques, et plusieurs vies à la fois. Forcément attachant, mais tout aussi toxique que dangereux. Le prototype de ces agents du demi-monde, interfaces entre les politiques et l'argent. Sans scrupule. Sans états d'âme. Et prêts à tout.

À Isola 2000, il rencontre sa future femme, Nicola Johnson, une Anglaise venue faire des extras, de onze ans sa cadette, avec qui il aura deux garçons. Au bord des pistes, il fait aussi la connaissance de François Léotard, maire de Fréjus… et futur ministre de la Défense. Un tournant. Au début des années 1990, Ziad Takieddine va jouer les intermédiaires avec l'Arabie Saoudite pour la signature d'un des premiers contrats du siècle, le contrat Sawari II, la vente par la France de frégates militaires. Puis en pleine campagne présidentielle de 1995, alors qu'Édouard Balladur est à Matignon, il se démène pour la signature du contrat Agosta, la vente de sous-marins au Pakistan. Sa fortune est faite. Le gérant de station de ski quitte les Alpes du Sud et s'installe dans un somptueux hôtel particulier à côté du Trocadéro. Le voilà entré dans la cour des grands intermédiaires sur le marché de l'armement. Un club très fermé d'hommes d'affaires capables de discuter d'un côté avec les politiques occidentaux, qui vendent les matériels, et de l'autre avec les dirigeants des pays du Golfe, qui les achètent. Au passage, ces intermédiaires s'occupent aussi de « la cosmétique » des contrats. D'abord de l'aiguillage de commissions en direction de dirigeants des pays acheteurs ou de leur famille. Ensuite des fameuses rétrocommissions, censées revenir en Occident dans les caisses, au mieux des partis politiques, au pire de politiques véreux. Avec au passage des valises qui se perdent au profit des « entourages »…

En 1995, en marge des « contrats du siècle », Sawari II et Agosta, la droite RPR a deux campagnes présidentielles à financer… Et de gros besoins d'argent. Chirac est élu. Balladur aux oubliettes. C'est l'époque où Nicolas Sarkozy, le jeune ministre du Budget du candidat malheureux, rejoint sa voiture à la sortie d'un meeting chiraquien, l'arrière de la veste tapissé de crachats. C'est aussi l'époque où Nicola Johnson reçoit un drôle d'appel : « Dis à ton mari d'arrêter tout cela sinon il va se retrouver dans le coffre d'une voiture. » En avril 2004, en vacances sur l'île Moustique dans l'archipel des Grenadines, il rentre de la plage en voiturette de golf. Son front conserve la trace d'un violent coup, une batte de baseball, dit-il, qui l'a laissé pour quasi mort. Takieddine est persuadé d'avoir été victime d'une tentative d'assassinat. C'est Jean-François Copé, dont il est alors proche, qui se démène pour qu'il soit rapatrié sanitairement et soigné en France. Un médecin privé ne le quitte plus. Des gardes du corps font aussi leur apparition dans l'entourage de l'homme d'affaires. Un autre intermédiaire, très lié à Dominique de Villepin, apparaît dans cet univers des grands contrats internationaux : Alexandre Djouhri.

À la même époque, l'Europe décrète la fin de l'embargo international sur la Libye. Le colonel Kadhafi, plus que jamais désireux de revenir sur la scène internationale, veut donner des gages. La chance sourit de nouveau à l'entreprenant Takieddine. Remis de son accident, lors d'un voyage en avion à Beyrouth fin 2004, il est assis à côté du couturier libanais Elie Saab, qui habille la jet-set du Moyen-Orient et de la Libye. Ils sympathisent. Elie Saab lui présente Mohamed Senoussi, qui vit à Londres, le fils d'un des hommes forts du régime libyen, Abdallah Senoussi, gendre de Kadhafi et chef des services du renseignement militaire. Un personnage hautement sulfureux. Abdallah Senoussi est la cible d'un mandat d'arrêt international délivré par la justice française. Il est soupçonné d'avoir organisé l'attentat contre le DC-10 de la compagnie aérienne UTA, en novembre 1989, qui a fait

170 morts, dont 54 Français. Ziad Takieddine devient son homme de confiance en France. En 2005, il s'agite pour trouver un avocat français capable de faire lever le mandat d'arrêt international de son mentor libyen. Il décroche même un rendez-vous avec Thierry Herzog, place Saint-Michel. Mais Herzog, ce jour-là, ne « sent pas » l'intermédiaire libanais. Par expérience, il sait aussi que la levée d'un mandat d'arrêt international, avec 170 victimes, a peu de chance de se réaliser, et encore moins de passer inaperçue. Herzog ne met pas les pieds dans ce guêpier...

Mais le rapprochement franco-libyen est en route. Et en marge, l'affaire du financement de la campagne de 2007. Dans l'enquête judiciaire, si les preuves définitives manquent, les témoignages abondent. Le plus accablant pour le camp français est celui d'Abdallah Senoussi, l'ancien bras droit du Guide libyen. Incarcéré après la chute de Kadhafi, ayant survécu à la guerre civile et aux raids occidentaux, Senoussi, dont la parole est évidemment à prendre avec des pincettes, a donné sa version à plusieurs équipes de magistrats. Il assure que, le 30 septembre 2005, la venue de Claude Guéant à Tripoli, organisée par Ziad Takieddine, aurait permis de poser les jalons du financement : « L'idée était de proposer que la Libye profite d'un soutien de la France après l'élection présidentielle en contrepartie d'un soutien de Nicolas Sarkozy pour qu'il accède à la présidence... Au cours de la première réunion, il a été question d'un soutien financier mais sans évoquer de montant ou de mode de transfert d'argent. » Selon Senoussi, qui aurait piloté les discussions côté libyen, Claude Guéant, alors directeur de cabinet du ministre et son futur directeur de campagne, serait venu en personne tâter le terrain.

Puis Nicolas Sarkozy, ministre de l'Intérieur, se rend en Libye le 6 octobre 2005. Senoussi l'affirme sur procès-verbal : « Le Guide avait rencontré le Premier ministre espagnol,

M. Aznar, qui lui a indiqué qu'une personnalité prometteuse avait toutes les chances de remporter l'élection présidentielle en France… Sarkozy est venu en Libye. C'était durant le mois du ramadan. C'était la première fois que le Guide recevait un ministre de l'Intérieur qui se rendait directement de l'aéroport à sa tente sans passer par l'hôtel. Il a reçu un traitement normalement réservé aux chefs d'État. »

Toujours selon Abdallah Senoussi, la question « du soutien financier » aurait été évoquée entre Sarkozy et Kadhafi lors du dîner. Ce soir-là, Senoussi assure même avoir parlé au téléphone avec le ministre français depuis sa chambre d'hôtel. Lors de cette conversation, traduite par Takieddine, il aurait été question du soutien financier de la campagne présidentielle : « Je dois préciser que Sarkozy m'a, en personne, demandé d'éviter que Saif Kadhafi ou Bechir Saleh ne soient mis au courant. Et jusqu'à la livraison de la somme, rien n'a en tout cas filtré », assure Senoussi[1]. Dans la foulée, ce dernier discute avec Kadhafi : « J'ai essayé de convaincre Mouammar Kadhafi de financer la campagne de Nicolas Sarkozy à hauteur du montant précité demandé par celui-ci, soit 20 millions d'euros, assure Abdallah Senoussi aux magistrats français. Mais il s'est montré contrarié et s'y est opposé. En fin de compte, après moult efforts de ma part, il m'a donné son accord pour 7 millions, pas plus. J'ai alors dit à Takieddine de faire venir une personnalité officielle dans l'organigramme de la campagne de Sarkozy pour nous accorder sur les procédés du financement de la campagne électorale. »

Toujours selon le récit de l'ancien chef des services secrets libyens, Takieddine organise alors la venue en Libye de Brice Hortefeux, ministre délégué à l'Intérieur en charge des collectivités locales. Elle a lieu le 21 décembre 2005. Senoussi :

1. Le 20 septembre 2011, à un magistrat de la Cour pénale internationale.

« J'ai reçu à mon domicile le ministre français alors délégué à l'Intérieur, accompagné de Ziad Takieddine. À l'issue de notre discussion, il m'a tendu une feuille sur laquelle était inscrit un numéro de compte, m'indiquant que c'était sur ce compte que devaient être virées les sommes d'argent versées par nous en soutien de la campagne de Sarkozy. »

Le compte appartient à Takieddine. Les fonds ont été versés en plusieurs fois *via* la Banque centrale de Libye… Abdallah Senoussi assure que Takieddine l'a informé que les sommes ont été perçues « et qu'il a procédé personnellement à la remise de l'argent en espèces à Nicolas Sarkozy, dans son bureau, en plusieurs fois ». Devant les enquêteurs de la CPI, Senoussi résume : « La somme de 5 millions d'euros a été versée pour la campagne du président français Nicolas Sarkozy en 2006-2007. J'ai personnellement supervisé le transfert de cette somme via un intermédiaire français, en la personne du directeur de cabinet du ministre de l'Intérieur. Sarkozy était alors ministre de l'Intérieur. Il y avait aussi un second intermédiaire, le nommé Takieddine, un Français d'origine libanaise installé en France… Mais je confirme que cette somme a bien été réceptionnée par Sarkozy[1]. » Lors d'une autre audition[2], Abdallah Senoussi évoque aussi un autre canal de financement libyen, *via* Bechir Saleh, de 8 millions d'euros pour la campagne de 2007. Entendu en 2019 dans le cadre d'une enquête libyenne, cet ancien directeur de cabinet de Kadhafi, proche d'Alexandre Djouhri, a admis que le colonel avait décidé de verser des fonds pour la présidentielle française[3].

1. Audition du 20 septembre 2011.

2. Audition du 9 février 2019.

3. Réfugié en Afrique du Sud, où il s'est fait tirer dessus à la fin 2018, Bechir Saleh est soupçonné d'avoir versé une dizaine de millions à Djouhri pour l'achat d'une maison à Mougins estimée à 2 millions d'euros. Une

Quoi qu'il en soit… Nicolas Sarkozy est élu président de la République le 16 mai 2007. Mouammar Kadhafi plante sa tente dans la cour de l'hôtel Marigny, en face de l'Élysée, le 10 décembre 2007. Les infirmières bulgares, détenues en Libye, ont été libérées le 24 juillet. Les relations entre les deux pays sont au beau fixe. Les affaires en coulisses repartent. Personne n'imagine qu'une enquête judiciaire va venir, des années plus tard, fouiller ce passé.

Sauf qu'un jour de l'été 2006, Ziad Takieddine a fini par introduire la vidéo confiée à son homme à tout faire dans un lecteur VHS. L'image grésille. À force d'avoir été effacée et réenregistrée en boucle, filmant le *pool house* de la piscine, elle est presque floue. Mais ce que voit Takieddine est suffisamment explicite pour le mettre en rage. Sa femme avec son propre médecin… dans les vestiaires de sa piscine. Le Druze sanguin voit rouge. Littéralement. Et gère l'infidélité de sa femme à sa façon, une façon d'un autre siècle, en la « répudiant »… Voilà Nicola Johnson chassée d'Antibes et de Paris, réfugiée à Londres, avec leurs deux enfants. Takieddine lui interdit l'accès de leur maison et lui loue un appartement, dont il cessera de payer les loyers après leur jugement de divorce en 2009. Dans la foulée, en 2010, Nicola Johnson saisit la justice anglaise et obtient la permission de rentrer dans leur maison de Londres. Elle met la main sur le disque dur d'un ordinateur de son mari. Les « comptes secrets » de Ziad Takieddine, ses notes confidentielles, ses e-mails vont faire surface comme des fusées rouges.

Mi-2011, photos, documents, et numéros de comptes se retrouvent en ligne sur le site Mediapart qui en fait un feuilleton de l'été. Pour l'homme de l'ombre, une pure

partie de ces fonds aurait ensuite été versée à Claude Guéant *via* la vente fictive de tableaux à un avocat malaisien.

catastrophe. Comme les réseaux d'une fourmilière brutalement mis à jour, tous ses fils bancaires se retrouvent exposés… Pour les « amis » de Takieddine, un mauvais été aussi. Trois hommes se retrouvent en photo en maillot de bain ou tenue de vacances : les anciens ministres Jean-François Copé et Brice Hortefeux, ainsi que Thierry Gaubert, collaborateur de Nicolas Sarkozy pendant treize ans, puis conseiller du président de la Caisse d'épargne. Rouges et bronzés, ils posent dans la piscine de Takieddine sur la Côte, ou au pied de son yacht. Copé prend ses distances. Hortefeux et Gaubert s'étranglent. D'autant que l'épouse de Thierry Gaubert, Hélène, divorcée de son mari elle aussi, se retrouve comme Nicola Johnson devant le juge Van Ruymbeke qui enquête sur les commissions en marge du contrat Agosta de 1995, dans le cadre de « l'affaire Karachi ». Les deux femmes l'affirment : Takieddine et Gaubert se rendaient souvent en Suisse pour aller chercher des espèces. « Une fois tous les deux mois », déclare Hélène Gaubert, les deux compères rapportaient des « sacoches bourrées de billets » qu'ils remettaient à Nicolas Bazire, alors directeur de cabinet, puis patron de la campagne d'Édouard Balladur. Ces déclarations, entre autres, vaudront à Thierry Gaubert et à Nicolas Bazire de rejoindre Ziad Takieddine sur le banc des mis en examen du dossier Karachi.

En première instance, en juin 2020, les trois hommes écopent d'une première condamnation, « pour des faits portant une atteinte d'une exceptionnelle gravité au fonctionnement de la vie publique ». Nicolas Bazire, livide[1], est

1. Nicolas Bazire, alors défendu par Me Hervé Temime, a nié à la barre cette série d'accusations, plaidant son innocence. Il a fait appel du jugement. Le procès en appel est prévu au printemps 2024.

condamné à cinq ans de prison dont trois ans de prison ferme. « Maillon indispensable », selon le tribunal, entre Takieddine et Bazire, Thierry Gaubert est condamné à deux ans de prison ferme. Absent, Ziad Takieddine écope de cinq ans ferme et d'un mandat d'arrêt international. Le tribunal ordonne la confiscation de ses biens, notamment de son hôtel particulier parisien, de ses trois résidences sur la Côte d'Azur et de son yacht. Il est aussi condamné pour « organisation frauduleuse d'insolvabilité » à rembourser 240 000 euros à son ex-épouse. Presque une peccadille dans un dossier où valsent les millions et les commissions. Le voilà en cavale au Liban. Ruiné…

La justice, dans la foulée des révélations de Mediapart entre les deux tours de la présidentielle de 2012, enquête aussi sur l'argent noir de Kadhafi. Et le disque dur fourni par Nicola Johnson dans le volet Karachi intéresse aussi le magistrat en charge de ce dossier : Serge Tournaire.

L'ex-Mme Takieddine se retrouve à son tour devant les enquêteurs de l'affaire libyenne[1]. Elle confirme d'entrée les relations de son ex-mari avec trois personnes : « Claude Guéant, Brice Hortefeux et Thierry Gaubert. » « Avec Claude Guéant, ils ont tout de suite eu des contacts très réguliers. Ils parlaient souvent au téléphone, plusieurs fois par semaine, ils se voyaient chez nous, ou chez Guéant, ou au ministère de l'Intérieur. » Elle est formelle, Ziad Takieddine a accompagné Guéant et Hortefeux en Libye auprès des dignitaires du régime, dont Abdallah Senoussi. « Et Nicolas Sarkozy ? » interroge l'enquêteur. Nicola Johnson assure que son mari le voyait de temps en temps, et qu'il lui arrivait de passer dans le bureau de Guéant pour lui dire bonjour. Il lui revient une

1. Audition du 21 octobre 2021 devant Frédéric Vidal, policier de l'Office central de lutte contre la corruption et les infractions financières et fiscales (OCLCIFF).

anecdote. Elle date de juin 2008, au moment du décès de la mère de Takieddine. « Ziad était très triste. Et il a reçu un appel. C'était Sarkozy. Ça a duré quelques minutes. Et mon mari était très ému de cet appel, il trouvait cela touchant que le président de la République l'appelle. »

Devant le policier, l'ex-Mme Takieddine se souvient aussi des longues conversations tant avec Claude Guéant qu'avec Brice Hortefeux, au sujet d'Abdallah Senoussi et de son mandat d'arrêt international. « Ils discutaient de comment faire pour le sortir de là [...]. L'objectif était de renouer les relations entre la Libye et la France, de réintroduire Kadhafi dans le monde. Pour des raisons politiques, mais aussi pour des raisons financières. » Le policier lui fait remarquer que Claude Guéant assure avoir été « piégé » par Ziad Takieddine qui l'a mis en présence d'Abdallah Senoussi. Pour elle, ce n'est pas « possible » puisqu'en Libye, « tout passait par Senoussi ». Dans *L'Homme de Tripoli*, Jean-François Lhuillier, chef de poste de la DGSE en Libye de 2009 à 2012, affirme qu'Érard Corbin de Mangoux, alors directeur général de la DGSE et ancien conseiller de Nicolas Sarkozy à l'Élysée, a bel et bien rencontré Abdallah Senoussi à Tripoli le 24 janvier 2011. Une entrevue inimaginable sans l'aval de la présidence, où Guéant suivait, on l'a vu, ce dossier de très près...

Hortefeux, interrogé à son tour, dit aussi avoir été « piégé » par Takieddine pour rencontrer Senoussi. « N'importe quoi, réagit l'ex-femme de Takieddine. Pour Hortefeux, j'ai assisté à des conversations chez nous, ou dans des dîners, et dans ces conversations, Ziad et Brice évoquaient la condamnation de Senoussi et comment le sortir de cette affaire. » Même souvenir concernant Gaubert. « Ils étaient tous très liés ; c'était une équipe. » « Ils voulaient aider Senoussi pour pouvoir financer la campagne [de Sarkozy] et après faire du business. » Autre question de l'enquêteur, les espèces. Nicola Johnson se souvient d'une fois où « Brice est venu à la maison pour récupérer des espèces que Ziad lui donnait ». Ce jour-là, « Ziad cherchait de l'argent partout… Je l'ai vu préparer l'enveloppe… Il fonctionnait avec des billets de 500 ». Nicola Johnson est également interrogée sur le virement de 440 000 euros de Takieddine, dans la foulée d'un transfert de Libye[1], sur un compte aux Bahamas de Thierry Gaubert. Takieddine évoque de l'argent pour la réparation de la piscine de la villa colombienne de Gaubert. « Une invention totale. Une piscine ça ne coûte pas ça, je pense que Gaubert a dû prendre sa petite commission… », réagit l'ex-femme de Takieddine.

L'ancienne épouse de Thierry Gaubert est interrogée elle aussi par le policier de l'OCLCIFF en charge de l'affaire libyenne[2]. Hélène Karageorgevitch a été mariée à Thierry Gaubert de 1988 à 2014. Ils ont trois enfants. Elle confirme ce qu'elle a déjà dit dans le dossier Karachi, à savoir que son ex-mari et Ziad Takieddine se rendaient régulièrement en Suisse pour chercher des espèces, à remettre « à des politiques ». Même si son ex-mari « n'aimait pas » qu'elle « pose des questions », elle voyait bien qu'« avec Hortefeux, ils étaient cul et chemise ». « Avec Sarkozy, on se voyait souvent, on était amis, pas simples collaborateurs », dit Hélène Karageorgevitch, évoquant les années 1990. Elle se souvient de voyages à Venise, sur le lac de Côme, à Miami, à Londres, en Chine, en compagnie du couple « Nicolas-Cécilia… ». Elle assure que son ex-mari faisait beaucoup de cadeaux « à Sarkozy en particulier », notamment des cigares… À son tour, elle est interrogée sur le virement de 440 000 euros reçu par Thierry Gaubert en provenance de Ziad Takieddine, sur des fonds libyens, du 8 février 2006. Contrairement à ce que suggère

1. Virement en date du 8 février 2006.
2. Audition du 14 janvier 2021.

Thierry Gaubert, Hélène Karageorgevitch n'a jamais entendu parler d'un souhait de Takieddine d'acheter pour lui-même un terrain en Colombie. « Il avait une maison sublime au cap d'Antibes. Ce n'est pas crédible. » Autre interrogation des enquêteurs, les fortes sommes retirées en espèces par Thierry Gaubert depuis son compte bancaire des Bahamas. Plusieurs dizaines de milliers d'euros en 2006 et 2007, entre 80 000 et 100 000 euros par an. « Exclusivement utilisés par mon épouse pour des dépenses familiales », prétend Gaubert. Son ex-femme dément. S'il lui est arrivé de lui confier des espèces, c'étaient « 500 [euros] de temps en temps ». « Parfois 1 500 » mais en aucun cas 80 000 ou 100 000 par an.

Troisième ex-femme devant les enquêteurs, Valérie Hortefeux. Une perquisition-surprise a eu lieu chez elle, à 6 h 35, en présence du juge Tournaire, le 27 septembre 2017. Les enquêteurs découvrent un peu plus de 50 000 euros en espèces, dont 10 billets de 500 euros, 126 billets de 100 euros, et 599 billets de 50 euros, et 148 billets de 20 euros… Ils tombent aussi sur une reconnaissance de dette d'un montant de 1 million d'euros, au nom d'un « ami », Christian Deydier. Valérie Dazzan-Hortefeux est aussi présidente du comité de nomination et de rémunération de la société Blue Solutions, qui n'est autre que la société du groupe Bolloré en charge de la fabrication de batteries au lithium. Une activité qui depuis 2013 lui rapporte 25 000 euros de jetons de présence par an…

Entendue dans la foulée, l'ex-épouse du ministre est bien embarrassée. Mariée à Brice Hortefeux en 2000, elle en est séparée depuis avril 2011. Ils ont eu trois enfants. « Mon mari est un homme qui parle très peu », prévient-elle. Elle admet que les 3 800 euros retrouvés en espèces dans son coffre à la banque puissent être des remises de son mari. Mais depuis leur divorce, un autre homme a fait son apparition dans sa vie, uniquement pour les questions matérielles. Il s'appelle

Christian Deydier. Cet antiquaire parisien, spécialiste en art chinois, Valérie Dazzan-Hortefeux le connaît à peine. Pourtant, c'est surtout lui qui lui remet des espèces. « Il me donne de l'argent depuis un an et demi environ. Il fait cela pour améliorer mon quotidien et surtout celui de mes enfants, sans aucune contrepartie. » Il aurait pris contact avec elle en 2011, apprenant sa séparation avec Hortefeux. « J'étais très fière et déstabilisée que quelqu'un que je connaissais à peine me propose son aide », dit-elle. « L'aide qu'il m'apporte lui fait vraiment plaisir. » Avec les espèces, elle peut ainsi régler le professeur de maths de ses trois garçons. « Cela me coûte entre 1 200 et 2 000 euros par mois. »

Le policier se souvient que lors de la perquisition un homme de ménage s'est présenté à la porte. Il demande si lui aussi est payé en espèces. « Non », réagit l'ex-Mme Hortefeux. C'est un extra qui est directement réglé par M. Deydier. L'antiquaire commence à intriguer l'enquêteur. D'autant qu'une carte bancaire à son nom a aussi été découverte au domicile de la mère de famille. « C'est une carte qu'il m'a prêtée, admet-elle. Je m'en sers pour acheter de plus ou moins grandes choses. Les choses importantes comme les vacances, il les paye directement et pour les choses du quotidien, j'utilise la carte. Il ne m'a pas posé de limites. Il m'a dit que c'était ma carte. » Concernant la reconnaissance de dette d'un montant de 1 million d'euros, Valérie Hortefeux se lance dans une explication abracadabrantesque. Elle certifie au policier qu'avant son mariage, elle chinait, soit aux puces, soit à Londres, notamment des objets d'arts chinois. Elle les aurait ensuite confiés en 2016 à Christian Deydier, dont c'est la spécialité, pour une expertise. Les babioles se sont avérées des pièces de collection, pour une au moins, d'une valeur de 1 million d'euros ! Le policier consulte les documents, et constate que pour l'une des pièces, un certificat de vente à l'étranger date de 2009. Impossible pour un objet censé alors être dans un carton chez Mme Hortefeux ! Elle ne sait pas quoi répondre. « Êtes-vous certaine de vouloir maintenir vos déclarations ? » insiste l'enquêteur. Elle maintient. Elle assure que ces objets chinois n'ont aucun lien avec son ex-mari. Puis elle se ravise. Son ami Christian Deydier lui a bien proposé de faire comme si les objets lui appartenaient pour justifier l'argent qu'il lui donnait. Au total, elle estime avoir perçu de la part de ce généreux mécène 4 millions d'euros, qui lui ont notamment permis d'acheter un appartement à 3,5 millions[1]. Étrange… C'est aussi pourquoi à un moment les policiers seront intrigués par le cadeau fait par Nicolas Sarkozy à ses deux collaborateurs, Michel Gaudin et Véronique Waché, en 2017 : deux statuettes achetées chez Christian Deydier. Lors d'une perquisition chez ce marchand, fin 2017, les enquêteurs trouveront un pli au nom de Nicolas Sarkozy, contenant un chèque de 2 000 euros et quatre billets de 500 euros.

Quatrième ex-épouse entendue dans l'enquête libyenne… Cécilia Attias, mariée à Nicolas Sarkozy du 23 octobre 1996 au 18 octobre 2007[2]. D'entrée elle affirme qu'elle n'a jamais vu Takieddine qu'elle appelle « ce bonhomme ». « Vous savez, je suis quelqu'un de très intègre, très droite, les gens comme ça… » Elle commence par brosser un portrait flatteur de son ex-mari : « L'homme que j'ai connu était un homme honnête, profondément intègre, et pour moi un homme d'État. » Mais elle ajoute un drôle de bémol : « Après, j'ai découvert beaucoup de choses dans la presse, et il m'est arrivé de tomber de ma chaise plus d'une fois, mais moi je n'ai rien vu de tout ça,

1. Voir Karl Laske, « Les dessous de l'opération immobilière de l'épouse de Brice Hortefeux », Mediapart, 23 novembre 2018.
2. Audition par l'OCLCIFF le 1er juin 2022.

mais pour moi, le père de mon fils était quelqu'un d'intègre, honnête et courageux. Pareil pour M. Guéant. C'était pour moi un grand commis de l'État, dévoué à son pays. Quand j'ai vu et lu ce qu'il y avait dans la presse, j'étais très étonnée. Soit j'étais très naïve, soit j'ai été très stupide, mais pour moi, cela ne rentrait pas du tout dans l'image que j'avais et dans ce que j'ai vécu. »

En revanche elle n'a jamais apprécié Thierry Gaubert : « Il s'arrangeait toujours pour nous aider… Je n'ai jamais été très fan. Je ne sais pas pourquoi, mon instinct… Ni lui, ni Brice Hortefeux d'ailleurs. » Sur les 440 000 euros de Takieddine ayant atterri sur le compte aux Bahamas ? « Je ne suis au courant de rien de tout ça. Ni du compte, ni des sommes… En tout cas, c'est moche tout ça. »

« Il aime l'argent Brice Hortefeux ? » interroge le policier. « Je n'en sais rien. Je n'ai pas le même respect pour Brice Hortefeux que pour Claude Guéant… Brice est l'ombre de Nicolas depuis toujours. Il n'a de carrière que dans le sillon de Nicolas. Tous les postes qu'il a obtenus lui ont été donnés par Nicolas Sarkozy. » Pour finir, Cécilia Attias trouve elle aussi « hallucinant » que Brice Hortefeux ait été mis en relation avec Senoussi.

Après des déclarations pareilles de leurs ex-épouses, les époux vont devoir se défendre. Thierry Gaubert a longuement préparé son audition devant la juge Aude Buresi, qui, à partir du 14 octobre 2022, a pris la suite de Serge Tournaire. Gaubert tient d'entrée à rectifier certaines déclarations, notamment la prise de distance de « madame Cécilia Sarkozy ». « Nous avons eu une relation amicale », insiste-t-il. Il « remarque » qu'elle « confirme bien qu'à partir de 1995 je ne fais plus du tout partie du premier cercle ». Thierry Gaubert se dit aussi « très étonné » des déclarations de Nicola Johnson et les « conteste en bloc ». « Elle était en guerre ouverte avec son mari et m'a pris en otage dans son combat, dit-il, assurant qu'il ne faudrait lui accorder "aucune crédibilité". » Concernant son ex-femme, Thierry Gaubert est tout aussi affirmatif : elle aussi raconterait n'importe quoi. « Ses déclarations n'ont aucune crédibilité... » Les juges consignent tout cela et en viennent à leur question centrale : les raisons de ce versement de 440 000 euros sur son compte aux Bahamas, le 8 février 2006, en provenance du compte Rossfield de Takieddine, préalablement crédité de 3 millions d'euros du Trésor public libyen. Gaubert assure que les fonds étaient destinés en réalité à un ami commun, qui « avait du mal à terminer sa maison » colombienne. Selon Gaubert, Takieddine lui aurait accordé une aide financière... Puis au décès de cet ami, l'ardoise aurait été en quelque sorte « oubliée » de tous, mais pas perdue pour lui : « J'avais le sentiment que pour Takieddine à cette époque, ce n'était pas beaucoup d'argent. » Pourtant, devant les juges, Ziad Takieddine a avancé une autre explication : les 440 000 euros correspondaient selon lui à une demande de Gaubert pour refaire sa piscine. « Totalement faux », réplique ce dernier.

Autre sujet le mettant en cause, les espèces retirées ensuite de son compte aux Bahamas. Il maintient qu'elles étaient destinées à son ex-épouse pour ses dépenses courantes. « Elle n'avait aucune notion de budget », ajoute-t-il... Les juges consignent sans sourciller. Ils lui font remarquer que Takieddine, depuis un autre compte suisse, le compte Globs, a retiré en espèces 1,2 million entre octobre 2005 et janvier 2007, soit pile la période de la campagne électorale. Le compte est lui aussi alimenté par de l'argent libyen. « Vous êtes-vous rendu avec Ziad Takieddine en Suisse pour procéder à des retraits d'espèces sur ses comptes ? » questionne la juge Buresi. « En quelle année ? » demande Gaubert. « Déjà dites-moi si ça a eu lieu... » « Non. » « Donc la question de l'année importe peu... », grince la juge. Gaubert semble s'être coupé. Il préfère fuir les questions. Il est sans explication sur un autre versement, de 550 000 euros, en provenance d'un certain Jacques L. « Un monsieur extrêmement riche qui me dit un jour qu'il veut me faire un don, compte tenu de tout ce que j'ai fait pour lui », assure Gaubert, sans peur de l'invraisemblance. « Vous êtes une personne chanceuse d'avoir un ami comme M. Takieddine qui vous prête 440 000 euros en février 2006 sans jamais vous les réclamer puis une personne qui vous donne 555 000 euros le 7 mai 2007 », réagit la juge. En novembre 2010, Takieddine lui envoie encore 100 000 dollars supplémentaires, mais c'était, dit-il, « une commission sur la vente d'appartements parisiens... ».

Les agendas de Thierry Gaubert, épluchés par les enquêteurs, fourmillent d'annotations codées. Il est très souvent question de BH (« Brice Hortefeux est un ami », admet-il) et de ZT même si, assure Gaubert, « Ziad Takieddine » lui « tapait sur le haricot à compter de 2009 » et qu'il commençait à le trouver « mytho ». Dans un e-mail daté du 15 mars 2010 pourtant, les juges relèvent la mention écrite par Gaubert à « ZT » : « PS : les 40 ne sont jamais arrivés. » Mais l'intéressé l'assure une nouvelle fois, il ne « sait pas de quoi il s'agit ». « Dès qu'il s'agit d'argent vous avez perdu la mémoire », soupire la juge... résumant d'une phrase la totalité de cette longue audition. Il est clair que Gaubert a perçu des fonds de Takieddine en provenance de Libye ; qu'il a manipulé des espèces ; qu'il a fait le lien entre Takieddine et Hortefeux, ce qui est bien la seule chose qu'il ne nie pas ; et enfin qu'il a été beaucoup plus en contact avec Nicolas Sarkozy qu'il ne le dit depuis 1996, date de leur rupture officielle. Sur un disque dur et une clé USB appartenant à Gaubert, les policiers ont retrouvé différentes notes datées de la période 2004-2007, mentionnant « NS ». « NS-campagne », est-il par exemple écrit dans une note de calendrier datée du 23 janvier 2006.

Dans un e-mail du 27 mars 2006, Gaubert évoque aussi une note de Takieddine que « CG doit donner à BH ».

Brice Hortefeux doit se défendre lui aussi des accusations des ex-épouses[1]. Bien sûr, il connaît Ziad Takieddine. Il l'a rencontré « dans les années 2000 à l'occasion d'une soirée chez Thierry Gaubert ». Il l'a revu en 2003, quand, « mandaté par les autorités saoudiennes, il est venu m'expliquer qu'il pouvait aider notre pays à signer un important contrat dénommé Miksa ». Hortefeux connaissait donc parfaitement le genre d'activités du Libanais. Mais après 2005, il n'a souvenir que d'une seule rencontre à son domicile. Au total, il reconnaît s'être rendu « sept ou huit fois » chez Takieddine. Pas plus. Pourtant, le chauffeur de ce dernier évoque des « centaines de fois ». « Totalement absurde et facile à démontrer », réagit Brice Hortefeux qui dément même s'être rendu en vacances chez Takieddine. S'il s'est bien déplacé une fois à Antibes, c'est parce que Jean-François Copé y passait quelques jours…

Un témoignage en grand décalage avec ceux de Nicola Johnson et d'Hélène Gaubert. Pourtant, même si ce Takieddine est pour lui un quasi-inconnu, Brice Hortefeux doit bien reconnaître la seule chose qu'il ne peut nier, tant les preuves abondent : son curieux aller-retour en Libye le 21 décembre 2005. Deux mois après un passage de Claude Guéant et dans la foulée du voyage de Nicolas Sarkozy. Qu'est allé faire à Tripoli Brice Hortefeux, alors ministre délégué en charge des Collectivités locales, sous tutelle du ministère de l'Intérieur ? Selon Jean-Luc Sibiude, un ancien ambassadeur de France sur place (2004-2007), cette visite éclair n'avait en effet « aucun sens ». Dans leur ordonnance de renvoi, les juges

1. Il est mis en examen supplétivement pour association de malfaiteurs et complicité de financement illégal de campagne électorale le 8 décembre 2020.

d'instruction mentionnent aussi le témoignage de Thierry Coudert, alors directeur de cabinet d'Hortefeux, lequel assure n'avoir jamais travaillé sur ce déplacement en Libye.

« Ziad Takieddine est venu me voir le 10 octobre 2005, pour me dire que j'allais être invité par le gouvernement libyen et qu'il pouvait aider dans l'organisation », admet Hortefeux. Pourtant, il prétend n'avoir évoqué ce voyage ni avec Claude Guéant, directeur de cabinet du ministre de l'Intérieur, ni même avec Nicolas Sarkozy. Autre découverte des juges, la visite éclair a été reportée à plusieurs reprises.

Contrairement à ce que prétend Abdallah Senoussi, cette visite de Brice Hortefeux n'a pas pu avoir eu lieu en marge d'une rencontre Europe-Afrique en matière de sécurité, fin novembre 2005. « Je n'ai jamais été à cette conférence », insiste Hortefeux, qui en déduit qu'il « n'a pu participer en rien à ce que décrit Abdallah Senoussi ». A-t-il donné un RIB en marge de leur dîner ? « Puisque je n'étais pas à cette réunion, je vois mal comment j'aurais pu lui remettre quoi que ce soit… Il n'y a jamais eu de compte bancaire clandestin en vue du financement de la campagne présidentielle de 2007 », se défend Brice Hortefeux. Reste qu'il reconnaît bel et bien être allé chez Senoussi, en décembre, seul, sans aucun membre de son cabinet, pour un dîner en compagnie de Takieddine qui faisait l'interprète. Il n'aurait été question selon lui que de « politique migratoire ». Pourquoi une telle rencontre ? Cette visite, selon Hortefeux, « n'était pas prévue ». Takieddine ne lui « en avait pas parlé ». « Tout s'est fait rapidement, on m'a dit que je ne verrais pas le Guide mais Abdallah Senoussi. Je suis monté dans une voiture et on m'a emmené à son domicile », raconte-t-il. Ni l'interprète du Quai d'Orsay, ni les autres membres de sa petite délégation, dont David Martinon, n'ont été invités à ce curieux dîner. Les juges consignent ces explications embarrassées. « J'ai eu le sentiment au cours de cet entretien que je m'étais fait piéger, insiste Hortefeux, qui dit avoir ignoré le passif judiciaire de son hôte, tout comme l'existence d'un mandat d'arrêt international le visant. Si j'avais été informé en amont de cet entretien, je l'aurais décliné… Vous ne trouverez pas un seul responsable politique français qui accepte de le rencontrer [Senoussi] en connaissance de cause, […] c'est clair comme de l'eau de roche », insiste l'ancien ministre des Collectivités locales. Apparemment pas pour les juges. « Vous n'étiez en charge ni de l'immigration, ni des affaires étrangères, votre déplacement apparaît incongru », soulignent-ils.

Autre interrogation des magistrats, le « trou » dans l'agenda de Brice Hortefeux à la date du 17 novembre 2005. Ce jour-là Takieddine est en Libye. Le 20, trois jours après, un premier versement de 2 millions d'euros atterrit sur son compte Rossfield en provenance du Trésor libyen. Takieddine a toujours évoqué deux voyages de Brice Hortefeux à Tripoli. Est-il possible que ce 17 novembre, seul, il ait fait l'aller-retour ? « Totalement impossible », réagit l'ancien ministre. Il admet avoir vidé son emploi du temps ce vendredi 17 novembre 2005, mais, dit-il, pour préparer son émission avec Jean-Pierre Elkabbach le dimanche 19 en fin de journée. À la date du 18, Brice Hortefeux a bien un rendez-vous avec Jean-Pierre Elkabbach à Paris. À la date du 17, rien. Même si c'est faisable matériellement (trois heures et quinze minutes de vol aller et autant au retour) les juges n'ont aucun élément matériel prouvant un aller-retour secret à Tripoli… Brice Hortefeux n'a pas non plus la moindre explication sur les 2,9 millions (31 janvier 2006) et 1,99 million (24 novembre 2006) s'ajoutant aux 2 millions du 20 novembre 2005, soit 7 millions au total versés à Takieddine émanant des services secrets libyens contrôlés par Senoussi. S'il admet une relation d'amitié de quarante ans avec Thierry Gaubert, Brice Hortefeux ne sait rien concernant le versement de 440 000 euros de Takieddine.

« Nous sommes amis comme l'écrit Jules Verne : "L'amitié ne saurait exister entre deux êtres parfaitement identiques." Nous sommes très différents, dans nos modes de vie, nos moyens financiers, nos centres d'intérêt et nos goûts… Il est parisien, je suis provincial. Il est mondain, je suis casanier, il vit largement, moi je vis simplement… Je n'étais pas et de très loin son seul interlocuteur dans le milieu politique, mais il est exact que c'est mon ami », déclare Hortefeux de Gaubert. Chacun pour soi donc. Sur les déclarations de son ex-épouse ? « Je ne lui ai jamais remis d'argent en espèces… » Au vu de ces éléments, qui aux yeux des magistrats forment un faisceau de charges, l'ancien ministre Hortefeux est mis en examen pour association de malfaiteurs et complicité de financement illégal de campagne électorale.

Reste la position de Nicolas Sarkozy. Celui vers qui tout converge dans ce demi-monde. Et celui que tout semble aussi protéger. Celui que tout accuse et qu'aucun élément matériel n'accable. Celui qui a le plus à perdre du processus judiciaire. Le seul à jouer sur l'estrade du tribunal de l'Histoire. Les auditions de l'ancien président, dans tous les dossiers judiciaires où il a été interrogé, n'ont en général rien à voir avec celles des autres protagonistes. D'abord parce qu'à la lecture, on l'entend parler, tellement, même devant les juges, ses propos sont toniques, sans retenue… parfois sans filtre. Et puis, comme au tennis, où la différence de vitesse de balle se voit tout de suite entre l'échauffement et le début du match, les interrogatoires de l'ancien président sont différents. Les coups fusent plus vite. Les balles flottent rarement…

Interroger Nicolas Sarkozy nécessite toujours de la part de magistrats qui s'y frottent un travail préparatoire très minutieux. D'autant que l'ancien président, face aux juges, a une autre particularité : il connaît en général le dossier dans ses moindres recoins. Ce qui lui permet à la fois d'éviter les pièges et d'anticiper les chausse-trapes. Dans l'affaire libyenne, il est entendu quatre journées consécutives en octobre 2020. Plus de trente heures au total. Quatre jours d'une intensité folle… Où il va tenter d'éviter sa mise en examen pour association de malfaiteurs. En vain.

Les hostilités commencent le mardi 6 octobre 2020. Face à l'ancien président, deux magistrats instructeurs, Aude Buresi et Marc Sommerer. Nicolas Sarkozy a préparé une déclaration préliminaire, qu'il pose d'entrée, comme on pose une première pierre à un édifice de défense : « Qui ? Qui peut imaginer de bonne foi et de bon sens que j'ai suffisamment peu d'intelligence pour prendre la tête d'une coalition de 53 pays agissant sous mandat des Nations unies […] pour empêcher un fou d'envoyer son aviation sur la ville de Benghazi. […] Cette action internationale l'a empêché de mettre ses projets criminels en œuvre, elle a conduit à son départ du pouvoir. Mais qui peut imaginer que je puisse faire cela avec cette force, avec cette clarté, avec cet engagement si cette bande, Mouammar Kadhafi, Abdallah Senoussi, et compagnie, détenait un pistolet sur ma tempe ? […] On peut me reprocher d'être un imbécile irresponsable, mais accordez-moi qu'il aurait fallu faire preuve d'une incohérence totale pour agir ainsi […] Il faut tomber sur la tête pour croire cela. Cela n'a pas de sens. » Deuxième pierre que l'ancien président entend poser dans cette défense initiale sur le mode du bon sens : « Il n'y a jamais eu ni de près, ni de loin, ni en liquide, ni en virement, le moindre centime libyen pour financer ma campagne. Vous pourrez investiguer dans tous les pays du monde, dans toutes les banques, vous ne trouverez rien parce qu'il n'y a rien. Vous n'en trouverez pas parce qu'il n'y a pas eu un centime. Pas un ! […] C'est à devenir fou. Si ce que je dis est vrai, c'est à devenir fou, à se taper la tête contre les murs. »

Les juges le ramènent à leur dossier. Lors de sa visite de repérage en Libye, fin septembre 2005, Claude Guéant rencontre Abdallah Senoussi avec Ziad Takieddine. « Comment expliquez-vous un tel entretien entre votre directeur de cabinet et le chef des services des renseignements extérieurs de la Libye, condamné à une peine d'emprisonnement à perpétuité en 1999 pour avoir organisé l'attentat du DC-10 d'UTA en 1989 ? » interrogent les deux magistrats. Sarkozy prend tout de suite ses distances : « En ce qui me concerne, je n'ai jamais demandé une telle réunion, et si on m'avait demandé mon avis là-dessus, j'aurais clairement dit non. Je vais même plus loin, si on me demande si c'est une erreur, oui, pour moi, c'est une erreur. Voir Abdallah Senoussi est une erreur, se laisser conduire par Ziad Takieddine chez Abdallah Senoussi est une erreur. Abdallah Senoussi est recherché par la justice internationale, on n'a pas de contact avec lui, c'est un criminel. C'est ma position. Me prenez-vous pour un fou ? Vous me mettez dans une histoire où j'envoie Claude Guéant pour négocier avec un criminel et un cinglé un prétendu pacte de corruption ! Cela n'a aucun sens », se défend l'ancien président.

Sa cible, c'est Takieddine. Un « fou », un « menteur ». Un manipulateur. « Il essaye de démontrer aux autorités libyennes qu'il a une grande proximité avec moi. Comme il ne peut pas m'approcher directement, il tourne autour de Claude Guéant et de Brice Hortefeux pour justifier de sa rémunération auprès des Libyens, je crois que c'est assez lumineux. Est-ce une erreur de Claude Guéant et Brice Hortefeux d'avoir des rapports avec Ziad Takieddine ? Je ne peux que dire oui. Cela fait-il de moi un commanditaire de ce que fait en Libye Ziad Takieddine ? Non », insiste l'ancien président tout à sa démonstration que le dossier serait un gigantesque piège monté par le seul Takieddine au préjudice de tous les autres.

Les juges, au vu de leurs questions, restent perplexes devant tant de coïncidences. Ils tiquent au sujet de la prétendue absence de communication entre Guéant et Hortefeux, qui se rendent auprès de Senoussi à deux mois d'intervalle sans se parler. Ils s'étonnent que ces deux fidèles puissent être tombés dans le même « piège » d'une rencontre fortuite avec Senoussi concoctée par Takieddine. « Qu'est ce qui justifiait l'urgence de la visite de Brice Hortefeux, deux mois après votre visite, d'aller conclure un accord sur les collectivités locales libyennes ? » questionnent les magistrats au sujet du curieux déplacement du 21 décembre 2005. « Aucune urgence, vous avez raison », admet l'ancien président. Mais sur les accusations de Senoussi selon lesquelles ce jour-là Brice Hortefeux lui aurait remis un relevé d'identité bancaire, Nicolas Sarkozy bondit : « C'est un tissu de mensonges éhontés que je vais démolir point par point. Il n'en restera rien. C'est tellement invraisemblable que vous allez assister à un travail de démolition. Je conteste avec la plus extrême force ce tissu d'invraisemblances. »

Sarkozy propose un scénario de remplacement : celui où Takieddine, tout seul, berne tout le monde, Libyens compris. Dans son hypothèse, Takieddine fait croire à Senoussi que les Français veulent des financements et laisse Guéant et Hortefeux dans l'ignorance que Kadhafi est prêt à financer la campagne ! « Takieddine doit suffisamment en faire pour convaincre les Libyens qu'il le fait pour eux mais pas trop pour pas que son manège ne soit découvert par Claude Guéant ou Brice Hortefeux », assure l'ancien président. Ziad Takieddine aurait « arnaqué » les Libyens en 2006, récupérant 6 millions d'euros des fonds des services secrets et au prétexte du financement de la campagne de 2007. Le démoniaque Takieddine…

Les juges lui font remarquer qu'en février 2006, Takieddine verse à Thierry Gaubert 440 000 euros sur un compte aux Bahamas. Réponse détachée de l'ancien président : « Le

8 février 2006, cela faisait dix ans que je n'avais plus de contact avec Thierry Gaubert, et trois ans que je n'avais plus vu Ziad Takieddine. Cela m'est impossible de faire le moindre commentaire. Aucune idée de la relation entre Ziad Takieddine et Thierry Gaubert, ni du pourquoi, ni du comment. »

Sur procès-verbal, Takieddine a déclaré avoir remis trois valises d'espèces : « Une première valise contenant 1,5 million d'euros à Claude Guéant, puis une seconde contenant 2 millions d'euros également à Claude Guéant. Et en janvier 2007, il aurait ramené une troisième mallette de billets, qui vous aurait été remise cette fois directement dans vos appartements du ministère de l'Intérieur. Il estimait avoir remis en tout environ 5 millions d'euros », résument les juges. « Un tissu de mensonges, d'affabulations et d'erreurs factuelles », riposte l'ancien président, qui, coupures de presse à l'appui, démontre que, le 28 janvier 2007, il fêtait son anniversaire et se trouvait, pour le week-end, à l'Isle-sur-la-Sorgue, à l'invitation d'un de ses frères, ce qui rend impossible sa réception d'une mallette à Paris la veille.

Les juges ouvrent le deuxième volet de leur enquête libyenne, celui du canal Bechir Saleh *via* Alexandre Djouhri. Le même Djouhri, par le biais de Guéant, entre les deux tours de la présidentielle de 2012, organise l'exfiltration de France de Bechir Saleh… Nicolas Sarkozy reste « sans explication » de cette éventuelle consigne donnée par celui qui était alors son ministre de l'Intérieur : « Quelle menace Bechir Saleh représentait pour moi ? Franchement, je ne vois pas… J'estime ne plus avoir à m'expliquer sur les déclarations mensongères de Ziad Takieddine, Saïf al-Islam Kadhafi et Abdallah Senoussi. Si on a le moindre élément, que l'on me le montre ! Ça suffit ! »

Pendant les trois premiers jours d'interrogatoire, Nicolas Sarkozy a abattu sa carte maîtresse, « l'absence de preuves ».

Les juges lui opposent leur « faisceau d'indices » et notamment les deux déplacements en Libye en septembre puis en décembre 2005, cornaqués par Takieddine, de ses deux plus proches affidés, Claude Guéant et Brice Hortefeux. Les juges ont travaillé sur ces deux réseaux, celui de Takieddine en tandem avec Senoussi, et celui de Djouhri, avec Bechir Saleh, l'ancien directeur de cabinet du Guide… Les deux réseaux convergent vers Claude Guéant, son directeur de cabinet à l'Intérieur en 2005, son directeur de campagne de 2007, puis son dernier ministre de l'Intérieur.

Un tableau d'ensemble a pris corps durant ces trois premières auditions. D'un côté la défense de Sarkozy, qui martèle l'absence de preuves, d'un autre une certaine cohérence du dossier judiciaire…, et la foule de témoignages libyens notamment, mais aussi ceux des ex-épouses de Takieddine et de Gaubert. L'ancien président n'a d'autre choix, sans les lâcher vraiment, que de prendre ses distances. « Je découvre les rapports de Ziad Takieddine avec Claude Guéant. Vous me demandez si c'est incompréhensible, la réponse est oui. » L'ancien président n'en démord pas : « Ce processus montre que Claude Guéant a été roulé dans la farine par Ziad Takieddine… » Les juges semblent perplexes : « Claude Guéant est-il crédule à ce point pour se faire rouler dans la farine pendant des années par Ziad Takieddine ? » Nicolas Sarkozy achève son ancien bras droit : « Il faut bien le croire, hélas. »

Les juges ne désarment pas et posent la question du mobile : « Ce qui est curieux de votre part, embrayent-ils, c'est d'avoir été pendant dix ans, entre 2002 et 2012, entouré d'un directeur de cabinet, d'un ministre de l'Intérieur, d'un secrétaire général, [ce même homme] qui se laisse aussi facilement rouler dans la farine par un intermédiaire comme Ziad Takieddine et également, par un intermédiaire comme Alexandre Djouhri. » Les magistrats lui font remarquer que tout ce que fait Guéant à cette période, « il le fait pour vous ». « Il ne tire personnellement aucun bénéfice de cette relation avec Ziad Takieddine. Toutes les démarches qu'il entreprend sont faites pour votre compte, en qualité de candidat ou de président. » En clair, si financement libyen il y a eu, il était destiné à la campagne du candidat à la présidentielle…

Les magistrats tiennent aussi une preuve de traces d'argent liquide, notamment *via* des primes en espèces pour un montant de 250 000 euros, versées à des membres du personnel de la campagne de 2007. Nicolas Sarkozy conteste. Il dit mettre « ses tripes sur la table » : « Ça n'est pas possible que vous puissiez me dire que vous avez du mal à me croire et que vous croyiez Ziad Takieddine ! La vie de Ziad Takieddine est une vie ordurière, une vie de mensonges. On ne peut pas nous mettre sur le même plan ! Par moments, je deviens fou… »

Les juges reviennent à Guéant et Hortefeux. « Peut-on dire que vous aviez entièrement confiance en eux et qu'ils vous étaient dévoués ? » « Bien sûr, ils m'étaient dévoués, renchérit l'ancien président, qui comprend bien le piège. Mais vous pouvez avoir une confiance absolue dans votre greffière, vous ne pouvez pas affirmer connaître l'intégralité de sa vie. Ça vaut pour chacun de nous, même dans notre propre famille. Socrate a dit : "Connais-toi toi-même" et Kierkegaard a répondu : "Heureusement, on ne peut pas." C'est encore plus vrai pour ceux qui nous entourent, ceux qu'on aime, et qui peuvent parfois nous décevoir. » Guéant et Hortefeux l'ont donc déçu…

Il a fait leur carrière, les a faits ministres de l'Intérieur tous les deux, et eux, en retour, se seraient fait berner par Takieddine en Libye ? Et l'auraient mis en grand danger judiciaire… Pas plus que les juges d'instruction, qui au terme de ces quatre jours d'audition le mettent en examen pour association de malfaiteurs, l'ancien président n'est parvenu à convaincre le Parquet national financier.

Ce 12 mai 2023, au terme d'un réquisitoire de 425 pages, le PNF réclame sèchement son renvoi en correctionnelle. Sur le délit de « corruption passive », le PNF cite « un ensemble de témoignages convergents d'anciens dignitaires libyens sur le fait que M. Nicolas Sarkozy, à la faveur de son déplacement en Libye en octobre 2005, ait sollicité de Mouammar Kadhafi un soutien financier occulte à la campagne pour l'élection présidentielle de 2007 ». Concernant les délits de « financement illicite de campagne électorale » et de « recel de détournement de fonds publics libyens », le procureur Aurélien Létocart, signataire du réquisitoire, estime « que l'information judiciaire a mis en évidence à la faveur d'investigations rendues particulièrement complexes des circuits opaques de circulation de fonds libyens ayant abouti, *in fine*, à des décaissements d'espèces dans une temporalité et une chronologie compatible avec un usage occulte lors de la campagne électorale de 2007 ». Le réquisitoire souligne aussi que « plusieurs proches de Nicolas Sarkozy » ont agi « avec constance » dans le but d'obtenir des soutiens financiers libyens, mais ont aussi permis l'exfiltration en urgence de Bechir Saleh depuis la France afin « qu'il ne soit pas en mesure d'éclairer la révélation desdits faits ». « Ces agissements, qui, la plupart du temps, étaient initiés par des proches de Nicolas Sarkozy ne pouvaient pas, par nature, être engagés sans l'aval et la parfaite connaissance de cause de ce dernier. » Pour le PNF, une série de « témoignages convergents » établiraient qu'avant son élection, Nicolas Sarkozy aurait « pactisé avec Mouammar Kadhafi ».

Mimi

« La vérité éclate enfin ! » Ce 11 novembre 2020, Nicolas Sarkozy exulte. Dans un communiqué sur les réseaux sociaux, horodaté à 7 h 15 ce mercredi soir, veille de la sortie en kiosques de l'hebdomadaire *Paris Match*, l'ancien président crie tout simplement victoire : « J'ai pris connaissance avec stupéfaction des dernières déclarations de Ziad Takieddine au terme desquelles il affirme avoir menti sciemment, en déclarant qu'il m'avait remis de l'argent pour la campagne présidentielle de 2007. » L'ancien président l'assure, l'enquête judiciaire, avec ces dernières déclarations de Ziad Takieddine encore sous presse, « est dans une impasse complète ». « Le principal accusateur reconnaît ses mensonges. Jamais il ne m'a remis d'argent, jamais il n'y a eu de financement illégal de ma campagne en 2007. » Il demande donc solennellement à son avocat, Thierry Herzog, de déposer une « requête en démise en examen » et d'engager une procédure pour dénonciation calomnieuse contre Ziad Takieddine.

Quarante-huit heures plus tard, sur BFMTV, devant Ruth Elkrief, Sarkozy martèle sa ligne de défense : « Je suis partagé entre une colère froide dont vous n'imaginez pas la profondeur et la force… Est-ce qu'il est normal qu'un ancien président soit traîné dans la boue comme je le suis depuis huit ans sur les seules déclarations d'un individu qui a menti et qui vient aujourd'hui dire "j'ai menti" ? » Il se dit « stupéfait » et promet une nouvelle fois « d'aller jusqu'au bout » pour démasquer « tous ceux qui sont derrière ces machinations... ». Avec une mention spéciale, sans le citer nommément, pour sa bête noire de l'instruction, le juge Serge Tournaire, qui aurait poussé Takieddine à de faux aveux. À l'entendre, c'est simple, la messe libyenne est dite. Tout cela pour une phrase attribuée à Ziad Takieddine, dans un article de *Paris Match* : « Nicolas Sarkozy n'a pas reçu de moi les 5 millions d'euros. Il n'y a jamais eu d'argent pour sa campagne. » Comment cette seule phrase pourrait effacer les milliers de cotes du dossier libyen ?

La séquence fait un écho quasi parfait à une séquence identique du 14 juillet 2019. Réagissant alors à un article du *Journal du dimanche*, « Exclusif, Sarkozy-Kadhafi, les coulisses d'une machination », signé d'Hervé Gattegno, celui qui est devenu entre-temps (octobre 2019) directeur de *Paris Match*, Nicolas Sarkozy avait déjà twitté : « Enfin, la vérité ! NS. » Sauf que ces deux « vérités » successives vont faire pschitt ! La première a fait long feu dans une relative indifférence. Le « témoin » sur lequel le *JDD* basait son article de 2019, un certain El-Mahfoud Ladib, a été confondu par une enquête du parquet de Paris[1] et les choses se sont arrêtées là. La seconde « vérité » en revanche va donner lieu à une rocambolesque affaire...

Cela fait donc deux fois, à un an d'intervalle, que l'ancien président se réjouit trop vite dans ce dossier libyen. Entre les deux dates, Nicolas Sarkozy a été entendu les 6, 7, 8 et 12 octobre 2020. À l'issue de cette quatrième audition, il n'est

1. Fabrice Arfi, Karl Laske et Antton Rouget, « La justice atomise une nouvelle fois des "révélations" du groupe Lagardère », Mediapart, 7 avril 2022.

pas parvenu à éviter une mise en examen pour « association de malfaiteurs ».

Dans un communiqué du 12 novembre 2020, le chef du Parquet national financier, Jean-François Bonhert, lui rappelle sèchement que le dossier ne repose pas tout entier sur les déclarations d'un seul homme, qui ont d'ailleurs toujours été fluctuantes : « Les mises en examen intervenues dans ce dossier s'appuient, conformément aux dispositions du Code de procédure pénale, sur des indices graves ou concordants qui ne se limitent pas aux déclarations d'une seule personne. » Quant aux accusations alambiquées qu'aurait proférées Takieddine contre le juge Tournaire, le chef du PNF les réduit en miettes : « Elles sont dépourvues de tout fondement. » Dans ces conditions, comment qualifier le « revirement » Takieddine, dans le journal du groupe Lagardère, dont Nicolas Sarkozy est de surcroît administrateur ? Autre constat, elles suivent de près une série d'articles du *JDD*, lui aussi propriété de Lagardère, mettant également en cause l'enquête du juge Tournaire et les méthodes du magistrat. Autre élément de contexte, en mars 2021, dans un éditorial titré « Une étrange affaire », le même auteur, Hervé Gattegno, devenu directeur de l'hebdomadaire, avait qualifié de « peine infamante » la condamnation de Nicolas Sarkozy dans le dossier Bismuth en première instance[1]. Autre sujet d'interrogation, le fait que l'auteur de ces articles, Hervé Gattegno, revendique son « amitié » avec Alexandre Djouhri, un des protagonistes mis en examen dans l'affaire libyenne. « Il est notoire que je suis ami avec Alexandre et je n'ai pas

1. « S'adressant à un large public, *Paris Match* n'est pas un journal d'opinion, encore moins une officine partisane… Une telle prise de position porte atteinte à notre journal et à sa rédaction », a réagi la société des journalistes de *Paris Match*.

l'intention de m'en excuser », mentionne Gattegno lui-même auprès d'un interlocuteur dans une conversation enregistrée au dossier judicaire[1].

Voilà pour le contexte, quand paraît en novembre 2020 la « rétractation Takieddine ». Dans les rangs judiciaires, le communiqué signé du chef du PNF est le maximum de la protestation possible… Une autre personne s'étrangle : la propre avocate de Ziad Takieddine, Me Élise Arfi, quand elle découvre ses propos dans *Paris Match* et la courte vidéo sur BFM. « Je lui parle quasiment tous les jours depuis sept ans et j'ai eu l'impression de voir un autre homme s'exprimer. Dans ma tête, j'ai immédiatement pensé aux vidéos de Daech où les personnes récitent un texte. » L'avocate s'interroge aussi sur le timing de cet entretien-surprise : « J'ai trouvé son intervention médiatique très suspecte. Il n'avait rigoureusement aucune raison de faire ces déclarations à ce moment-là. »

À l'évidence donc, pour ceux qui côtoient l'insaisissable Ziad Takieddine depuis des années, ce « revirement » est susceptible de cacher quelque chose. Mais pas question pour la justice de se lancer dans une enquête sur les coulisses de la presse. La presse elle-même va s'en charger.

Un premier article, de *Libération*[2], en mars 2021 fait état de dessous financiers, puis un autre de Mediapart[3] va mettre la

1. Les enquêteurs ont saisi le téléphone de Noël Dubus qui contenait l'enregistrement d'une conversation entre Ziad Takieddine et Hervé Gattegno, en date du 24 juin 2020. À la fin de l'enregistrement, le journaliste a un aparté avec Noël Dubus où il revendique cette amitié avec Alexandre Djouhri. À noter qu'Hervé Gattegno a toujours contesté la retranscription de ses conversations en tant que journaliste dans des dossiers judiciaires.

2. Laurent Léger, « Sarkozy-Takieddine, des ennemis qui se veulent du bien », 25 mars 2021.

3. Karl Laske, Nadia Maucourant Atallah et Fabrice Arfi, « Rétractation Takieddine, la piste de l'argent », Mediapart, 6 avril 2021.

justice sur la piste. La machine judiciaire se met en marche. En ligne de mire, un premier personnage haut en couleur, Michèle Marchand, dit « Mimi ».

Voix rocailleuse d'ancienne fumeuse, yeux noirs mobiles, un peu voûtée, elle paraît tout droit sortie de la galerie de portraits de personnages parisiens dressés par Victor Hugo dans *Les Misérables*, clonée avec un personnage des *Illusions perdues* de Balzac. Condamnée dans une vie antérieure pour trafic de stupéfiants, ancienne patronne de boîte de nuit, épouse de truand, divorcée deux fois et mariée à un ancien policier des Renseignements généraux, la « reine du people » est un chat à sept vies. Dans l'actuelle, elle règne sans partage et sans rival sérieux sur l'univers des people, autrement dit sur les photos de personnalités imprimées sur papier glacé. Un business juteux où les règles dérogent à celles du journalisme ordinaire : dans le business du people, il est toujours question d'argent puisque les informateurs peuvent être payés en espèces et que les « scoops », notamment les photos, peuvent se vendre à prix d'or. Une zone grise, celle de la « fausse planque », permet aussi aux célébrités d'organiser des photos prétendument « volées » dans le but justement d'éviter des photos à leur insu. Un monde d'argent et de combines…

« Mimi » a fait la connaissance de Carla Bruni, mannequin puis chanteuse, bien avant son mariage avec le président. Après celui-ci, elle a « continué à rencontrer Carla à titre amical[1] », se rendant chez elle « une à deux fois par an ». Si elle a été invitée à ses 50 ans, en 2017, c'était « amicalement, pas en tant que journaliste ». Et quand les époux Sarkozy partent en vacances, la reine Mimi admet leur « faire une *paparazzade* » en les prévenant et en leur envoyant ensuite les photos pour accord… En clair, les photos publiées sont toujours

1. Garde à vue du 3 juin 2021.

orchestrées par l'ex-couple présidentiel, et validées avant publication. Tout l'inverse de photos volées même si, parfois prises de loin, elles peuvent donner au lecteur l'impression qu'il entre dans l'intimité des célébrités… « Nous avions de bons rapports », dit Michèle Marchand à la police pour décrire ses relations avec le couple Sarkozy. À l'été 2022, *Paris Match* fait une énième couverture d'été du couple présidentiel en vacances. « Carla et Nicolas Sarkozy : Odyssée amoureuse en Grèce », titre en couverture l'hebdomadaire. Avec en sous-titre : « 14 ans de mariage, une passion intacte, un clan réuni autour d'eux ». « Carla et Nicolas », elle en maillot de bain, lui assis le regard vers l'horizon, sont à l'avant d'un yacht, dans le golfe de Corinthe. Comme s'il était « planqué » par des paparazzis. En réalité, les photos sont parfaitement sous contrôle. Et le yacht n'est pas identifiable…

Ce 3 juin 2021, la reine Mimi est en garde à vue. Il est 20 h 50 après une journée de perquisition et « Michèle, Marguerite, Marcelle, Ghislaine Marchand » entame son long tunnel d'auditions. À l'automne 2020, elle est entrée en relation avec un escroc notoire au renseignement, Noël Dubus. Mi-indic, mi-maître chanteur, mi-tout, plusieurs fois condamné pour escroquerie, ce Dubus est le genre de type à attirer les ennuis aussi facilement qu'il semble prêt à monter des combines en tout genre[1]. Son pedigree est facilement accessible sur Internet. N'a-t-il pas déjà fourgué à Takieddine des faux passeports de Saint-Domingue, en réalité de grossières photocopies couleur, dans l'espoir de lui permettre de quitter la France ? Condamné début 2020 à cinq ans de prison ferme dans l'affaire Karachi, Ziad Takieddine a filé à l'anglaise au Liban, *via* l'Italie, la Grèce et un périple de quatorze jours.

1. « Barbouze, escroc, espion… le roman noir du plus grand mytho de France », par Alain Léauthier et Gabriel Libert, *Marianne* du 19 aout 2021.

Tous ses biens en France ont été confisqués. Le Libanais est désormais fauché. Et il a l'impression qu'on l'a laissé tomber. Il court donc après l'argent et la vengeance. Pas étonnant que Dubus et lui, au Liban, se soient retrouvés. Dubus ne recule jamais devant un bon coup. Face aux policiers, Mimi Marchand l'assure, c'est ce Noël Dubus qui lui aurait « apporté » le scoop Takieddine. Elle n'aurait rien fait d'autre que « son travail de journaliste ».

Pourtant, d'emblée, il n'est pas question d'une « simple » interview de Takieddine, qui aurait été retrouvé en cavale au Liban, et qui dirait sa énième vérité. Il est avant tout question d'une interview dans laquelle Takieddine blanchirait Sarkozy. Selon Mimi Marchand, c'est exactement ce que vient lui proposer Noël Dubus : une interview dans laquelle l'homme en cavale reviendrait sur ses « déclarations selon lesquelles il aurait remis de l'argent à Nicolas Sarkozy ». La patronne de Bestimage dit foncer chez Hervé Gattegno à *Paris Match*. « Il est dubitatif », se souvient-elle. Et pour cause, Gattegno a discuté en visioconférence avec Takieddine en juin 2020 et ce dernier n'est pas du tout revenu sur ses accusations concernant les fonds libyens. « Gattegno m'a dit : "Si ça ne marche pas, je ne te paierai même pas les frais." », jure Mimi Marchand. Il est donc clair que, d'entrée, *Paris Match* n'achète pas une simple interview de Takieddine en cavale au Liban mais une « rétractation » blanchissant l'ancien président. Mimi Marchand qui pourtant ne se rend quasiment jamais sur les lieux de reportage s'envole pour Beyrouth avec Sébastien Valiela, dit « Ratatouille », son photographe de confiance. Gattegno reste à Paris et dépêche un journaliste de *Paris Match*, François de Labarre. Mais sur place à Beyrouth, c'est Mimi en personne qui conduit les opérations.

Lisa H., la secrétaire de Dubus, présente dans la capitale libanaise, raconte les coulisses difficiles de l'entretien du 23 octobre 2020 : « Comme à son habitude quand Ziad explique quelque chose, au lieu d'aller de A à B directement, il part de A et se perd dans des digressions avant d'arriver à B. Au final au lieu de dire quelque chose, il disait n'importe quoi. Noël essayait de le cadrer. Il devait dire des phrases clés. Les phrases clés étaient : "Je n'ai pas donné d'argent à Nicolas Sarkozy" ; "Sarkozy n'a pas touché cinq millions." » Autre phrase clé, « il devait dire qu'il avait été manipulé par le juge Tournaire ». La secrétaire se souvient que « ça aurait dû durer une heure ou une heure et demie et ça a duré toute la journée ». « Il n'y avait pas ces phrases, Mimi s'agaçait. »

Drôle de conception de l'interview. À l'évidence, dans ces conditions, la question se pose de ce qui a bien pu être promis à Takieddine pour qu'il dise les « trois phrases » attendues…, et qu'il a tant de mal à formuler. À tout le moins, la question se pose d'entrée de savoir pourquoi Takieddine changerait ainsi de position. Un revirement qui semble lui coûter puisque dès le lendemain matin, quand le journaliste François de Labarre lui fait relire le texte de questions-réponses rédigé dans la nuit à partir de leur discussion de la veille, Takieddine rentre dans une colère noire. « Il revenait sur certaines déclarations et tournures de phrase… Il ne voulait jamais qu'il y ait écrit qu'il avait menti », admet Mimi Marchand en garde à vue. En clair, tout aurait pu s'arrêter là : si Takieddine ne voulait pas qu'il soit écrit qu'il avait menti antérieurement, comment assumerait-il une rétractation, qui est par définition un changement de version !

Autre élément de contexte, le 27 octobre, quelques jours après la rencontre avec Mimi Marchand et François de Labarre, Takieddine est incarcéré au Liban pour une histoire d'impayés, et il se trouve sans un sou pour rémunérer ses avocats[1].

1. Il sera libéré le 10 novembre.

Mimi Marchand ne peut l'ignorer, l'intermédiaire autrefois fortuné est désormais un homme fragilisé et aux abois financièrement. L'enquête judiciaire sur le « revirement » va mettre au jour de nombreux mouvements de fonds jusqu'à présent restés en coulisses. Noël Dubus évoque dès le premier déplacement une enveloppe de 5 800 euros. Finalement, le texte comprenant des citations de Takieddine est publié le 12 novembre 2020, au lendemain de sa sortie de prison. Mais cette « rétractation », malgré son fulgurant succès médiatique, n'ayant aucune conséquence judiciaire, il va être question d'une seconde opération. L'idée est de produire un texte devant notaire, aux allures de serment, et de l'envoyer au PNF et aux juges du dossier libyen pour le rendre « incontournable ». Cette « sommation interpellative » sera annexée à la procédure et il sera possible pour les protagonistes de l'affaire de s'en servir ensuite judiciairement. « Mimi pensait que l'interview serait reprise par les juges du pôle financier. Comme ça n'a pas été repris, elle a expliqué qu'il fallait un écrit, qu'il réponde à des questions, lesquelles étaient plus ou moins les mêmes que celles posées par le journaliste de *Paris Match*, assure Noël Dubus lors d'un interrogatoire en première comparution. Mimi Marchand est bien à l'initiative de la sommation interpellative. J'ai même des textos en ce sens », affirme-t-il.

En parallèle, depuis le Liban, Takieddine multiplie les sollicitations de demandes de fonds. Les SMS de Lisa H. à Noël Dubus pullulent de sommes d'argent : « Les avocats veulent 20k pour rembourser la caution, écrit-elle. Plus 40k et continuer à bien bosser. » Le texte date du 18 novembre, le jour même où il est question « de trouver un notaire » pour enregistrer la sommation. Les virements Western Union, en espèces, par tranche de 1 000 euros se mettent en place. Un intermédiaire libanais, Ali Safa, récupère des fonds. Le 4 décembre, Takieddine est de nouveau arrêté au Liban, cette fois sur mandat d'arrêt à propos de l'affaire Karachi. Le 7 décembre, Lisa H. prévient Dubus que sa libération nécessite 10 000 dollars et une caution judiciaire de 12 000 euros. Des fonds sont à nouveau transférés. Takieddine est de nouveau libéré. Noël Dubus fait des allers et retours à la Ferté-Bernard, dans la Sarthe, auprès d'Arnaud de la Villesbrunne, un ancien publicitaire devenu son financier, *via* sa société A&CO. Autre corde à l'arc d'Arnaud de la Villesbrunne, il a longtemps travaillé à l'agence Publicis et notamment sur la campagne présidentielle de… Nicolas Sarkozy.

« Michèle Marchand est comme moi, soutient Dubus devant les enquêteurs. Elle cherche de l'argent. Elle s'est engagée pour que mi-décembre la sommation interpellative soit faite car après, Nicolas Sarkozy va partir en vacances. Et j'ai dix appels par jour. On cherche de l'argent chacun de notre côté. Elle va en trouver auprès de David Layani et moi auprès de Pierre Reynaud. » Deux nouveaux hommes entrent en scène et écoperont d'une mise en examen. Pierre Reynaud est un marchand de biens parisiens toujours à court d'argent mais vivant comme un nabab[1]. Il loge au rez-de-chaussée d'un hôtel particulier bling-bling en face du bois de Boulogne, avec piscine dans le jardin bordé d'arbres. Rolls et Porsche dans le garage, mais aussi fusil à pompe et calibre dans le tiroir de la table de nuit. Dans le milieu d'hommes à moto qu'il côtoie, on n'est jamais assez prudent. Un personnage haut en couleur, accent méridional, parler cru, Reynaud semble tout droit sorti d'un film d'Audiard, dans le rôle d'un banquier grassouillet comptant l'argent

1. Pierre Reynaud est décédé le 25 mai 2023 des suites d'un cancer que, selon lui, il aurait contracté à la prison de la Santé.

sale en poussant des jurons. Dans l'opération Takieddine, il a versé près de 300 000 euros dont il ne reverra jamais la couleur. David Layani semble aux antipodes. Né en 1979, il crée Onepoint en 2002, une des entreprises de la tech française, et s'est spécialisé dans l'univers informatique. Selon le classement annuel de *Challenges*, il est la 161e fortune de France, avec un patrimoine professionnel estimé à 800 millions d'euros. Discret, proche de ses troupes comme de sa famille, l'entrepreneur n'a jamais vraiment fait parler de lui ailleurs que dans les rubriques « Informatique » ou « Business » des journaux économiques. Autant Reynaud n'a jamais croisé Sarkozy, autant Layani cultive depuis une dizaine d'années une relation avec l'ancien président. Autre lien, David Layani est aussi « ami », comme il le dit aux policiers, avec le couple Gattegno.

Dubus raconte aux enquêteurs qu'il y a urgence à envoyer des fonds au Liban pour rendre effective la sommation interpellative. « David Layani va donner 72 000 euros à la demande de Sarkozy à Mimi Marchand, et une partie va être donnée à Villesbrunne. Mais comme il y a du retard, c'est Pierre Reynaud qui va donner l'argent pour prendre les billets d'avion afin qu'on aille au Liban pour faire la sommation. Vous me demandez si c'est Michèle Marchand qui est à la manœuvre et qui fait le lien avec Sarkozy, je vous réponds oui. Et comme vous le voyez c'est Sarkozy qui décide s'il faut arrêter ou continuer », accuse Dubus.

L'intermédiaire sulfureux se veut précis. Un soir, il rejoint un autre comparse, Thomas N., chez David Layani. « Layani me demande de combien j'ai besoin pour partir. Je lui dis 50 000 ou 60 000 euros. Il me dit O.K., je vois Nicolas Sarkozy demain à son bureau. On se donne rendez-vous devant et je vous dis oui ou non. David Layani va sortir en disant c'est bon [...]. On va lancer l'opération deuxième départ au Liban. » À en croire Noël Dubus, l'entrepreneur David Layani aurait donc un rendez-vous avec Nicolas Sarkozy, à l'issue duquel un versement aurait été avalisé.

Le 8 décembre, les juges tracent effectivement un virement de 72 000 euros TTC (60 000 euros HT) entre la société Onepoint de David Layani et Bestimage, la société de Mimi Marchand. Le lendemain, Dubus s'envole pour le Liban pour rédiger la « sommation ».

« Mimi me sort une liste de questions manuscrites qui sont quasiment les mêmes que celles que le journaliste avait posées à Takieddine, raconte Noël Dubus. Je les ai tapées. J'ai demandé à Ziad s'il était d'accord sur ces questions et s'il voulait bien y répondre. On a commencé, pendant des heures, question par question. Il me dictait par téléphone ses réponses. On a fait plusieurs modifications et à chaque fois j'allais voir Mimi et je lui demandais si ça lui convenait. Elle faisait des corrections car entre-temps, elle soumettait ces réponses [...] et elle revenait vers moi pour que je rappelle Takieddine en lui disant "cette date-là n'est pas bonne" ou "vous vous êtes trompé sur ça". » Une version fermement démentie par Mimi Marchand.

Mais quoi qu'il en soit, le 12 décembre, Takieddine signe à Beyrouth, devant notaire, une sommation interpellative. Ali Safa immortalise la scène en faisant lui-même des photos. Le texte en arabe est ensuite traduit en français puis envoyé en recommandé aux juges parisiens et au PNF le 17 décembre. Le 18 décembre, Takieddine se plaint auprès de Dubus de n'avoir reçu que « 20 sur les 100 promis... ».

Dans *Paris Match* du 24 décembre, nouvel article, signé cette fois Gattegno et Labarre, accompagné des photos de Takieddine prises chez le notaire par Ali Safa. En une, ce titre : « Document exclusif : Takieddine : "Les juges voulaient que j'accuse Sarkozy." »

« L'intermédiaire assure avoir été manipulé pour compromettre Nicolas Sarkozy », annonce le magazine dans son sommaire. L'article détaille « le document de 14 pages, une longue déposition qui a la forme d'un interrogatoire, certifié devant un notaire ». Dans le jdd.fr, le même Gattegno signe aussi un texte sur les « révélations de *Paris Match* » : « Dans une déposition écrite révélée par *Paris Match* dans son numéro à paraître jeudi, Ziad Takieddine affirme avoir été "manipulé par des juges qui ne veulent pas connaître la vérité" », écrit l'auteur des deux articles… Dans sa « déposition », Takieddine affirme « avoir eu plusieurs "rencontres off" » avec le juge d'instruction Serge Tournaire, qui pilotait l'enquête : « Il m'a fait comprendre que si je pouvais accuser M. Sarkozy et sa garde rapprochée, je m'en sortirais la tête haute dans le dossier Karachi et que mes biens me seraient restitués. » C'est en vertu de cet « accord » que Takieddine prétend avoir déclaré en 2016 au site Mediapart, puis à la justice, avoir livré des « valises de billets » à Nicolas Sarkozy et à Claude Guéant – ce qu'il dément aujourd'hui… Autre particularité de la « sommation interpellative », Takieddine y affirme ne plus vouloir être entendu par des magistrats français. Autrement dit, que ce texte serait pour lui le dernier. Une sorte de version finale.

Cette fois-ci, la machine judiciaire se met en route. Les juges en charge du dossier libyen s'envolent pour le Liban à la mi-janvier 2021. Les voilà devant Ziad Takieddine en présence de magistrats et policiers libanais. Mais devant eux, il n'est plus du tout question de « rétractation » générale. Takieddine, comme le rapporte une dépêche AFP qui douche le camp Sarkozy, parle de « trucage ». L'article de *Paris Match* ? « Confusion », car le journaliste « a mis son point de vue ». « Je n'ai jamais dit que M. Sarkozy n'avait jamais reçu d'argent, mais j'ai dit que M. Sarkozy n'avait pas reçu d'argent de moi personnellement », assure-t-il, revenant sur une seule de ses affirmations antérieures selon laquelle l'ancien président aurait assisté à une remise de fonds en présence de Claude Guéant. La thèse de la rétractation générale de Takieddine qui justifierait une « démise en examen » s'effondre. Ce dernier confie aussi aux magistrats français que les phrases qu'on lui a « demandé de dire durant l'interview étaient des phrases ambiguës laissant croire que M. Sarkozy n'avait rien touché ». Autre déclaration de Takieddine ce jour-là : il finit par admettre avoir reçu des versements « pour ce fameux article dans la presse ». Bref, tout le château de cartes de la « rétractation miracle » s'écroule. Une « opération » dont les juges évaluent le montant total, toutes sommes confondues, à 608 000 euros[1].

Reste à comprendre les rôles de chacun. Et surtout celui de « Zébulon », comme il est surnommé sur les textos entre les protagonistes : Nicolas Sarkozy lui-même. Dans ce dossier, ce n'est plus le Sphinx, calme et sage de Thierry Herzog, c'est Zébulon, ce petit bonhomme monté sur ressorts et qui ne tient pas en place.

Noël Dubus le maintient : *via* Mimi Marchand, « Sarkozy est tenu au courant en direct des conversations » avec Takieddine. « C'est lui qui a donné le feu vert pour l'interview. » En rentrant de Beyrouth, après le premier entretien avec Takieddine et dans l'intervalle de quinze jours avant la publication de la « rétractation », Dubus jure s'être rendu avec Michèle Marchand au domicile parisien de l'ancien président. Ils étaient quatre, lui, la patronne de Bestimage, Nicolas Sarkozy et son épouse. « Sarkozy était un peu énervé car

1. Fabrice Arfi, Karl Laske et Antton Rouget, « Fausse rétractation de Takieddine : les juges chiffrent le coût de l'opération "Sauver Sarko" », Mediapart, 18 avril 2023.

il ne comprenait pas pourquoi ça ne sortait pas. Mimi lui a expliqué que Gattegno était en train de remettre en forme l'interview. […] Sarkozy mettait énormément la pression à Mimi, je m'en souviens très bien. C'était de l'énervement car ils avaient prévu dans la foulée de faire une interview le lendemain de la sortie de *Paris Match* sur une chaîne télé. » Dubus affirme aussi aux enquêteurs que l'ancien président a écouté un morceau de l'enregistrement de Ziad Takieddine « et notamment la phrase où il dit que Sarkozy n'avait rien touché pour sa campagne ». « Ziad Takieddine a-t-il accepté la signature de la sommation interpellative parce qu'il espérait 4 millions d'euros en provenance du Qatar ? » l'interrogent les policiers. Réponse de Noël Dubus : « Je pense que oui. »

Dans le dossier judiciaire, il est à peu près le seul à voir les choses ainsi. Lors de son audition par le juge d'instruction Vincent Lemonier, le 22 octobre 2022, Mimi Marchand est catégorique : « c'est faux », elle n'a jamais emmené Noël Dubus chez l'ancien président. Elle admet cependant qu'environ une semaine avant la sortie de l'article du 20 novembre, elle a eu un « appel de Carla » lui disant qu'« il paraît que tu as fait un truc génial » et lui demandant « de passer ». Elle passe. Et tombe sur Nicolas Sarkozy qui lui demande : « C'est quoi cette histoire ? » Mimi Marchand l'assure au juge, elle a alors renvoyé l'ancien président « vers Gattegno ». Je lui ai juste « précisé que je suis allée à Beyrouth faire une interview importante sans lui dire de quoi il retournait, ni à lui ni à elle ». Une déclaration bien peu crédible tant Mimi Marchand, comme en témoignent certaines écoutes, semblait alors euphorique du « scoop Takieddine ». Comment imaginer aussi que l'ancien président ait pu la laisser repartir sans le moindre détail ? « Je ne suis intervenue en rien dans la communication de tout ça », se défend aussi

Mimi Marchand, faisant référence à l'entretien de l'ancien président sur BFMTV devant Ruth Elkrief.

Elle n'est pour rien non plus, contrairement à ce que soutient Dubus, dans la rédaction de la « sommation interpellative ». Elle ignore à peu près tout des questions d'argent… Même si elle reçoit des SMS lui disant que « ça va être bon pour les sous » ? « Je n'ai donné d'argent à personne et je n'en ai pas », soutient la reine du people. Le juge lui détaille les dizaines de SMS entre les protagonistes concernant la recherche de fonds pour Takieddine et les promesses faites. Dans un SMS à propos d'un virement, Mimi Marchand écrit pourtant : « J'irai voir Zébulon demain soir pour tout lui dire. » Le juge Vincent Lemonier insiste. Ce texto envoyé de son téléphone semble montrer qu'il a bien été question d'argent et qu'un arbitrage aurait été demandé à l'ancien président. Elle se lance dans une explication : « C'est la première fois que je parle de Zébulon. Parce que pour la première fois j'ai décidé de faire croire qu'il était au-dessus pour leur faire peur. Et moi ma réputation est engagée. Je n'ai jamais parlé de Zébulon auparavant. J'en ai parlé pour leur faire peur pour qu'ils arrêtent », se défend-elle. Le magistrat lui fait remarquer que cette explication lui paraît alambiquée et confuse. D'autant qu'au jour de ce texto, l'équipe est en pleine préparation de la sommation interpellative dont elle dit tout ignorer ! « Excellente question, réagit Mimi Marchand, qui glisse avoir "voulu rester dans l'histoire", un peu de loin. J'ai cru que j'étais maligne et je ne l'étais pas. » Elle dit aussi avoir « eu peur » pour sa réputation…

Reste à comprendre pourquoi David Layani a signé un contrat de 72 000 euros avec Bestimage… au moment clé. « Appelez quand vous pourrez…, et qu'on fasse un point précis avant que j'aie RV avec Z. à 19 h 30 et je suis certaine qu'il va me dire stop et qu'il va stopper Layani… Ce que je ferais à sa place ! » écrit Mimi Marchand à Lisa H. qui est alors au Liban. « Nicolas Sarkozy est-il celui qui donne le feu vert ou qui dit qu'on arrête les opérations ? Pourquoi faut-il stopper Layani ? » questionne le juge Lemonier. Mimi Marchand : « Nicolas Sarkozy n'a donné aucun feu vert depuis le début, et depuis le début il n'est pas au courant par moi de cette histoire. Il l'a découvert sûrement par Gattegno », réagit-elle. Le juge insiste : « Est-ce une coïncidence si David Layani verse à Bestimage 72 000 euros *via* sa société Onepoint le 8 décembre 2020, juste après la sortie de Ziad Takieddine, pour un contrat qui ne sera jamais exécuté avant la garde à vue de David Layani et dont aucun message ne parle ? » À ce stade de l'interrogatoire, le 11 octobre 2022, Michèle Marchand « ne se sent pas bien… ».

Au total, selon l'enquête, la reine du people a versé à la société d'Arnaud de la Villesbrunne, qui prend en charge les frais de Noël Dubus : 36 000 euros le 24 décembre 2020, puis 20 000 euros le 22 janvier 2021, et 20 000 euros le 25 février, soit un total de 76 000 euros… Et selon Dubus, ces fonds proviennent de David Layani.

Interrogé dans la foulée de cet interrogatoire, le 25 octobre 2022, ce dernier, dit « tout ignorer » de l'itinéraire de son argent. Mis en examen pour « complicité de subornation de témoin » et « association de malfaiteurs », l'entrepreneur de la tech assure avoir contracté avec Michèle Marchand « principalement pour l'organisation d'événements et de dîners pour me permettre de rencontrer des gens, faire la promotion de l'entreprise et asseoir mon image ». Rien à voir selon lui avec Takieddine, le Liban, et le reste… « Je n'ai pas su ce que Michèle Marchand voulait faire de la rémunération de ce contrat », insiste-t-il.

Autre démenti devant les enquêteurs, celui d'Hervé Gattegno, entendu en audition libre le 14 décembre 2021, deux mois après son licenciement du groupe Lagardère. Dans une déclaration liminaire, il tient à donner son point de vue juridique : « Il ne peut exister de subornation de témoin dans cette affaire qu'à la stricte condition qu'il soit incontestablement établi que M. Takieddine a menti lorsqu'il a fait ses déclarations à *Paris Match* en octobre 2020, fait-il valoir. À ma connaissance, cette certitude n'est aucunement établie. M. Takieddine, interrogé par deux juges d'instruction à Beyrouth le 14 janvier 2021, a même réaffirmé sur procès-verbal ce qu'il avait déclaré à *Paris Match*, à savoir qu'il n'aurait jamais remis d'argent à Nicolas Sarkozy. » À l'entendre donc, pas de rétractation de la rétractation…, même si tout le dossier judiciaire de cette affaire Dubus-Marchand est fondé sur une certitude inverse. L'audition est rugueuse. Le journaliste avance à de nombreuses reprises le secret des sources et le secret professionnel. Il multiplie les sarcasmes : « Je ne crois pas que mes intentions comme signataire d'un article puissent intéresser une enquête pénale » ; « Ce que je crois ou ne crois pas ne regarde que moi » ; « Le rapprochement que vous faites entre ces différentes communications ou tentatives de communications me semble abusif, pour ne pas dire dangereux » ; « Les conditions d'organisation et de réalisation de tous nos reportages sont couvertes par le secret, sauf à imaginer qu'un article de presse pourrait constituer en soi une infraction pénale… ». Il consent néanmoins à donner « quelques précisions indispensables afin d'écarter toute ambiguïté ».

Sur Nicolas Sarkozy : « C'est une personnalité avec qui je n'entretiens que des relations professionnelles. C'est un homme politique, une personne qui se trouve impliquée dans plusieurs affaires qui font l'actualité, c'est aussi un auteur de plusieurs livres qui ont du succès, c'est également quelqu'un qui joue un rôle de notoriété publique dans les opérations capitalistiques qui concernent l'avenir du groupe Lagardère. Je peux m'être entretenu avec lui pour chacune de ces raisons. Nos conversations resteraient, en toute hypothèse, couvertes par le secret. » Les enquêteurs s'interrogent sur un grand nombre d'appels sans réponse entre les deux hommes. « J'étais très difficile à joindre, même pour un ancien président de la République, et par la force des choses, je ne réponds à personne au premier coup de sonnette. » Le policier semble en douter. Il demande si ces appels sans réponse, d'un côté comme de l'autre, ne précèdent pas plutôt des conversations sur des lignes cryptées… « Absolument pas », soutient l'intéressé.

Sur Mimi Marchand, Hervé Gattegno dit avoir « fini par accepter le principe d'une rencontre avec Takieddine en posant plusieurs conditions, très formelles ». *Primo*, exiger que le reportage soit réalisé par un journaliste de *Paris Match*, et non pas livré « clé en main » par Bestimage. *Secundo*, demander à Mimi Marchand de lui « donner sa parole qu'en aucun cas il n'y aurait en amont ou en aval du reportage des contreparties financières aux déclarations de M. Takieddine ». Michèle Marchand aurait donné « sa parole ». *Tertio*, il assure avoir « exigé que jamais Nicolas Sarkozy ne soit informé de la perspective de ce reportage ». Interrogé sur vingt-quatre virements en direction du Liban qui jalonnent les deux articles dans son hebdomadaire, et les différentes facturations manifestement en lien avec les deux opérations, il n'en a « aucune idée ». « J'avais fixé en amont le principe qu'aucune contrepartie financière ne devrait exister. » Il ignore aussi la facturation entre Bestimage et la société de Villesbrunne qui reverse ensuite les fonds à Noël Dubus. « *Paris Match* est étranger à toutes ces opérations […], *Paris Match*, sous ma direction, n'a offert aucune contrepartie à M. Takieddine. » Pourtant, comme le lui fait remarquer le policier, dans une conversation du 5 juin 2021 avec son employeur, Arnaud Lagardère, Hervé Gattegno est beaucoup moins catégorique. « Je n'exclus pas que, en amont de ce que nous avons publié, heu…, il y ait eu des accords », confie-t-il au patron du groupe. Mis devant ses propres doutes, en contradiction avec ses certitudes précédentes, le journaliste « émet les plus grandes réserves sur le procédé consistant à écouter une ligne téléphonique d'un journaliste dans l'exercice de ses fonctions… » et s'interroge sur la légalité de cette interception. « Aucun de mes propos ne peut sérieusement m'être opposé », certifie-t-il. Le policier insiste, reprenant un autre de ses dialogues avec Arnaud Lagardère : « En amont, je ne sais pas ce qu'elle a fait, hein. Moi, je ne sais pas quel type de deal elle a passé ou pas passé avec Takieddine, et ça ne me regarde pas si tu veux. Comme directeur de journal, moi je n'ai pas à savoir ça. Moi ce que je sais, ce que j'affirme, ce que je proclame, heu…, c'est que nous nous n'avons commis aucun délit, nous n'avons donné aucun argent, rien promis à qui que ce soit […] Donc heu…, donc l'erreur que fait Mimi, c'est que voulant bien faire, et voulant se faire valoir aux yeux d'untel ou untel, elle a prévenu Sarkozy… » Là encore Hervé Gattegno entend ne faire aucun commentaire sur une écoute dont la légalité lui paraît « incertaine[1] ». N'empêche, il doit bien admettre que Nicolas Sarkozy a été informé avant parution, ce qu'il avait interdit. Mais il le répète : « Nicolas Sarkozy n'a eu aucun rôle, à ma connaissance, dans l'organisation, l'élaboration et la publication de notre reportage sur M. Takieddine. » Pourtant les

1. Interrogé par les auteurs, le 2 juin 2023, Arnaud Lagardère s'est dit surpris par la teneur de ce coup de téléphone avec Hervé Gattegno le 5 juin 2021 durant lequel il parle d'ailleurs peu. « D'habitude quand Hervé a quelque chose à me dire, il me dit "est-ce qu'on peut se voir ?" ». Interrogé sur cette réflexion, Hervé Gattegno soulève que c'est Arnaud Lagardère qui l'appelle.

SMS et déclarations des uns et des autres semblent suggérer le contraire… À l'issue d'une nouvelle audition en deux temps, les 10 mai et 6 juin 2023, Hervé Gattegno a été placé sous le statut intermédiaire de témoin assisté.

Interrogée le 27 mars 2023, dans le cabinet du juge Vincent Lemonier sur la version d'Hervé Gattegno et notamment sur ses consignes préalables, Mimi Marchand soupire : « Qu'est-ce que vous voulez que je vous réponde ? » réagit-elle. Et elle maintient son propre récit. Pour sa part, elle n'a prévenu Sarkozy « ni avant ni après ». « Si Nicolas Sarkozy a été prévenu, je pense que c'est par Hervé Gattegno, je ne peux l'affirmer mais je ne vois pas comment ça peut être autrement », déclare-t-elle, en porte-à-faux avec l'ancien directeur de *Paris Match*. Sur le fait que ce dernier ait suggéré à Arnaud Lagardère qu'elle aurait pu faire des promesses financières à Takieddine, là aussi Mimi Marchand « soupire ». « Ben c'est bien, réagit-elle devant le magistrat instructeur. C'est n'importe quoi », ajoute-t-elle aussi. Hervé Gattegno « sait très bien comment ça s'est passé. Il n'a jamais été prévu qu'il ait de l'argent… ». Pourtant les mouvements de fonds ne semblent faire aucun doute. L'enquête judiciaire évalue à 608 000 euros le montant global de l'opération, sans parler de la promesse de 4 millions d'euros faite à Takieddine. Mimi Marchand maintient que les fonds en provenance de David Layani n'ont rien à voir, si ce n'est la concomitance des dates. Les transferts suivants en direction de A&CO, la société de Villesbrunne, là encore, selon elle, n'auraient aucun rapport avec Takieddine. Il s'agissait, à l'entendre, d'une opération de communication avec Casino. Le but était de « faire des vidéos pour Casino », dit-elle. Le juge lui montre des échanges entre Dubus et Villesbrunne, qui demande « quoi mettre comme intitulé de facture ». En décembre précédent, des intitulés de factures entre A&CO

et Bestimage, en réalité liés à l'opération Takieddine, ont été passés sous couvert du « festival d'Avoriaz », du festival de Gérardmer, puis des « JO de Paris ». « J'ai rien donné à Dubus, se défend Mimi Marchand. C'est lui qui me parle de Villesbrunne, c'est son financier… Moi j'ai perdu de l'argent et je n'ai rien demandé. Et j'ai perdu beaucoup en crédibilité depuis le début de cette affaire », se plaint-elle.

Les juges creusent un autre volet. Celui de l'opération Hannibal. Fin janvier 2021, puis en février, Noël Dubus s'envole à Beyrouth pour rencontrer en prison Hannibal Kadhafi, un des fils du dictateur. Objectif : organiser sa libération *via* le contact local de Takieddine, Ali Safa. Dubus soutient avoir pu rencontrer Hannibal Kadhafi en cellule. Il revient le 10 février à Paris. Le lendemain, il envoie à sa fille une photo prise depuis sa voiture devant l'impasse où réside le couple Sarkozy : « Je vais chez Zébulon, écrit-il, puis Mimi me rejoint. » L'objectif de ce rendez-vous, selon Dubus, est d'obtenir le feu vert de l'ancien président pour « poursuivre l'opération ». « Si j'arrive à faire libérer Hannibal j'obtiendrai la copie d'un disque dur des archives de tout ce qui est France, soutient Dubus, persuadé que ces archives libyennes concernant la France seront utiles à la défense de Nicolas Sarkozy. Quand Mimi a appris ça, elle me dit que Zébulon est très intéressé… » Lors du rendez-vous de ce 11 février, Noël Dubus prétend que Nicolas Sarkozy lui donne le feu vert… « Même s'il est stressé, car il pense que je ne vais pas y arriver. »

Réaction de Mimi Marchand à ces déclarations : « Tout ça est une très, très jolie histoire fausse… C'est totalement faux. » Le 18 février, *via* un ancien des services secrets libyens, Hamadi M., Dubus prend pourtant la direction de Tunis. Les deux hommes, interrogés dans le dossier, assurent avoir rencontré un cousin d'Hannibal Kadhafi dans le but d'obtenir une preuve que le document révélé par Mediapart et lançant l'affaire libyenne serait un faux… Leur objectif ? « Tuer Mediapart. » Mimi Marchand lève les bras au ciel à l'évocation du voyage tunisien de Dubus. Elle n'était pas au courant… « Totalement faux », insiste-t-elle. Les juges ont aussi entre les mains un plan mis en œuvre par Dubus pour libérer Hannibal Kadhafi. Un scénario digne d'un *James Bond*… avec un budget prévisionnel. Il envisage 350 000 euros + 250 000 euros pour un juge libanais, 150 000 euros pour « assurer sa sécurité pendant trois mois », et 500 000 euros pour un haut responsable de la Cour suprême de justice. 400 000 autres euros seront nécessaires une fois le prisonnier en Syrie. Noël Dubus évalue ses propres frais à 70 000 euros. « Je pense qu'il est totalement fou, réagit Mimi Marchand. C'est pire qu'un roman policier. Je ne sais pas pourquoi je suis là-dedans. »

Une certitude, Hannibal Kadhafi n'a pas été libéré de sa prison libanaise en 2021. En revanche, Mimi Marchand et Noël Dubus feront un séjour en détention dans le cadre de cette affaire de « subornation de témoin » dans laquelle ils écopent de mises en examen.

Le 13 juin 2023, Nicolas Sarkozy est entendu sous le statut de « suspect libre » par les policiers de l'office anticorruption de Nanterre. Carla Bruni est également entendue comme simple témoin. Puis en début d'après-midi, le couple accompagne les enquêteurs à leur domicile parisien pour une longue perquisition.

Quelques jours plus tard, dans son bureau, le 27 juin 2023, l'ancien président nous livre quelques éléments de son audition. Première affirmation, David Layani n'est pas son ami, même s'il le connaît. Mais il l'assure, il n'est pour rien, ni de près ni de loin, dans le fait que Layani ait un contrat avec Michèle Marchand. Autre précision, ses relations avec la reine des peoples. Il la connaîtrait très peu, même si Carla Bruni travaille avec elle depuis trente ans. D'ailleurs, preuve ultime, à l'entendre, il n'a pas son numéro de téléphone. Et Noël Dubus ? Nicolas Sarkozy livre une histoire étonnante sur sa rencontre avec le sulfureux intermédiaire. Il aurait croisé Mimi Marchand chez lui, un soir, vers 19 h 30. Carla Bruni le prévient alors que la reine du people laisse des exemplaires de son dernier livre à faire dédicacer avec des post-its. Un dialogue s'engage. « C'est des gens que vous connaissez ? », demande Sarkozy. « Bien sûr, c'est mon contact avec Takieddine. Et d'ailleurs en ce moment, il est en bas de la place », aurait répondu Mimi Marchand, selon Sarkozy. « Il est en bas de la place ? Je signe, et je vais lui remettre moi-même », aurait réagi l'ancien président, qui jure avoir ignoré qu'il s'agissait de Noël Dubus. Mimi Marchand sort alors pour aller chercher Dubus, qui revient, ne s'assied pas, précise Sarkozy, et récupère les livres dédicacés que lui tend l'ex-président. Dans la foulée, Nicolas Sarkozy confesse avoir remercié Dubus. Il a donc bien vu Noël Dubus chez lui, une fois, contrairement à ce qu'a toujours affirmé Michèle Marchand. Autre précision, Nicolas Sarkozy aurait simplement « recopié », sur des post-its préalablement préparés par « Mimi Marchand » des dédicaces de son livre, *Le Temps des tempêtes*. Notamment celle-ci, pour Dubus lui-même : « Pour Noël, merci pour tout… Votre ami ».

À l'entendre, ce 27 juin 2023, outre cette brève rencontre avec Dubus pour lui offrir des livres dédicacés, Nicolas Sarkozy se souvient d'un autre épisode. Un jour, il a aperçu Michèle Marchand sortir du bureau de son épouse. Celle-ci lui aurait lancé : « Bonne nouvelle pour toi, Takieddine veut revenir sur ses déclarations. » Mais il aurait été dubitatif : « Je n'y crois pas c'est un fou. »

Pour le reste, l'ancien président se dit totalement étranger à tout le maelström de la fausse rétractation. Et son tweet ? Et ses indignations sur BFMTV ? Il assure que la presse « du monde » lui demandait un entretien. Sarkozy n'a en définitive qu'un mot pour expliquer son empressement à s'engouffrer dans cette brèche judiciairement dangereuse : il était content. La divine surprise n'aura finalement duré que quelques semaines. Mais les ennuis judiciaires de cette nouvelle affaire risquent de se compter en années.

Au moment où s'écrivent ces lignes, les protagonistes de ce dernier dossier restent présumés innocents.

Conclusion

Dans son bureau tapissé de cartes postales de lui tout sourire, quelque chose cloche. Derrière ces images du bonheur et l'affichage de son optimisme joyeux perce aussi un mélange paradoxal de fatalisme résigné et une pointe de mélancolie triste. Comme si ces traits de caractère contradictoires cohabitaient en lui. Son optimisme veut tordre le réel à la toute-puissance de sa volonté. Mais le fataliste qu'il est aussi considère que ce qui doit arriver arrive et qu'il faudra faire avec. Et le mélancolique semble être rongé par ce blues que Churchill avait baptisé son « *black dog* » les jours où la dépression lui mordait l'âme. Derrière la façade de l'homme accompli transparaît chez Nicolas Sarkozy une inquiétude sourde.

Depuis qu'il a quitté l'Élysée, trois Sarkozy se démultiplient dans l'ombre. Trois destins emmêlés. Le premier n'a jamais cessé d'intriguer en coulisses de la politique. Le deuxième vend ses conseils à prix d'or. Le troisième se débat avec les juges. Les trois sont indissociables, tant les actions de l'un influent sur celles des deux autres. Ces trois personnages ont quelque chose de corléonien. Gérald Darmanin, qui connaît si bien l'ancien président et l'imite à la perfection, ne dément pas la comparaison avec le Parrain de Francis Ford Coppola : « Vito Corléone est quelqu'un de bien, qui n'a jamais fait dans la drogue… » En cet été 2023, sur Instagram, Carla Bruni a relooké son ancien président de mari en un autre personnage hollywoodien, Ken, le compagnon emblématique de Barbie. Ambiance cocotiers et ponton de bateau… Mais lunettes noires comprises.

De leur côté, les juges Aude Buresi et Virginie Tilmont n'ont guère pris de vacances pour terminer leur ordonnance de renvoi. Leur texte de 554 pages est tombé le 24 août 2023, accompagné d'un communiqué du PNF, et a claqué le jour même à la une de tous les sites internet. Nicolas Sarkozy, alors en pleine promotion de son dernier livre, est donc sèchement renvoyé en correctionnelle dans l'affaire libyenne. L'ordonnance est un résumé minutieux et accablant de dix ans d'enquête. Les deux juges considèrent les charges suffisantes à l'encontre de l'ancien président concernant les infractions de « corruption passive », « active », « détournement de fonds publics au préjudice de l'État libyen », « blanchiment de ces délits » et « association de malfaiteurs ». Pour résumer d'une phrase leur démonstration, elles estiment que les « agissements » de ses proches auprès des libyens, « ne pouvaient, par nature, être engagés sans l'aval et la parfaite connaissance de cause de Nicolas Sarkozy ». En clair, que les voyages de Guéant[1] et Hortefeux[2]

1. Me Philippe Bouchez El Ghozi, l'avocat de Claude Guéant, dénonce (en août 2023, sur RTL) : « Une somme d'accusations qui procède en réalité de déductions, d'hypothèses, d'approximations qui ont été combattues pendant les dix années d'instruction. Les magistrats instructeurs ont considéré qu'il y avait des éléments qui laissaient supposer qu'il pouvait y avoir infraction, ce que conteste très vigoureusement et a toujours contesté très vigoureusement Claude Guéant depuis plus de dix ans et c'est ce qui sera démontré au tribunal correctionnel quand l'affaire viendra en jugement en 2025. »

2. Jean-Yves Dupeux, l'avocat de Brice Hortefeux, réagit à l'ordonnance de renvoi : « Cette affaire mal ficelée est partie d'un présupposé faux et a cherché par des cercles concentriques à justifier le point de départ. Tous les Libyens, évidemment furieux de l'intervention militaire française sous mandat de l'ONU, disent que des fonds ont été versés, mais le seul compte

en Libye à l'automne 2005 auprès de Senoussi, le bras droit de Kadhafi, avaient bien pour objet de caler un financement occulte via Ziad Takieddine. Pour les juges, celui qui était alors ministre de l'Intérieur n'a pas pu l'ignorer : « Cette connaissance était par ailleurs établie par les témoignages convergents selon lesquels l'intéressé avait sollicité et pactisé avec Mouammar Kadhafi à cette fin », écrivent-elles. Leur analyse tord aussi le cou à l'argument principal de Nicolas Sarkozy, concernant la prétendue absence de « preuve » et le fait qu'il n'aurait pas été retrouvé de trace des millions en liquide de Takieddine, outre 250 000 euros de primes versées à des permanents de la campagne de 2007. « L'utilisation d'argent liquide, par nature difficilement traçable dans les dossiers financiers, a justement pour objectif d'empêcher la détection des fraudes », répliquent les deux magistrates. « En réalité, il faut considérer ces éléments comme une sorte de marqueur, de révélateur, qui a établi avec certitude la circulation d'espèces dans la campagne, invalidant l'élément de langage distillé depuis le départ de l'enquête par les principaux protagonistes du dossier sur "l'absence totale de preuve d'un financement occulte". » Une façon judiciaire d'expliquer que par définition la circulation d'espaces laisse peu de traces… et par conséquent que ce n'est parce que les traces sont minces que les fonds n'ont pas circulé. L'ordonnance de renvoi ironise au passage sur les « explications parfaitement invraisemblables » des anciens responsables de la campagne qui ont tenté de justifier la provenance de ces espèces mystères par « la remise d'enveloppes de billets par des donateurs anonymes au guichet de l'UMP ».

---

crédité est celui de Takieddine. Or l'audit judiciaire mené sur ce compte montre qu'il n'est utilisé que pour des dépenses au bénéfice de Takieddine, hormis le virement de 440 000 euros en direction de Thierry Gaubert. Cette audience sera une vraie bataille. »

Le procès au terme duquel l'ancien chef de l'État risque jusqu'à 10 ans de prison s'annonce tendu. Trois mois d'audience sont prévus au premier semestre 2025. Du 6 janvier au 10 avril exactement. Aux côtés de Nicolas Sarkozy, douze personnes, dont trois de ses anciens ministres, Claude Guéant, Brice Hortefeux et Éric Woerth[1], mais aussi les trois intermédiaires Alexandre Djouhri[2], Ziad Takieddine[3] et Thierry Gaubert[4], vont devoir s'expliquer. Pour ce président présumé innocent de tout, les dés roulent désormais dangereusement.

1. Jean-Yves Le Borgne, l'avocat d'Éric Woerth, réagit à l'ordonnance de renvoi : « Éric Woerth n'est en rien impliqué. Il a admis qu'après la campagne, il a distribué 30 000 euros en espèces à divers salariés de l'équipe. Ces sommes avaient été remises par des donateurs. Pas plus, pas moins. Les 250 000 euros dont il est question dans le dossier correspondent à une extrapolation. Cela n'a rien à voir avec un prétendu financement libyen, et cela reste de toute façon hors de proportion. »

2. Charles Consigny, un des avocats d'Alexandre Djouhri : « La thèse initiale de la poursuite s'est effondrée… Nous prenons acte qu'au terme de cette instruction, Alexandre Djouhri n'est pas renvoyé devant le tribunal correctionnel pour le prétendu financement libyen de la campagne présidentielle de Nicolas Sarkozy en 2007. »

3. Elise Arfi, avocate de Ziad Takieddine : « Les choses se terminent comme elles devaient se terminer. L'enquête a été extrêmement approfondie. Pour Ziad Takieddine, c'est quand même un choc. Il ne se voyait pas comme partie prenante d'un financement illégal de campagne électorale. Il n'a jamais donné cette portée aux actes qu'il a dénoncés en parlant des transports de fonds qu'il a opérés. Son souhait serait de venir s'expliquer, mais à cause du mandat d'arrêt international qui le vise, sa venue en France serait synonyme d'une incarcération immédiate. C'est donc impossible à envisager pour lui. »

4. François Esclatine, l'avocat de Thierry Gaubert : « Dans l'esprit des juges, Thierry Gaubert fait le lien entre l'argent de Kadhafi et la campagne de Nicolas Sarkozy. Sauf que les comptes de Thierry Gaubert ont été épluchés et que l'année de la campagne présidentielle, il n'en sort, pour ses dépenses familiales, que 30 000 euros ! Le virement de 440 000 euros n'a rien à voir avec Nicolas Sarkozy. »

À compter de ce jour, le destin du parrain de la droite française ne lui appartient plus vraiment. Son sort est entre les mains d'une batterie de juges correctionnels, puis en cas d'éventuelle(s) condamnation(s) définitive(s), entre celles du président de la République en exercice, qui aurait la possibilité de le gracier, de tout ou partie d'une peine, pour lui éviter la pose d'un bracelet électronique, voire, en cas de Trafalgar judiciaire, d'un séjour derrière les barreaux. Certains, dans son entourage, n'excluent plus l'éventualité du pire. D'autres restent persuadés, comme lui du reste, qu'*in fine* il renversera la table et obtiendra une série de relaxes dans tous les dossiers. « Je me bats avec la force d'un innocent », a-t-il promis, fin juin 2023, dans son bureau de la rue de Miromesnil. Ce scénario, équivalent judiciaire du but en or en football, tout au bout des prolongations, ferait de lui un ancien président injustement traqué. Dans un incroyable retournement, il sortirait blanchi d'une séquence judiciaire commencée en 2007, aux premières heures de son quinquennat et qui a contribué à sa défaite de 2012, puis au fiasco de la primaire de la droite en 2016. Un scénario de série télévisée.

À l'inverse, en cas d'éventuelle(s) condamnation(s) définitive(s), c'est un ancien président déchu qui devrait se rendre à une convocation d'un juge de l'application des peines statuant sur la pose d'un bracelet et de l'aménagement de ses horaires en dehors de chez lui. Voire qui sonnerait à la porte de la prison de la Santé pour un séjour au quartier QB4, l'ancien quartier VIP, où les heures sont si longues. Un autre scénario de série. Versant sombre. Dans cette autre éventualité, l'ordre de la Légion d'honneur aurait à statuer sur sa grande-croix, obtenue le 16 mai 2007, avec titre de grand maître. Ils n'ont été que huit décorés, cette année-là, de la plus haute décoration de l'ordre créé par Napoléon. « La distinction peut être retirée en cas de condamnation pénale et lorsque le décoré a commis des actes contraires à l'honneur ou de nature à nuire aux intérêts de la France », stipule le règlement de la grande chancellerie. Mais surtout, le retrait est automatique pour les condamnations supérieures à un an de prison ferme.

Table

Du même auteur

ÉTIENNE GIRARD

Le Radicalisé
Enquête sur Éric Zemmour
Seuil, 2021

LAURENT VALDIGUIÉ

Un maire au-dessus de tout soupçon
Albin Michel, 2000

Notre honorable Président
L'argent, les réseaux, les affaires
Albin Michel, 2002

(dir. avec Karl Laske)
Nicolas Sarkozy
Ou le destin de Brutus
Denoël, 2005

(avec Karl Laske)
Le Vrai Canard
Stock, 2008

(avec Karl Laske)
Machinations : anatomie d'un scandale d'État
Denoël, 2006

Le Procès Villepin
Stock, 2010

(avec Caroline Fontaine)
« Mon grand-père était un poilu »
Dix politiques livrent leurs secrets de famille
Tallandier, 2016

L'Enquête Balkany
Robert Laffont, 2017

Notre-Dame
Le brasier des vanités
Impacts Éditions, 2020

(avec François Vignolle)
Gérald Darmanin
Le baron noir du Président : enquête
Robert Laffont, 2022